CONTENTS

恋愛は、やっぱり
生まれて生きてる意味そのものだと思います。
自分にとって

スピッツの10曲

1998

人間は平等に死ぬんですよね。そういうことを考えるとやっぱり歌わなきゃいけないって思う

初期の名曲〝うめぼし〟、〝デビュー曲〝ヒバリのこころ〟を始め大ヒット曲〝ロビンソン〟〝チェリー〟、そしてアルバム『フェイクファー』の〝スーパーノヴァ〟まで、スピッツの歴史を辿る珠玉の10曲をテーマに表現者・草野マサムネの真実に迫る決定版ロングインタビュー

1　〝うめぼし〟

本当にモラトリアムだったからデビューしたっていう感じです。就職するよりはちょっと試しに出てみるかって（笑）

――これは今でもライブでやるとすごく受ける曲ですけど、マサムネさん自身お気に入りのナンバーなんですか。

「まあ……よくできた曲だとは自分で思うんですけど」

――評論家みたいだな（笑）。

「（笑）上手くできたなと。わりと曲作る時にパッとひらめいてできた曲っていうのは後々まで残るんですけど、〝うめぼし〟もそういう曲で。大学2年生ぐらいの時に作った曲なんですけど」

――ひらめいてパッとできたっていうのは、モチーフ的にどのへんから？

「当時、日本語で、わりと日本的なというかすごく生活感のある言葉を使って歌を作ろうっていうテーマが自分の中であったんで。他の曲の中でも〝しょうゆ〟とか〝畳〟とか出てくるやつもあったし（笑）、その一環で〝うめぼし〟っていう言葉を選んだんですけどね」

――なんでそういう生活感のある言葉を選ぼうと思ったんですか。

「なんででしょうねえ。その頃流行ってたというか、いわゆる日本のロックの主流になっていたものって、あまりに生活感から切り離された言葉ばかりが使われてて、すごい違和感を覚えてたので。まあ、ちょっと遡ればフォークの頃とかは、生活感のある言葉をみんな使ってた時代っていうのもあったらしいんだけど（笑）、そのへんはもうリアルタイムではなかったし。生活感のある言葉を使ってたんだけどフォークのテイストとは違うなんか新しい音楽、歌っていうのを作りたいなというような――若者が未開の地を切り開いていくと、今にして思えば。大志を持っていたのかなと（笑）。今聴くと『ああなるほど』って思うけど、その頃は佐野元春さんとか桑田佳祐さんみたいな世界っていうのに対するなんかこう、アンチみたいな気持ちがあったと思うんですね」

――なるほどね。初期スピッツの佇まいみたいなものをすごく象徴的にやっているナンバーですよね。

「そうですね」

――曲としてここまでサバイブすると思いました？　スピッツ内スタンダードとして。

「う～ん、や、僕も含めてメンバーの間では思ってなかったと思いますね。たとえば〝ヒバリのこころ〟っていう曲はメンバーの意志で残していこうっていう気持ちがあって残っているんですけど、〝うめぼし〟とかはむしろ周りの声とかお客の要望とかがすごい強い曲でもあるんで『そこまでみんな歌え歌えっつうんだったら、まあ歌うか』っていう（笑）。そういう感じで残っているところも」

――だから、すごくシュールなんだけれども――《うめぼしたべたい僕は今すぐ君に会いたい》という、これは「うめぼし食ってどうして君に会いたいいんだよ?」って（笑）、展開そのものは初期の作品にみられる現代詩的な飛躍はあるんだけれども、ただこれは生理感覚的にファンの女の子にもスーッと入っていくんだと思うんだよね。そのへんがすっごくいい落ち着きどころだよね。

「ああ、そういう意味では成功例って感じですよね（笑）。これはね、最初、《とても寂しい　君に会いたい》っていうだけの歌詞だったんですよ。で、あんまりひねりがないと思って、それでなんでうめぼし食べたいになったのかはわかんないですけど（笑）。妙にしっくりきたんですよね、自分の中で。うめぼしを食べたいっていう欲求と君に会いたいっていう欲求がなんか妙に、組み合わせがすごいいいなと思って」

――他のアイデアはなかったの?

「いやあ、他はなかったように思いますね、スルッと出てきて」

――「タクアン食いてえ」とか。

「ああ～（笑）、タクアンは違うんです。なんか自分の中であるんですね、きっと、これは違うなあっていう。うめぼしっていう食べ物が持つこう、寂寥感みたいな（笑）、懐かしさとか」

――うめぼしに寂寥感があるんだったらタクアンにも寂寥感あると思うなあ。

「タクアンはちょっとまたその、貧乏

臭さが余計加わってきますよね（笑）。イメージ的にうめぼしはわりと、タクアンよりは洗練されてるぎりぎりのところだと思います。……あと、〝うめぼし〟作った時っていうのはね、本当にスピッツの初期って（ザ・）ブルーハーツみたいな感じの音楽を目指してやってたんだけど、ある日ラ・ママ（ライブハウス）のブッキングマネージャーから――その人わりと辛口で、いっつもなんか、俺らがよくできたと思ったライブも何かしらいちゃもんつけてきたんですよ。ミスチル（Mr.Children）に対してもそうだったって言ってたけど（笑）。で、それがわりと的を射てるんですよ。で『ブルーハーツにそっくりなだけだったらもうたぶん先はないから』みたいなことを言われて、ふと考えた時に、自分の中の歌謡曲志向みたいな部分をもっと前に出すっていうことを考えて、そん中でできた曲の1曲だったんですよね。その切り替え地点っていうか、路線変更の――まあ、第一弾は〝恋のうた〟っていう曲で、あれはメロディがもう歌謡っていうところで、その次ぐらいに〝うめぼし〟ができてきたのかなあ。だからメンバーとか特にね、ロック志向のドラムの﨑ちゃんとかは戸惑ってたんですよ、最初はね。『これやんの？』って（笑）。だけど、メンバーがそうやって『えっ？』って言ったところで『しめしめ』と思ったのは確かです。とりあえず初めにメンバーが『えっ？』っていうようなものを作んないとお客さんもライブハウスの人とかも驚いてくんないだろうなっていう風に思ってたし」

――ただあれですよね、本当にこれに限らず、もともと基本的に孤独感とか喪失感というのはもう一貫してあなたのテーマだけれども。ファースト・アルバム（『スピッツ』）はそれが特に強いですよね。

「はい」

――やっぱりそれは環境の為せる業というか年齢の為せる業というか。

「年齢大きいかもしれないですね」

――今〝うめぼし〟を歌うとそういう時代がフラッシュバックしてきたりするっていうことはない？

「今なりの〝うめぼし〟になっちゃうんですけど。……そうですね。どんなにこう、たとえば家族とかに恵まれたりとか、まあハタから見て幸せになっても、孤独感って誰でもずうっと持続して持ってるものですよね、きっと。だから今なりのそういう孤独感は歌えるとは思うんですけど、当時の、19〜20歳ぐらいの時の孤独感みたいなのはもう、今歌えって言われても歌えないと思うんですよね。それは嘘になっちゃうし演技になってきちゃうんで」

――やっぱり当時自分の中で、言葉というか歌詞というのが自分の表現者としてのアイデンティティを支えていたって感じしますか？

「それはもうバリバリありましたね。歌詞を素晴らしいと思えるアーティスト少なかったですよね、当時は。今でこそ年に2〜3人ぐらいは素晴らしい才能を持った人が現れたなっていうのがあるけど、当時はねえ。まあそんだけ心も閉ざしてたと思うんですけど(笑)。すごく自信は、その頃は闇雲にあったんですけど」

――ただ、僕は改めてこの頃は難しい詞ばっかり歌ってたなあという気がして。客に届かないんじゃないかっていう不安はありませんでしたか。

「ありましたね。でも届きすぎちゃうことのほうがヤだったんで」

――どうして？

「なんかこう、安っぽくなりたくないっていうような……今思えば、いわゆるそういう流行りのポップスじゃなくてもうちょっと高尚——っていうとまたちょっと意味合いが変わってくるけど、う〜ん、マニアックって言ってもちょっと違うしなあ、とにかくそういう趣味的なことをやっているっていうところでの満足感ですかねえ」

——大衆的なバンドだなどとはもう微塵も思ってなかった。

「微塵も思ってないですねえ。売れたいっていう気持ちもそんなになかったですから。本当にモラトリアムだったからデビューしたっていう感じですよね。就職するよりはまあ、ちょっと試しに出してみるかって（笑）」

2 〝ヒバリのこころ〟
これ作った時にものすごい、今まででいちばん傑作の曲ができたなという満足感があった

——ファースト・アルバムからもう1曲、〝ヒバリのこころ〟なんですけども。これはインディーズ盤にも入っていたナンバーで、さっき言ってましたけど「メンバーの意志で残していこう」という曲だったと。

「うん。これ作った時にものすごい、自分では今まででいちばん傑作の曲ができたなという満足感があって。でも、バンドで合わせてライブとかで演奏した時に全然上手く演奏できなかった曲なんですよ。リズムがちょっと普通の8ビートじゃないんで。それで、練習の意味みたいなのも兼ねて毎回毎回ずーっとライブでやってて（笑）。で、まあ気がつけば定番曲になってて。デビューが決まった時も（所属事務所ロード&スカイの）社長が『〝ヒバリのこころ〟今んとこスピッツの代表曲っていう感じだから1枚目のシングルにしましょう』ってことになって。だか

ら自分の中では、やっぱりその当時の代表曲でもあるしデビュー曲っていうようなところで、すごく大事にしている曲なんですよね」

――で、この〝ヒバリのこころ〟でデビューすることになって、当時、自分たちのバンド的なビジョンというのはどういうものを考えていたわけですか。

「う〜ん、どういうの考えてたんだろうなあ。何も考えていなかったような気もするしな、なんだろう？」

――たとえば最初はブルーハーツみたいなビートバンドをやっていた中で、自分たちなりにいろいろ試行錯誤をしていたわけじゃないですか。その経緯っていうのは「俺たちってそういう能力ないかもしれない」という壁にぶつかって挫折した感じなの？　それとも「俺たちってそういう芸風じゃないからこっち行ってみようよ」っていう新たな展開を求めた感じなの？

「う〜ん、新たな展開を求めたっていうのに近いのかなあ。俺、その、芯の部分は何もずうっと変えてないんで、根こそぎ芸風変えましょうっていうようなことはできないんですよね。だから実はあんまり挫折感とかもそれほど味わってなかったような気もするんですけど、今思えば（笑）。スタイルっていうものとかそういう言葉にできるカテゴリーみたいなものには収まらないバンドだっていうような自負だけはあったんで。だからたとえばこれからスピッツ、デジロックやりますとかっていってもたぶんあんまり変わんないと思うんですよね（笑）。スタイル変えることによって別に中身は揺らがないっていう風に思うし」

――じゃあその、自分たちはたとえばビートバンドであろうがアコースティックなポップテイストなバンドであろうが基本は変わらないっていう、その基本はなんなの？

「それが何かっていうのが言えないいんですよね。なんかこの、匂いとかしか言えないですよ(笑)。だけどそういう、すごいふわふわしたものにものすごく自信を持ってるっていう。だからデビューの時もレコード会社の人とかに『どういうバンドになりたいの？』っていうようなことをよく訊かれたんです、何社か来て。『もしウチでやることになった時のために一応参考までに訊きたいんですけど』って言われて『う～ん、どういうバンドって、なりたいバンドっていないんですけど』って(笑)。で、その時よく引き合いに出されてたのがたとえばユニコーンとかブルーハーツとか。一応ユニコーンが当時はいろんな人から見て理想的な売れ方をしてるバンドというような感じだったみたいで。でもなんか俺らの目から見るとユニコーンって作られた感がすごい強くて。ほんとは作られてなかったバンドなんだろうけど、やっぱりメジャーだっていうだけですごくもう、なんかあまり、目指すバンドにはできないっていう。だから全然そういうのなかったですねえ。『強いて言うならば今までいなかったようなバンドになりたいんです』とかって言ってたんですけどね」

――カッコいいねえ、言うことは。

「はははは、言うことはね」

――でも、野音のライブでもデビュー当時にイベントに出た時のエピソードを話していたけども、たとえばカステラとか（Ｔｈｅ）ピーズの間に挟まって〝うめぼし〟を歌っていたとか――どんなイベントに出ても同世代のバンドの中で浮きまくってたわけでしょ？

「当時は浮いてたと思いますね」

――で、そういう前のバンドと後ろのバンドがワーワー盛り上がっていて、自分たちのバンドは潮が引くようにみんなシーンとして観ているっていう状況は自分たち的にはどうだったわけ？

「そんなもんだと思ったし。本当にね。だから結成してちょっとした間ぐらいはみんなにワーワー言われたりとか、男のお客さんがワーッていうような状況でできるようなハードなバンドとかになりたいなと思ったけど、やっぱりそういう素養がないんですよ」

――ははは。

「で、結局毎回毎回観に来てくれるお客さんとかもなんか文学少女みたいな子とかが多かったりとか。だからたぶんそういうものを持って生まれてる人間なんだろうし、そういう傾向に向かわざるを得ないバンドだっていう風に思ってたんで」

――（笑）それは決して苦い認識ではなくて。

「ええ、ええ。そこにアイデンティティを見いだしたということで（笑）。でも、決してお客さんが全然入んなくて悩むっていうことがなかったんで、それが救いだったんでしょうね。だからワンマンでライブハウスでやりますとか言っても、一応まあ黒字がちゃんと出るぐらいお客さんは入ってたんで。それが閑古鳥鳴いちゃうような感じだったらまた大きい挫折は味わってたと思いますね」

――結構手応え感じてた？

「手応えは感じてましたね、ライブハウスは顔が見えるし。しかも当時新宿ロフトのレギュラーバンドということで。新宿ロフトのメンツん中でもかなり浮いてるんですよね（笑）。そういうところでも、浮いてることにすごいなんか、喜びを感じてやってました」

――（笑）なんじゃそれ。

「（笑）この間もなんか夜中の番組でライブハウス出身別に写真が並んでて、

ロフトのところにいろいろこう、ＡＲＢとか、わりと硬派な男気を感じるような人が並んでて――黒夢とかもそうかなあ――そん中にスピッツがあって、なんか妙にこう、そん中にあってはお坊ちゃんみたいな感じで『浮いてんなあ』と思って（笑）。まあ、それはそれで喜びを感じてたんですね」

――面白いよね。だからそのへんのなんというか、非常に浮いていることと、それから浮いてることに対する自信と、だけどそれがなんかあまり積極的な攻撃性に向かっていかないという佇まいはずうっと一貫してるねえ。

「うん。音楽自体がね、もうそういう、攻撃性のない音楽しか作れないっていうのもあるし。声もそういう攻撃的な声じゃないしなあ。なんか作れないですよね、攻撃的なものっていうのは」

3 〝名前をつけてやる〟

空虚でしたねえー。
セカンドの頃はたぶんいちばん
空虚だったと思う

――で、1991年の11月に今度はセカンド・アルバム『名前をつけてやる』っていうのが出るわけで。

「はい」

――その中から〝名前をつけてやる〟っていう曲を選んだんですけれども、これはマサムネさんの中では珍しくストレートな攻撃性が出てる曲かなあという印象を僕は持ったんですが。

「う～ん、わりといつも通りのつもりで作ったんですけど。……この2枚目のレコーディングっていうのがほとんどね、メンバーもみんな言ってるんですけど印象に残ってないんです（笑）。すぐできちゃって、すぐ終わっちゃって」

――へえ、そうなんだ？

「うん。だからあんまりね、印象がなくて。〝名前をつけてやる〟もわりとスピッツ史においては平凡な曲っていうか……かなあ？　でもその頃の気分をたぶんいちばん表してる曲だったからアルバムタイトルにつけたんだろうけど」

――でも、〝名前をつけてやる〟なんて、こんな攻撃的で男っぽいタイトルのナンバー他にないですよね。

「そう、〝名前をつけてやる〟っていう言葉はね、すごい、でかしたなって自分で思った記憶ありますけど（笑）」

――（笑）どうでかしたの？

「なんかすごくインパクトがあって、ある意味こう、なんかＳＭな響きもありつつ（笑）。でも物に名前をつけるっていう行為もすごく深いことだと思うし」

――そうですね。

「そういうところですごく強い言葉っていうか、強いセンテンスを発見したっていうような」

――だから非常に強いナンバーなんですよ。攻撃的で断定的で、しかもスピッツナンバーの中では珍しく男っぽいものを感じるんですけども。全体的にマサムネさんの曲は非常にマゾヒスティックというか、女の子に振り回されることを楽しむという、そういうスタンスもありますけど、これはなんか押し倒してますよね（笑）。

「あはは。そうですねえ。たまにはね、そういうのも。でもこういう面もかなり他に出てないかなあ？　特にこの曲に強く出てるってことなんですかねえ」

――という印象を僕は持ったんですけども、マサムネくんの中ではない？

「うん、よくあるパターンっていう風にも思うし、う～ん……う～ん、そういう高圧的な態度に出てる自分っていうのを空想する喜びみたいなのもありますね（笑）。でも何を考えていたのかちょっとわからないな、当時は。想像するにやっぱりデビューしてそんなに大反響があるわけでもなし、しかもデビューする直前まで学校卒業するためにすごい慌しい日々を送ってて、卒業してなんかもう急に糸が緩んじゃって。毎日仕事もないので暇でダラダラ過ごして。で、当時恋人もいなくてひとりでボーッとしてることが多かったんで、いろんな妄想が頭で膨らんでいたっていうのはありますね。で、この曲はストーリーとかわりと浮かびやすいと思うんですよね。ファーストよりセカンドのほうがたぶんストーリー性のある歌詞が多いと思うんですけど」

――より具体化してますよね、言葉が。

「だからストーリーを作るように、この、ちょっと男っぽい主人公っていうのを設定しつつ――もちろんそれは自分でもあるんですけど――それで作っていった曲なんだと思います」

――自分的には突然出てきたものなんですか。

「うん、自然に出てきたんですけどね。『こういうの作ってやろう』っていう感じではなくて。だからもちろんこういう一面っていうのも自分の中にはあるはずなんですよ。……そっか、でもデビューしてアルバム8枚の中にここの部分でしかぽこっと出てきてないと思うと、うん、ちょっと寂しい気もしますね、男として（笑）」

――（笑）それはよくわかんないけどさ。すごく面白いよね。今までの芸風の中にはないしこのあとにもないから、そうした意味で――ましてこれがアルバムタイトルになってるから。

「まあ、言葉から広がっていったっていうのもあると思います。名前をつけて〝やる〟っていうね。つけて〝あげる〟じゃないんですもんね」

——そう。

「イヤがってもつけてやる（笑）」

——そうそう、イヤがってもとにかく支配してやるんだという。まあ、〝名前をつけてやる〟っていうのはすごくいい意味での求愛の言葉ですけれどもね。

「……やっぱダラダラ過ごした時期だから刺激が欲しかったのもあると思う（笑）。刺激的な言葉じゃないと、その頃は満たされなかったんだと思うし」

——そんなに空虚な時期だったんだ？

「空虚でしたねえー。セカンドの頃はたぶんいちばん空虚だったと思う」

——アルバム出てメジャーデビューして、盛り上がってる時期じゃないの？

「盛り上がってないですよ。だってもう、そんなに取材とかが入るわけでもないから、週に何回かスタジオでバンドのリハーサル、それ以外は——大学の時の友達とかもみんな就職とかで地方帰っちゃったりとか忙しくなっちゃったりとかして、昔みたいに会って遊んだりとかないんですよ。で、もともと社交的な性格じゃないから、夜どっか遊びに行って友達作ったりとかいうことは全然なかったんで、わりと独りぼっちだったんですよね。それがイヤだっていうわけでもないんだけど、なんか退屈な時間も多かったし。だからそういう中で《名前をつけてやる》っていう言葉を自分が歌うっていうことにもわりとなんかゾクゾクしてたのかもしれないし」

——ああ、なるほどね。じゃあセカンド・アルバムの辺りまでだと、まだ自分たちがどこに行くかもわからないファースト・アルバムの延長線上で。

「そうですね、ファーストよりももっと曖昧になっていた感じですね」

——まだファーストにはデビューという目的性があったけども。

「うん。たぶんね、俺も『スピッツ』っていう単行本を読んで、セカンドの頃のインタビューがいちばん山崎さん(ROCKIN'ON JAPAN編集長)が苛ついてる感じが出てるんですよね(笑)」

——(笑)。「どうにかならんのかおまえたち!」「いいもの作ってりゃそれでいいってもんじゃねえだろう」とかって、山崎暴れてるもんね。

「セカンドの頃がいちばんそうだと思う。で、お客さんもアマチュアの時からそんなに増えたわけじゃない状態だし。だからってそれにすごいジレンマを感じてるわけでもないし、本当にねえ、駄目な時期だったのかもしれない(笑)」

——俺たちってこれまでかなあ、みたいなニヒルなモードでもなかったんだ。

「うん。それなりにバンドがやれてるっていうだけで幸せでもあるし、ほんとにモラトリアムな時期ですよね」

——まさに今時の若者だったわけですね。

「そうですね(笑)」

4 〝惑星《ほし》のかけら〟
マジでねえ、大概の女の子、
もし俺に近寄ってきても
不幸にする自信ある

——『惑星《ほし》のかけら』は4枚目だけども実質的にはサード・アルバムという。その前の『オーロラになれなかった人のために』というのは——。

「ミニアルバムっていう感じかなあ。『名前をつけてやる』の〝魔女旅に出る〟っていう曲でアレンジをお願いした長谷川智樹さんと——長谷川さんってわりと音楽オタクなところがあってすごく意気投合したんで、またやりましょうということになって。それまで自分たちの曲を人にアレンジしてもらった

ことはまるっきりなかったんですよ。で、ものすごい自分たちにとって新鮮な体験だったんで」

――それは自分にとってどんな意味合いを持ちました？

「なんか音楽の仕事をいっぱいこなしてきてる人とやれるっていうので『ああ、俺らの曲大丈夫なんだあ』っていう風に――すごくなんか幼稚な自信ですけど（笑）。まあそれは後々笹路（正徳）さんとやった時も思ったんだけど。だから、自分たちの曲を人にいじくられるのっていうのは、たまにだったらすごく楽しいんですよ。もう俺らの曲は俺ら自身のアレンジじゃなくちゃ駄目だっていう感じではないんですよね。そのへんを開眼できたアルバムです」

――なるほどね。で、サード・アルバム『惑星のかけら』が92年に出てますが、その中で〝惑星のかけら〟という、またタイトルナンバーを選んだんですけれども。これも面白い曲ですよね。草野さんの中にはいろんな特徴的な言葉の作り方っていうのがあるんですけど、これもたとえば《君から盗んだスカート　鏡の前で苦笑い》みたいなすごくフェティッシュなフレーズや《ベチャベチャのケーキの海で　平和な午後の悪ふざけ》っていう非常にセクシャルなイメージのものがあって。こういう感覚というのは自分の中でやっぱり大きなテーマなんですか。

「そうですねえ、テーマとしてそれを歌うことは楽しいですから」

――ははは、そうなの？

「うん、元からそういうところはあったと思うんですよね、変態的なとこっていうか（笑）」

――（笑）。それを歌うことが気持ちいいというのは、そういうテーマを世間の人たちに突きつけるのが気持ちいいってこと？　それともそういう自分を解放するのが気持ちいいっていうのか。

「自分の解放でもあるだろうし……う～ん、そうですねえ…………結局、たとえばエッチなものを見てるのと同じ感覚ですよね、きっとね」

――興奮させるぞ、みたいな。

「うん、自分をね？（笑）。きっと、性とかに対して淡泊であったりとか、逆に積極的すぎたりとか、そういう人間だと歌えないと思うんですよ。やっぱりどこか慎重なんだけどすごく空想癖があるような。そうじゃない空想もするけどそういう世間で言われているような淫らな空想もするわけで。それをちょっと外に出してやるっていうのはすごい気持ちいいんですよ。ちょっと回り道して表現したほうがやっぱりすごいいいだろうなっていう気持ちもあるし。よく歌でほら『おまえはセクシーガールだぜ』みたいな、そういうんだと全然セクシーじゃないですよね（笑）」

――でも、《君から盗んだスカート鏡の前で苦笑い》って（笑）、考えてみればめちゃくちゃ過激な歌詞だけれども、すごく女の子に受けてますよねえ。

「そうなんですかね？　どうなんだろう、受けてないと思ってたけど（笑）」

――いや、受けてるよ。だから、それはある意味女の子のほうがディープにスケベだからだよね。

「そうですねえ。あと、本当に男的なスケベな感じっていうのともたぶん違うと思うんですよ。漫画とかで言うと、それこそ男向けのポルノ漫画――

――『漫画エロトピア』ではないよね。

「そうそう、そういう世界を歌ったんじゃあ興奮しないんですよねえ。うん。なんかよくわかんないけどフランス映画的なエッチなのとかに興奮する自分がいるし」

――そしてまた草野マサムネっていうものの持つ対外的な清潔な楚々としたイメージと違う温度差っていうのは――。

「それは得してるなあと思いますよ。だって日常の生活においてもなんかちょっと下ネタとか話してもあんまりエッチに取られなかったりとかいうことあるんで。俺は得なキャラクターだなあと思うことは多いですね（笑）」

――その代わり気安くお尻触ったりとかなんとかっていうのは――。

「それはないです。それがないからこういう歌詞になっちゃうんですね。だからやっぱりねえ、ヘアヌード写真集とかあっちゃならないんですよ（笑）。その、草野マサムネの詞の世界においては。そういうのがあるとね、もう、違うんですよね。だから日本がフリーセックスの国になっちゃうと、歌詞とかどうなっちゃうんだろうなっていう（笑）。なんかこう秘め事的な部分っていうのがやっぱりないと、何事もイヤらしくなくなっちゃうんで。そのへんがかなりちゃんと出てる曲なんだと思います」

――そういうところに愛とか、人間関係の基本的な有り様――人との距離感とか、もっと言ってしまうと孤独とかさ、人を愛することとか、要するに人と交わることとみたいなものの皮膚感が――たとえば《ペニスケース》でもいいし《盗んだスカート》でもいいし《おなかのうぶ毛》でもいいし、そういうような形で「あ、俺は表現できるんだなあ」っていうのも手応えとして感じてきたのかな。

「ああ、それはありましたね。これを俺は歌うんだなっていうのは」

――人と交わるっていうことはそう簡単なことじゃないよ、ただセックスすりゃいいってもんじゃないよ、みたいな。それで共有したりわかり合えたと思われちゃ困るんだよなあという。

「うん、でも片想いばっかりでも困るし（笑）」

――そうそう。だからすごく上手いなあと思ったフレーズで《僕に傷ついてよ》という非常に的確な表現があるけども。

「ああ、そういう歌詞だったなあ」

――「僕に傷ついてくれ」っていうのは究極の我儘だよね。

「そうですね（笑）。自分の存在価値っていうのはそこで確立されるという」

――掠りもしなけりゃ悲しいよね。

「（笑）『なんで俺はここにいるの？』って感じですよね」

――でも、あなたと付き合う女の子は大変かもしれないですね。

「それはそうでしょうね（笑）。う～ん……いや、大変だと思いますよ」

――溜め息ついて言われてもね（笑）。

「いや、マジでねえ、大概の女の子、もし俺に近寄ってきても不幸にする自信ありますもん、俺」

――ははは、どういう自信だよ！

「いや、浮気癖があるとかそういうことではなくてですよ」

――半端ではない対応を迫りそうですからね。

「うん、そうですねえ……うん（笑）」

――あとこのアルバムにはSF的な要素っていうのが結構入ってますけども。

「そうですね、もともとSF読むの好きだったので。で、その頃、アイザック・アシモフの――タイトル忘れたんですけど、宇宙人の話で男性と女性とかじゃなくて性が三つあるっていう設定の話があって、すっごい面白くて。で、なんか俺はそれにすごいエロなものを感じて。そういうのの影響とかも出てるかもしれない」

――へえ。面白いね。アシモフってすごい論理的な話を書くからね。

「そう。アシモフはわりとそういう、性的な部分とか全く描かないようなイメージがあったからかえって新鮮で。でも高校ぐらいの時からSFは好きで、それこそアーサー・C・クラークとかあのへんのちょっと哲学入ってるやつを一時期読んでたんですけど。一歩間違うと神秘主義に入っちゃうようなうのを必要としますからね。『なんで（笑）。高校生ぐらいだとすごいそうい俺ここにいるんだろう？』っていうこととか」

――ただ表現者はそれをずっと持ち続けてないと。マサムネくんはそれがやっぱりいちばん大きなテーマですよね。

「うん」

5 〝夢じゃない〟

「なんでミスチルみたいな曲やるの？」って言われてショックだったけど、「俺はこれで行くしかない」って

――次に、93年の9月に『Crispy!』という明らかに方向性の変わった非常にコマーシャルな方向の作品が生まれるわけですけれども。これについては何度か聞いてるんですが、実際のところどうだったんですか？　ここへのシフトチェンジっていうのは。

「……あの、いや、売れるバンドにはなれるだろうっていう確信もあったんですけど。やっぱり魂を売るっていうことに近いのかなっていうような不安感も確かにありましたね。で、『惑星のかけら』を出したあとに渋谷のON AIRでマンスリー・コンサートを6回やったんですけど、わりとお客さんの反響も大きくて、いい手応えを摑んだってお客さんもバンドも思ったはずな

のに『なんでこれ?』っていう反応が（笑）。『惑星のかけら』をさらに進化させたやつを期待してた人が多かったと思うんですよ。で、『なんで?』っていう」

――みたいですねえ。で、なんかそれだけ気合いを入れたのに売れなくて、著しく落ち込む草野マサムネがいたみたいだけれども。ショックだったんだ?

「そうですねえ、『無視された』っていう。だからそれまでの自分にとっての実績っていうか、なんとなくカルトな人気みたいなのも得られるようになってきたっていうのを全部、もう関係ないって捨てちゃって、ついてこれる人だけついてくればいいっていう気持ちだったんで。で、新たに何かを摑もうと思ったらそれも摑めずに捨てたものを取り戻すこともできず、もう何もなくなっちゃうんじゃないかなって」

――取り返しのつかないことをしてしまったと（笑）。

「（笑）なんかねえ、もっといい仕事があるからって会社辞めたら新しい働き口に『君の働くところなくなったから』って言われたような（笑）」

――だから、非常に優れたアルバムなんだけど、本当に優れたポップなアルバムを作ると――本当にどのバンドもそうなんだけど――それは売れないんだよ。次から売れるんだよ。

「うん、次なんですよね。みんな知らないわけですからね、それまでのこと」

――で、笹路正徳さんをプロデューサーとして迎えて作った中で、なんでこの〝夢じゃない〟をピックアップしたかというと、要するに人々に受け入れられるマサムネ節みたいなものをこの段階から摑んだような気がするんだよ。そのいちばん典型的なのがこの〝夢じゃない〟だという気がして。だから笹路さんのプロデュースのいちばん大きな効果というのは、アレンジとかレコーディングの仕方とかではなくて「マサムネくんこれだろう」という、メロディ・ピックアップをやってくれたことだったんじゃないかという風に想像したんだけれども、それはどう?

「いや、特にメロディに関しては何も言われなかったですけど……ただ、そうですね、最初にこういう曲できたんですけどってテープ聴いてもらった時に——正確にそうだったかどうかは覚えてないけど『メロディはあんまり考え込まずに作ったほうがいい』『出てくるものを自然に出しちゃう感じでコード進行とかそういうのにとらわれないで作ったほうがいいんじゃない』っていうことを言われて。で、これはなんか売れ線すぎるからとか、これは誰々っぽいからっていうのは全く考えずに初めて作れたアルバムだったんですよね。だから〝夢じゃない〟は『惑星のかけら』までの中で出てきてたらたぶん、自分の中ではもうアウトだったと思うし。〝君が思い出になる前に〟とかもそうだけど。泣きメロ自体は好きなんだけどあまりになんかポップすぎるメロディっていうので、たぶんそれまでだったら排除してたタイプの曲だと思います」

——だから本当にスピッツのアルバムを聴いてると、そんなに大きくは変わってないんだよね。1枚目から3枚目までアングラなことをやってたかっていうと、そんなことはないわけで。

「そうですね、実はね」

——それなりにポップなものを作っていたんだけども、大衆との接点が上手くアジャストできてなかったんですよ。で、この『Crispy!』においてガチャッてギアが入ったんだよね。で、それはメロディだったなあという。作っていてどうだったんですか？　今までNOって言っていたメロディを全部OKにしちゃったっていう感じなの？

「そうですね。『Crispy!』で解放したっていうのは今思えばありますね。最初は悩んで作ってたけど笹路さんのアドバイスとかによって、それまで手つかずだった領域っていうのもどんどん使えるわけですよ、方法論として。新たになんか無限に広がる感じですね。だから『Crispy!』『空の飛び方』あたりはもう、曲を作るのに新しいネタを使うっていうところですごい楽しんでやってた記憶があります」

――なんで抑圧してたんだろうね、そういうものを。やっぱりそういうものをやっちゃいけないと思ってたんだ。

「うん、そういうのはカッコ悪いと思ってたんですね。で、これは別にミスチルを嫌って言ってるわけじゃないんですけど、〝夢じゃない〟を最初にライブでやった時に『なんでスピッツなのにミスチルみたいな曲をやるの？』ってアンケートとかに書いであって。その頃ミスチルはブレイクはまだしてなかったんだけど認知度はかなり高いバンドになってたから、それをなんか真似して追っかけてるみたいに思ったっていう人とかもいて。それはそれでかなりショックだったんだけど、もう自分の中で戻れないと思ってたし。だからもう『俺はこれで行くしかない』っていう風に当時は思ってましたけど」

――確かに桜井（和寿）くんとメロは似てるよね。

「似てるところはあるでしょうね、世代的に一緒だし、うん。だから、やっぱなんとなく、当時桜井くんとか黒沢（健一）くん（L⇔R）とかに対してなんかこう、離れたい離れたいと思ってたけど、やっぱり括られちゃう部分っていうのは認めざるを得ないんですよね」

——非常に世代的なもんなんだろうなあという感じがする。

「うんうん」

——独特のメロディのフックというか、そういうのは非常に似てて。それは非常に素晴らしいことだと思うよね。それはまさに世代のメロディっていうのを自分の中に持っていてそれを体感しているんだなあっていう気はするよね。

「そうですね、世代ですよね。きっと聴いてきたものはあんまり似てないと思うんですよ。それなのになんかこう近いものを感じられてしまうという」

——じゃあそういった自分の中のポップなものをどんどんどんどんアウトプットして、自分の中も浄化されて解放されていくっていう感じだったんだ。

「そうですねえ。それによってこう、即座に売れることによってなんとか自分のアイデンティティっていうのを保たなきゃと思ってたわけなんだけど、即座にはそういう反響はなかったことによってちょっと揺らいでたんだけど、まあなんとか次のアルバムとかは自分が思ってた以上に反響があったし」

6 〝青い車〟
小学校ぐらいから「どうせ死ぬんだから」って考えてましたね

——『空の飛び方』が94年の9月に出て、その中から〝青い車〟を選んだんですけれども、これはすっごくいい曲だと思います。で、ここで聞きたいのは、やっぱりマサムネくんのいちばん大きなテーマ——《君の青い車で海へ行こう　おいてきた何かを見に行こう／もう何も恐れないよ／そして輪廻の果てへ飛び下りよう　終わりなき夢に落ちて行こう》という、他の曲でもディープに出ているものもあるんだけど、やっぱり「死」ということが歌われていて。で、あなたの昔のインタビューで「だけど、そうは言ってもみんな死んじゃうわけですから」という発言があって。これすごい正直な発言なんだろうなあと。だからそういう認識で独特のあなたのとんがったものがふわ〜っと拡散していく感じというのは、スピッツ的なるものというか草野マサムネ的なるものを形成してるよね。こういう感覚っていつぐらいからなの？

「いや、元からわりとねえ、あるんですよね。物心ついたらそういう感じで。小学校ん時とかも――一時期僕らが小学校の時に切手収集が流行ってて、みんな切手を一生懸命集めてて、俺も周りに影響されて『切手集めは面白いなあ』と思って集めるんだけど『ずうっと一生、こうやって物を収集するっていうことをして、死んだ時にそれれってなんの意味があるんだ？』っていうことをふと考えたりしだして。そうすると全部無意味に思えてきちゃうし。まあ、物を収集してる時にそれをみんなで見せ合ったり情報交換したりっていうプロセスを楽しんでる人はいいんですけど、自分ひとりで集めて悦に入るっていうのはものすごく不毛に思えてきちゃったりとか。そういうとこでもう小学校ぐらいの時から『どうせ死ぬんだから』って考えてましたね」

――ニヒルな子どもだよなあ（笑）。

「ニヒルぶってるつもりはないんですけど（笑）、だからどうせ死ぬっていうことで虚無になるわけではなくて、何かしらこう生きる意味というか、『自分みたいな人間が生きる意味っていうのはなんなんでしょう？』っていうようなことを考えて、やっぱりそういう性の部分とかが出てきたんですかねえ」

――だと思いますね。だから死と性っていうのは本当につながっていて。死という重い事実みたいなものを生理感覚としてマサムネくんみたいに捉えちゃうと、それに対抗するものって、中途半端なイデオロギーじゃもう全然持ち堪えないよねえ。そうすると、それによって中途半端なものに対してどんどん執着しなくなってきちゃうよね。

「うんうん」

――で、マサムネくんの中で引っ掛かったのが非常に性的なことというか、人と交わることだよね。だからすごくテーマがそこでガーッと絞られていくよね。

「そうですよね」

――たとえば死っていうものの持つ巨大な空白に対抗するものとして性的なものを見いだすまでは、何を以て対抗していたの？

「う～ん、何を以てかなあ、結局性的なものじゃないにしても、ものすごい曖昧な言い方になっちゃうけど、やっぱり愛と言われてる部分のことですよね。それをなんとかもどかしいながらも出そう出そうとしてたと思う」

――だけど小学校の頃からそれがあったんじゃかなり厳しくない？　だって小学校とか中学ぐらいで愛って設定できた？

「あっ、そこまで遡っちゃうとあれだなあ。愛って言われてる部分を出そう出そうとしたのは曲を作り始めてのことなんで。それまではなんだろうな？」

――たとえばアシモフやアーサー・C・クラークに熱中したのも、そうしたものの試行錯誤の一環だとは思うんだけども。たとえば中学時代は――。

「中学時代ねえ、なんだったたんだろう？　……う～ん、中学校ん時とかはねえ、俺すごいアイドルオタクとかだったんですよ（笑）。だからそういう『いやあ、一生に一度ぐらいこんな可愛い子と付き合ってみたいなあ』とかさ（笑）、どうせ死ぬんだからっていう。あとはやっぱり、クラブ活動とかもやってたんです。陸上部に入ってたから。そういうとこは闘いですよね、やっぱ（笑）」

――で、日々折り合いをつけてたんだ。

「そうですね。やっぱ高校入ってバンド組む前とか――高校1年の終わり頃にバンド組んだんですけど――それまで高校入って俺運動とかもやらなくなってて、しかもすごい楽々合格したと思ってた高校で勉強についていけなくなったりとかしてて、別に運動も音楽もやってないのにそういう状況が生まれて『俺なんなんだろう？』っていう時期があって。そういう時は本当にねえ、悩みましたけどね」

――たとえば自殺みたいな、そういう願望に駆られることはなかった？

「そういう風にはいかないんですよね、やっぱり自殺は苦しそうだから」

――（笑）苦しいのはイヤ？

「うん。いや、でもなんて言うんだろう、蒸発したい欲求みたいなのはありましたね。今置かれてる家庭と学校との往復みたいなのからなんか逃げ出したいっていうのは。でもやっぱりそれは甘えてたんだと今にして思えば思いますけど。でもなんか違う抜け穴っていうのはないんだろうか？っていうのは常にいっつも考えてて。で、結局辿り着いたのがバンドで音楽やることであり曲とか創作するっていうところだったっていう感じではあったんですけど」

――それを見つけられなかったら結構ヤバかったと思います？

「う〜ん、何かしら見つけてたんじゃないですかねえ、漫画描いたりするのも好きだったし。30にしてその世界では知られたアイドルマニアとかになってたかもしれない（笑）。『草野正宗のホームページ』とかいって、もうアイドルの情報満載みたいな（笑）」

――ははは。なんだそりゃ。そんなに好きだったんだ。当時のアイドルってどういうの？

「当時はそれこそキョンキョン（小泉今日子）とか（中森）明菜とか出てきた頃ですよね。で、今ここで名前出してもわからないようなマニアックなアイドルから……」

――出して出して。

「当時ですねえ、シャワーっていうアイドルグループがあって（笑）、村上里佳子さん（現・RIKACO）とかもいたんですけど。そん中に矢野有美っていう可愛い子がいて、その子が出てる雑誌はちゃんと買うとか。中学3年の時ですかね」

――……ほんとにアイドルオタクだね。

「だってまだねえ、女の子と付き合ったこともないですからねえ」

――だけどそれはあれだね、愛に至るまでの試行錯誤だね。

「うんうん」

――アイドルオタクの人たちがすべてそうかは知らないけど、やっぱり関係性を追求したいというもがきだよね。

「ああー。まあ、14～15の男の子は少なからずアイドル好きだとは思うんですけど。あの横浜高校のピッチャーだって部屋には奥菜恵のポスターがいっぱい貼ってありましたしね（笑）。あのレベルだとは思うんですけど。俺小学校の時からねえ、好きなアイドルのポスターとかよく貼ってましたよ。男のポスターはないですねえ。あっ、なくはない、チープ・トリックのポスターは貼ったことある（笑）」

――（笑）。で、この〝青い車〟は、要するに死に対することもすべて含めて「もう何も恐れないよ」というものだけれども「君の青い車に乗って行こう」っていうのは、半分嘘だけども半分本当のことなんですよね。

「うん。そうですねえ、そう言ってみるっていう」

――ほんとはいまだに恐れてるし何も救われていないんだけど、「言ってみなきゃ何も始まんないだろう」という。

「うん、わりともう言い切っちゃうっていう。そうですね、この時歌詞とかにいちばん迷いとかなかったと思うし。ことでもう失うものもないと思ってたし。で、『Crispy!』の時にあまりに人の評価を気にしすぎたんで『空の飛び方』ではもうあんまり気になんなくなってきてたんですね」

7 〝スパイダー〟
ほんとにカッコよくあっちゃいけないんですよね、自分の存在が。そこまでナルシストになれない

――〝スパイダー〟というのはライブでとても人気のある曲で。

「そうですねえ、定番曲になってて」

――女の子たちがこうやって（両手を振る）振りをやってくれていたりして、ああいうのっていうのは自分としてはどうですか？

「まあ、いいんじゃないですか？（笑）。田村とかたまにねえ、イヤがってるんですけど。やっぱりちょっとホコ天ロックの感じもありますけど、俺はむしろそういうのはライブの中に1ヶ所ぐらいあってもいいよなあと思ってるし。まあ、やるやらないはお客さん各人の自由なんだけど、なんかお約束みたいに盛り上がる部分っていうのはやってて楽しいし、それはもう単純にいいなあと思ってやってますけど」

――で、これはすごくストレートな歌詞じゃないですか。お客さんに直接届く――しかしよく読んでみると結構これもタフな歌詞なんだけど。

「ああ、ああ」

――こういうものがどんどん作られていきますよね。

「そうですね、〝青い車〟と近いですよね、歌詞の傾向は」

――だからたとえば1枚目2枚目辺りとこのへんだと歌詞の佇まいは相当違ってますよね。

「そうですねえ」

――それはメロディを解放したのと同時に「わかってほしくない」っていうタガが完全に歌詞の部分でも外れたっていう感じですよね。

「うん。あとライブを重ねたっていうのが大きいと思うんですけどね。1枚目の時は、デビューしたあと急にホールになったりとかしてお客さんとの間にものすごい距離を感じたたし、お客さんが総立ちで乗るっていうような状況もなくて座って聴く人が多かったんで。ただ下向いてゴソゴソ歌って帰るっていうようなライブだったんですよね(笑)。で、俺らもスピッツはそういうバンドなんだからと思ってたけど、『Crispy!』みたいなアルバム作ると、ポップなものを求めてくるお客さんっていうのもだんだん増えてきて、そういう子はやっぱり正直にポップなものを楽しむためにチケット代払って来ましたっていう人だから、それなりに踊ったり歌ったり楽しんでいくわけですよね。で、やっぱりステージに立ってるとそれに応えなきゃってなってくるし、そういうところでの変化っていうのも曲に反映されてきてると思うんですよ。だってデビューした頃は正直言ってライブ嫌いだったですからね(笑)」

――(笑)なんで?

「楽しくなかったですね。だからやっぱりお客さんと一緒になって騒ぐっていうことが単純に好きなんですよね。ライブやるからにはお客さんに楽しんでいってほしいし。で、その頃は神妙にジーッと聴いてもらってることはきっと意味があることなんだと思ったけど、やっぱり正直言うと苦痛な部分が多かったから（笑）。それの言い訳としてなんか『ライブでの一体感とか幻想に過ぎないんだから』とかって言ってたけど、本当は全然、一体感とかを得られているバンドとか羨ましくてしょうがなかったです」

——（笑）それがやっと自分たちの手によってなされるようになってきたと。

「そうですねえ。だから〝スパイダー〟にしても〝青い車〟にしても、ライブでお客さんに喜んでもらうことを初めて考えながら作った曲だと思うし。そういうところで歌詞もどんどん解放的なものになっていって。それはラジオとか聴いてる人に対してもそうだし。ラジオでかかるようになってきたのもあの頃だから。そういう意味では聴き手をかなり意識して作り始めたっていうことですね」

——ただ昨日（8月29日）の日比谷野音を観て思ったんだけど「君！」って客席を指さすじゃないですか。そうすると客席の子たちがワーッて喜ぶじゃない？　その指の差し方がなんか七分ぐらいの差し方なんだよ、マサムネくん（笑）。

「ははは、ひとりを差しちゃ不公平かなあと思っちゃったりするんですよ」

——（笑）ガーッと行けばいいのに、どっかで歯止めがかかってるよね。

「迷いがありますねえ（笑）。あのね、バシッとそういう振りとかが決まってる自分は自分じゃないような気がするんですよ。ほんとにカッコよくあっちゃいけないんですよね、自分の存在が。

そこまでナルシストになれない」

——それは逆に言えばナルシストなんじゃない？

「そうなんですかねえ？」

——だって逆に言うと「そこまで馬鹿やれないし」っていう歯止めじゃない？（笑）。「そこまで恥ずかしいことやれるほどなりきれないよ俺」みたいな。

「いや、もっとねえ、ルックスとかにカリスマ性があればやれるのになあとか……」

——嘘だ。

「はははは。自分に言い訳してるだけなのかもしれないけど」

——まあ、照れてるあなたもすごく可愛いしそれはそれで魅力的なんだけども、いくとこいってもいいんじゃないかなあというのは思うけどね。

「たまに思いますね、もっと馬鹿になっていいんじゃないかとかね」

——そうそう、だからナルシシズムっていうことで言うんだったら、やっぱり自意識過剰なんだと思う。

「ああ、自意識過剰だって常々思いますね。それはもう、生活の場においても常に感じるし。あの、たとえば初めて入るお店とか、一回通り過ぎる振りをしちゃうんですよね、中覗いて様子見たりして」

——はははは。

「『ああ、ここだったんだぁ』みたいな振りをしながら入って行ったり。誰も見てないのに（笑）。あとコンビニでもの買う時にボールペン1本買やあいいのになんか欲しくもない雑誌を一緒に買っちゃったりとか。なんかかっこつけちゃうんですね」

——女の子口説く時大変だねえ。

「でも絶体絶命の時はねえ、かなぐり捨てますけど、なんか日常においてどつかで自意識過剰になってるところがありますねえ」

――ステージの上って絶体絶命じゃん。

「う〜ん、そうですよね、でもなんか照れとかが入っちゃうんですよねえ」

――ある意味で〝スパイダー〟なんか曲はいっちゃってるわけだから、一緒にパフォーマーもいってくれないと。

「そうですね……歌うことによってだけ許されてるような部分があるんですよね、歌にすれば言えちゃうっていう。でもいろいろ考えちゃって駄目なんですよ。きっとね、どっかでたとえば、そういうことをやれないでわりと斜に構えて観てるお客さんとかもいると思うんですけど、そういう子と同調しちゃう時があるんですよね」

――それ駄目。

「(笑) 駄目ですよね。うん、もっと馬鹿になんなきゃとは常々思ってますけどね」

8 〝ロビンソン〟
自分らにとってのスピッツと世間が見てるスピッツっていうのは別もんのような気が半分してた

――『ハチミツ』が95年の9月に出るんですけれども、その中からやっぱり〝ロビンソン〟ということで。これは当初そんなシングルヒットする曲と思わなかったんですよね。

「そうですね、地味な曲だと思ってたんで」

――これが怒濤のようなブレイクをして今のスピッツを作ってしまうわけですけども。で、この曲によって訪れたSF的な人気の状況には非常に消耗したという話があったけども。

「いや、消耗したというか、戸惑い半分――でもやっぱり自分の作った曲が大ヒットしたりしてちやほやされて嬉しくないわけはないから、それはそれで楽しんでましたけど。でも、なんかねえ、自分とスピッツとか〝ロビンソン〟とかいうものがどんどん遊離していくような気分っていうのかなあ。それで最初無邪気に大喜びしていた状況からだんだん冷めていくような感じがしてくるんですよね。いつまでも無邪気に大喜び、万歳してられれば幸せなんだけど。うん、最初に初登場9位だったっていう時がいちばんやっぱり嬉しくって。それ以降の2年ぐらい――

95〜96年はずうっと自分らにとってのスピッツと世間が見てるスピッツっていうのはなんか別もんのような気が半分しながらやってるっていう」

――だからヒット曲って他人のものになると本当にヒット曲なんだね。自分のものじゃなくなっちゃうと。

「うん、そうですね。あと、元から街中で『スピッツの人だ』とかって気づかれることがあんまり好きじゃなくて。売れてない頃はほとんどそういうことはなかったけど、それでもたま〜にそう言われてもドキドキしちゃってあんまり嬉しいことではなかったんだけど、そればっかりになっちゃうわけですよ。渋谷とかもう歩けなかったし、95年の後半ぐらいは。家まで来ちゃう人とかも増えちゃったし。その頃は普通の1Kのアパートに住んでましたからね。オートロックどころか郵便受けに鍵もついてないし」

――ヤバい状況だねえ。

「そうですね、急いで近所で南京錠を買ってきてつけたっていう（笑）」

――スターになる覚悟っていうのはできてなかったんだ？

「できてなかったですね。『空の飛び方』が最高の地点だと思ってて、『ついにやった！』っていう、達成したという感じですね。だから『空の飛び方』のあとっていうのはもうどういう音楽をやるかっていうビジョンはなかったし。『ハチミツ』は〝ロビンソン〟のヒットがあったからできたアルバムっていう感じですよ。もう〝ロビンソン〟がヒットしたことで勢いがつけられてそれで作ったたっていう感じですね」

――じゃあ自分の中でロックスターっていう想定は全然なかった？

「なかったですねえ。俺らみたいなパンドがそこまで有名になっちゃうわけがないと思ってたし。で、その頃お手本っていうとあれだけど――これは今まで人に言ったことがないけど、田島貴男さん？　彼のポジションっていうのがわりとイカしてるなあと思ってて。すごい売れたとしても田島貴男がやらなさそうなことは俺はやらないと思ってて。バラエティに出ないとか。音楽的には全然違うことやってるけど。いかに芸能的なものと自分との距離を保つかっていう時に田島貴男さんがすごいわかりやすい位置にいた人ですね。THE BOOMの宮沢（和史）くんとかとも違うんだよなあ、奥田民生さんとかとも違うし」

――非常によくわかりますね。ところが状況はそれを許してくれないくらい、怒濤のように進んでいって、いろんな歌番組でいろんなことをやらざるを得ない状況にどんどん追い込まれていくんだけども、それは相当ストレスだったの？　それとも何がなんだかわけのわかんないままに進んでいったわけ？

「とにかく頑張ろうっていう感じですよね。テレビ出ること自体も得意じゃなかったから。なんか、テレビっても のすごい沢山の人が観てると思っちゃうから、そこまで沢山の人に見られて大丈夫なのか俺は？っていう自信のなさっていうか。そこまで耐え得るものなのかっていう。この素人臭さで出てもいいんだろうかとか思ってて」

――まだわかんなかったの？　自分のスター性って。

「いや、いまだにわかんないです。スター性はないですよ。ライブ会場において、箱の中でのスター性みたいなのはなんとかこう、演出できるようになってきたかなとは思うけど。それはもう場数を踏んでるから。テレビ出るといまだにやっぱりドキマギしちゃうし。でも、たとえば『Crispy!』ぐらいの時からなんとなく思ってたような、どうせ売れるからには音楽誌の表紙飾ってやろうとか、ドラマの主題歌に使ってもらおうとか、そういったわりと下世話な野望みたいなのはかなり満たしてもらったっていうところではすごくよかったですね、〝ロビンソン〟のヒットっていうのは。やっぱりだって、最初にJAPANとかの表紙になった時は眺めましたもん、こうやって上に持って（笑）。『おお、ついに！』みたいな」

――だけど実際あなたはものすごくスター性を持った人だと思いますけども。

「そうですか？」

――うん。だから覚悟してもらいたいなあというか、それなりのお金も儲けているんだから、それなりのことは引き受けてくれないと。それは引き換えですから。

「そうですよね、有名税ですね」

――有名税というか、それは重要なことなんですよね。それがないために泣いてる人はものすごくいるわけで。

「でも、あとはやっぱりそこでかなり、負担になってくるような状況っていうのかなあ……外に出て人にいろいろコソコソ言われるのがものすごいイヤだっていうのはまだ序の口で、根も葉もない噂っていうのがメディアとかを通して流れたり――まあ、俺とかは少ないほうなんですけど、たとえば誰々と付き合ってるとかひょっとしたらこの宗教の広告塔になってるかもしれないとか、そういうの流されちゃうと反論するのもあれだし、なんかすごいそれでねえ、疲れちゃうんですよね」

――全然生産的じゃないエネルギーを消耗するよね。

「うんうん。で、周りの人からは『写真週刊誌とか来るかもしれないから、友達だとしても部屋に女の子とか入れる時とかは細心の注意を払いなさい』とかって言われて。だから家の近所に停まってる車が全部その車に見えるんですよ」

――（笑）大変だよねえ。

「まあ、さすがに俺今は旬の人じゃないからもうそういう緊張感は緩みましたけども、きっと、今ヴィジュアル系の人とかそういう神経をすり減らしているんだろうなあっていう」

――だけど逃げようとは思わなかったわけですよね。「もう、ここから降りちゃおう」「次はプログレだ」みたいな。

「ははは。ああ、よくいますよね。売れちゃってなんか急に活動を休止しちゃう人とかもいますしね。でも、そういう風には思わなかったですね。それに楽しいっていうか、旨味もいっぱいありますから。やっぱり聴き手の数っていうのが全然違いますよね、ファーストの頃とかと比べたら。独りよがり感みたいな、自己満足感っていうのは全然なくなりますから、それはもう正直言って気持ちいいですよ。聴いてくれてる人が沢山いるっていう、それを前提に新曲とかを作れるっていうのはものすごい気持ちいいし。あとラジオで流してもらえるっていうのはものすごい――これはデビュー当時から夢見てたことだったんで、きちんとオンエアしてもらえるのはすごく嬉しかったし」

――だってそれは元々草野マサムネの

求めているものだったわけじゃないですか。

「まあ、デビューの頃多くの人に共感してもらうっていうことを求めてたかっていうとどうかわかんないけど。でも『Crispy!』ぐらいからそういう風にもう決意してたわけだから、その通りになって。うん、それはもうそこでまた路線変更してとかそういう風には全然思わなかったですね」

9 〝チェリー〟
人間は平等に死ぬんですよね。そういうことを考えるとやっぱり歌わなきゃいけないって思う

――で、その流れの中で『インディゴ地平線』が96年10月に出るわけですけれども、〝チェリー〟というのはマサムネくんにとってはそれほど重要な曲ではないといろんなところで言ってますけども、実は私いちばん好きな曲なんです。

「(笑)そうなんですか。まあでも、今にして思えば〝チェリー〟はある種、初めて――わりと確信犯的に作った曲がここまできちっと結果を生んだっていう。自分の中では、これはまるっきり売れないかもしれないけど下手したら爆発的に売れるだろうなって、なんか頭の中に結構シミュレートされてて。で、実はこれ1回レコーディングやり直したんですよ。頭の中で鳴ってるヒットシングル〝チェリー〟の感じではないものができつつあったんで。単純にドラムのパターンをちょこっと変えたら近づいちゃったんですけど。もっとゆったりした感じの曲だったんです」

――僕はこれは草野マサムネという実にシリアスなキャラクターの中からちゃんとした必然性のもとに出てきた素晴らしいラブソングだと思います。で、

じゃあ恋愛っていうのは草野マサムネの中ではどのように位置づけられているのかなあ、と。

「恋愛ですか？　いや、やっぱり生まれて生きている意味そのものだと思いますけどね。自分にとってはですけど。まあ、人にとっては闘いのほうが意味があるっていう人もいるかもしれないけど、草野マサムネ個人にとっては生きることそのものっていうことですね」

――いつからそういう自覚ってクリアになりました？

「う～ん……自覚としてっていうのはそんなに昔のことじゃないかもしれない。でもすごいね、悩むんですよ、恋愛に対しては。『なんでいっつも俺こんなに悩んでて面倒くさいんだろうな』とか思って『でもよく考えたらこれのために生きてんだなあ』って思ったし。それで喜んだり苦しんだりとかを繰り返すことによって心がたぶん代謝してるんだろうし。それのために生きてるって思ったのは20代になってかなり経ってからだと思いますけどね」

――でも、これは別れる歌じゃないですか。

「そうですね」

――しかも振る歌じゃないですか。

「振る歌、ああ、ああ、そうか（笑）。そうですね。労力的には振るほうがキツいのかなあ、でも」

――キツいでしょう。振る時のしんどさと振られる時のしんどさって、両方ともすっごいしんどいけれども、やっぱり恋愛ってなんだ？って感じるのは、相手に対して「さよなら」って言う時なんじゃないのかな。

「そうですね、振る時のほうが自己嫌悪っていうのはおっきいですからねえ……う～ん、そうか、振る歌なのか。あんまり意識してなかった」

――そう？　僕は《悪魔のふりして

切り裂いた歌を 春の風に舞う花びらに変えて》というフレーズでこれは振る歌なんだなあと解釈したんですけど。

「そうかもしんないですね（笑）」

――（笑）「そうかもしんない」って。

「いや、断定しちゃうとちょっとつまんないから」

――まあ、そこは言っちゃあ身も蓋もないとこですけど。別れの歌ですよね。

「そうですね、別れの歌です」

――だから《「愛してる」の響きだけで 強くなれる気がしたよ》っていう、これはものすごくいいフレーズだと思うし、それと別れというのが並列されているところに――ヒット曲のひとつのパターンだけれども――すごく確立されてるなあっていう感じがするよね。自分の中でたとえば恋愛っていうのが生きてく上でのアイデンティティであるというか、人とのつながりというのが生きてく上での自分自身の意味であるっていうのは、何かの局面で自覚したわけ？

「いや、それは自然にそうなってきたのかなあ……う〜ん……あとやっぱり女の人と実際に、まあいろいろ出会ったり付き合ったり別れたりとかしてると、女の人って恋愛のためだけに生きてる人って実は少ないんですよね。っていうことがなんとなくわかって。そうじゃない子とかに会った場合になんか、自分はいかに恋愛とかで生かされているかっていうのがわかってきたって感じかなあ。わりと大人になっても男の人ってたとえば仕事とか――言ってみれば闘いですよね？　恋愛にしてもそうだけど。そういうのによっかかって生きてる人が多そうだけど、女の人っていろんなものに好奇心とかアンテナ張り巡らせてる人っていうのが多いような気がして。俺わりとね、20代前半までずっと男も女も頭の中なんて似たようなもんだと思ってたんですよ、凸か凹かっていうだけで。でも実はなんかすごい違うんだあっていうのを20代半ばぐらいで感じ始めて、そういうところでふと『自分は？』って見た時に、俺は恋愛のために生きてるなあって思ったし。まあ、でも古内東子さんみたいな（笑）、女の人でもそういう人はいるんだろうけど」

——それって歌の中に肯定性が強く出てきた時期と同じなんじゃないですか？

「同じぐらいですね、たぶんね」

——そこで初めて死に対抗し得るなにがしかの武器を手にしたって感じ？

「う〜ん、いや、ずっと手にしてたんだけどそれに自覚的になったっていうことですね。そうですねえ、そうはっきり自覚することでなんか、いろんなことがやりやすくなるっていう」

——だからもうごちゃごちゃはしなくなったよね、人にわかってもらいたくないとかも思わなくなったし。僕自身が思ったのは、それによってメロディも言葉も、それから世界観も明らかに明確になってきたなあっていう。それがすごく全部有機的につながっているというか——評論家的な御都合主義だけどさ（笑）、そういう感じが、あなたのインタビューを読んだりあなたの曲を聴いたりするとすっごくあるんだよね。

「ああー、うん。そうだと思いますね。……まあ、進化したということなのかなあ（笑）。でも、音楽をやるとか創作するっていうことに対する欲求自体は全然変わってないんですけどね」

——方向性が変わってきたんだと思う。

実は同じなんだけどね、創作するっていうこと自体からもう既に愛が動機なんだけれども（笑）。で、こういうような状態になってもう一遍自分の中の大きなテーマである死っていうものと向かい合った時に、その恐怖感っていうのは変わってきました？

「恐怖感ですか？　う〜ん、いや、根本のとこでは何も変わってないと思うんですけど。まあでも結局すごくぬくぬくと生きてきてるわけだから、なんかあんまり軽はずみにそういうこと語っていいのかなっていうようなことも たまに考えたりするし。だけどすごい戦乱の地に生きてる人間も平和な国に生きてる人間も平等に死ぬんですよね。そういうことを考えると、やっぱり歌わなきゃいけないっていうか考えなきゃいけないなと思う。目を逸らすこと自体が不自然ですから。いまだにだからよくわかんない黒い穴みたいな死ってずっとあるんですけど。だからといって死後の世界云々に行くわけでもないし。だからずっとそれは変わんないですよね、それは大きくあるっていうことは」

——生きていくっていうことは、死っていう巨大な黒い穴に向かって大きな道がただぼーっとあるのではないと。

「うんうん」

——結局そこに向かっていくのかもしれないけれどもそれ以外の道もきっちりあるんだなあっていう感じなんだ。

「そうですねえ、それは作れるっていう。まあ俺に限らずやる気さえあればそこに行くまでの道にいくらでも価値を与えられるっていうような」

——言ってしまうとあまりにも身も蓋もないけれども、それは愛によってちゃんと作れるんだよという。

「そうですね。まあ、愛って言葉もね、安易に使うとよくわかんなくなってくるんですけど。ほんとは愛って言葉はあんまり使わないで歌を作ろうってずっと思ってたんだけど最近使っちゃうんですよね（笑）。パフィーにあげた曲も〝愛のしるし〟だったし（笑）」

10 〝スーパーノヴァ〟

共鳴してることが前提じゃなくって、そこに行くまでのもがきをまた歌えるようになってるかもしれない

――最新作『フェイクファー』では、やっぱりこのアルバムをいちばん象徴しているのは〝スーパーノヴァ〟かなあと僕的には思ったわけです。このアルバムでは笹路さんから離れたわけですよねえ。

「はい」

――で、もう一遍、逆に言えば渾沌に帰ってみようよという、そういう作品でもあるなあと思ったんですよ。そういうスピッツ・リセット宣言がいちばんクリアな形でなされているのが〝スーパーノヴァ〟なんじゃないかという気がしたんですけども。すっごいバンドっぽい音だし。この曲を作った動機っていうのはどのへんだったんですか。

「……えーとねえ、やっぱり『Crispy!』以降特にそうなんですけど、メロディ至上の曲作りっていうか、人の曲聴く時もやっぱりメロディを大事に聴いちゃうから、そのメロディ最重視っていうのはやっぱりずっとあるんですけど、ちょっとそれにマンネリ感みたいなのを自分の中で感じてきて。で、メロディじゃない別なところに何か求めるとしたらリフかなって思って、リフから曲を作るっていうのが最初のとっかかりですね。〝ウィリー〟とか〝センチメンタル〟とかもそうですけど、メロディからっていうんじゃない作り方っていうのを最初に設定してやったんですけどね。詞先っていうのは基本的にできないんで」

――で、それがこの言葉を呼んだのか

もしれないけれども、98年版〝名前をつけてやる〟というか、もっと昔に戻った、要するにスピッツがブルーハーツのようなビートバンドをやっていたその感覚？

「ええ、ええ」

――だって《稲妻のバイクで東京から地獄まで》だよ（笑）。

「はははははは」

――「地獄」って言葉使ったことなかったでしょ？

「ないですねえ」

――《どうでもいい季節に革命を夢見てた》って。「革命」って使ったことありますか？

「ないですねえ（笑）」

――で、最後は《公衆トイレの壁に古い言葉並べた》ですからね。これは必然の下に出てきた詞だと思いますねえ。

「……うん、必然でしょうね」

――だから、あなたはずっと革命を夢見ていたわけじゃないですか、ある意味。でも革命を夢見ていたなんて今まで一遍も歌ってないですよね。

「そうですね。いちばん新しいスピッツっていうのを象徴してる曲ではありますね、この中では。やっぱり最初このアルバム用に曲作ってきて、〝冷たい頬〟とか〝謝々！〟とかそのへんの曲と一緒にリハやってて、ちょっと異質だなと思いながらやってたしね。うん、今だからやれるっていう曲でしょうね」

――今のバンドのモードと草野くんのモードを非常に象徴してる曲だって気がしますよね。だから僕としては《どうでもいい季節に革命を夢見てた》《公衆トイレの壁に古い言葉並べた》っていう言葉がどういう経緯で出てきたかっていうのをいちばん知りたいですね。

「ああー、いや、元々はねえ、そういうことを歌おうっていう気持ちは

『Crispy!』前にはあったと思うんですよ、傾向はちょっと違うかもしれないけど。やっぱり〝名前をつけてやる〟の世界ですけど。それをだからね、どっかで、そういうのは抑えるんじゃなくて要らないっていう風にしてたと思うんですよ。それで今回、ちょっとそれが戻ってきたのかなあ」

──という気がする。だから今の話を聞いていると、「それを作ろうと思ってたんですよ」っていう乗りじゃないよね、自然に出てきてるよね。

「うん。自然に出てきたって感じです」

──だからそれはやっぱり笹路さんというプロデューサーから離れてバンドに戻って自分たちでプロデュースしてやろうという、逆に言えば裸になろうという、『Crispy!』に入った時とまた逆のモードじゃないですか。で、そこで出てきた本来のスピッツのコアな部分だと思うんだよね。これはずっと持ってたんだけれどもこういう形でのアウトプットはなかったよね。

「いやあー、でもレコーディングもね、ものすごい疲れたんですよ、『フェイクファー』って。やっぱり笹路さんと離れたっていうのがすごい大きくのし掛かってきたし。だから毎日すごい苦しんでレコーディングしてる中から出てきた言葉だと思うんですよね。『これはもう革命なんだから！』っていうような（笑）。うん、ちょっと闘いモード入ってきてんのかな。それが強い風になってきてるかもしれない」

──だから前にも言ったけど、マサムネくんっていうのは非常に攻撃型の人だと思うんです。で、それがいろんな形でたとえば死っていうテーマにおいて、それが非常にいい形でほわ〜っと拡散して、世間的には見えなくなって、逆にそれに──その、愛という形での折り合いがついて──こういう風にあまりにも図式的に言っちゃうと表現者として「そんな身も蓋もねえ言い方はねえだろう」と思われるかもしれないけど。

「いや、なるほどなあ、と今」

――その折り合いがつけられて、逆に持っていたもう一つの攻撃性というか闘いモードがすごくこの〝スーパーノヴァ〟っていう形で出てきたし、きっとバンドも「おっ、それそれ!」っていう感じでいったんじゃないかなあという気がする。

「うんうん。そうですねえ、これ一発録りでやりましたしねえ」

――結構感情移入できるでしょう、歌ってて。

「そうですね、うん。最初は『お客さん引くんじゃないか?』って言ってたんですけど(笑)」

――で、このへんはバンドのメンバーに訊きたいんだけれども、『フェイクファー』っていうのは「マサムネ、バンドに戻ろうよ」っていうメンバーのメッセージでもあるじゃない?

「そうですね、うん、あると思います」

――そのへんの危機感はマサムネくんよりはバンドのほうが明らかに強かったみたいだね。

「だから修正期間のアルバムですよね。リリースして結構経っちゃって、今んなってみるとまだやれたなとか思っちゃうから。だからまあ本当にまだこれからっていうところのアルバムなんですよね、新しいスピッツの。だから《公衆トイレの壁に古い言葉並べた》っていうのはやっぱ、結局は孤独なんだっていうのを思い出すよっていうとこですよね。自分に言ってるんですけど。わりと『ハチミツ』『インディゴ〜』っていうのは、なんて言うのかなあ、誰かとの共鳴みたいな部分を中心に歌ってたと思うんだけど。共鳴してることが前提じゃなくって、そこに行くまでのもがきみたいなのをまた歌えるようになってるかもしれない」

――と思うよね。やっぱり同じように孤独が歌われるとしても、ここで歌われてる孤独は、ファースト・アルバムでの孤独とは本質的には一緒だけれども立ち向かい方が全然違うよね。

「うん」

――一回愛という形での共有というものを踏まえてもう一遍歌われる部分だよね。それは全然違うと思うし、逆に言えば、もう一遍闘いのゴングをこれで鳴らしているんだという気はするよね。

「ああ、そうですね。まあいろいろ、そのブレイク後かなり経って物事がわりと、ちゃんと俯瞰で見えるようになってきて、そういう風な攻撃性みたいな部分をやっと落ち着いて懐から取り出せるっていう状況ですよね。だから、まだまだですよねえ。まだまだだっていうのは確信があるし、まだやってないこともいっぱいあるような気がするんですよね。たとえばこの先すっごいなんか、あんまり誰にも注目されなくなったりとかいう状況があっても、変な自信みたいなものはたぶんもう死ぬまで持ち続けてると思うんで、そのへんで妙に安心感があるんですよ。これがあるからたぶんずうっとやれるだろうなあっていう変な自信みたいのが（笑）」

インタビュー＝渋谷陽一

（BRIDGE／1998年11月号）

すごく……楽しいっつうか（笑）。
以前より力んで球投げてたのが、
楽に同じ速さの球が投げれる気がしてるっていう

『ハヤブサ』

2000

先が見えないっていう時は
結構頑張っちゃいますよね。
そこで「もういっかあ」ってことになっても
おかしくなかったんだろうけど、
俺らはそうならなかった

『リサイクル』をきっかけに見つけた「新たなスピッツ像」——
草野マサムネのポップセンスとバンドのロックな勢いが
クリアに示された名作『ハヤブサ』

昨年のベスト盤『リサイクル』はスピッツが自ら望んだものではなかった、というのは既に周知のことだろう。しかしこの「事件」によって、結果的に過去の作品と否応なく向き合うという試練がメンバーそれぞれに課せられ、〝ロビンソン〟などのヒット曲を、そして『ハチミツ』を、初めてリスナーと同じ視線で対象化し、自分たちの財産として再定義できたという意味では明らかに大きな成果である。〝ホタル〟の時点ではまだ「新たなスピッツ像」を模索していた感もあるが、〝メモリーズ／放浪カモメはどこまでも〟、そして新作アルバム『ハヤブサ』は、スピッツという文脈の「新しさ」を改めて認識しつつ、そこに立脚した草野マサムネのポップセンスとバンドの持っているロックな勢いがクリアに示された名作である。というわけで、前作『フェイクファー』から実に28ヶ月ぶりのオリジナル・アルバムを手に、本当に久しぶりのマサムネ登場である。今の心境について、バンドのモードについて、そして「今作に至るまでの28ヶ月間」について、じっくりと話を聞いてみた。

——ものすごくいい作品だと思います。

「ありがとうございます」

——〝放浪カモメはどこまでも〟、これはもうほんとに、スピッツ史に残る素晴らしい曲だと思いますし。

「あ、そうですか（笑）。この曲についてあまり感想言ってもらえたことなかったんですけどね」

——スピード感もあるし、すごくポップだし、メロディもいいし。今のあなたたちの勢いを感じさせる曲になってると思う。やっぱりそんな感じでシングルにしたわけ？

「そうですね、ポップな曲っていう認識は自分たちでもあったから。ま、シングルはポップじゃないとっていうのは常に思ってるんで。そういうところからですね」

——で、今回の『ハヤブサ』は本当に待たされた甲斐があったというか、待ったからきっとこんな作品になったんだろうという（笑）、非常に優れた作品なんですけれども。まず、なんでこんな形に——このようなハードでヘビーなロックモードを持つようになったんでしょう？

「うーん……結局は結果論になっちゃうんですけど、最初『来年の何月ぐらいにアルバム出そう』っていう話が具体的になってきた時に、頭に描いてた絵っていうのがこういう作品じゃなかったんですよ。どっちかっつうと、ま、今日の天気じゃないけども、ちょっとしっとりしたような作品ができればいいかなと。〝ホタル〟とかはそのへんのニュアンスが出てるんですけど――やっぱり、毎回そうだけど、コンセプト立ててもその通りにはいかないっていう（笑）」

――ははは。

「まあバンドもたぶん、ロックなモードにどんどんなってきてたんだろうし。去年はライブ中心の年だったからっていうのもあると思うんですけども。その頃の、『ちょっとしっとりした作風にしたいな』っていうので入れた曲は、〝ホタル〟と〝甘い手〟ぐらいかなあと思うんですけど。でも『こうやろう』と思って作るのは、やっぱりあんまりよくないのかなという気もするんですよね」

――はははは。

「ほんとに……正直じゃないことになっちゃうとよくないんで」

――逆に言えば今の正直なモードは、すごくロックなモードということですね。

「そうだったんですね」

――……過去形ですね。

『『そういうことだったんでしょうね』という（笑）。……もとからそういう要素はずっと持ってたんだと思うんですけど、上手く表せてなかったっていうこともあると思うし。あとやっぱり、曲作りに関しては、知らない間に自由になってきてたのかなという。無意識に大ヒットシングルの、呪縛じゃないけれども、なくはなかったと思うんですよね」

――はははは。

「『〝ロビンソン〟とかのヒットは関係ない』って言ってた発言自体がもう、かなり呪縛されてた結果だったっていう（笑）。あと『こう思われてるだろうから逆を行ってやれ』とか――どっちにしても意識をしてるってことなんですけど――そういうのは少なからずあったんだろうと思いますけどね」

――うん。だからすごくこれ聴いてて思ったんだけども、もともとだってスピッツってロックなバンドじゃないですか。ていうか、あなたはすごくロックな人じゃないですか。基本的にヘビー、ワイルド系ですよね、世界観と人となりは。

「（笑）そうですかね？　どっちかっていうとおたく系だと思ってますけど（笑）……ロックおたくか」

――ロックおたくだし、ワイルド系おたくじゃない？　佇まいは人々を誤解させる好青年だけど、頭の中はめっちゃくちゃ、みたいな。

「（笑）めっちゃくちゃですかね？」

――めっちゃくちゃだと思いますよ。

「はい（笑）」

――だから、そういうものではない、頭の中はすごく凡庸なのに表出されてるものだけラジカルなロックというものに対しては「おまえそれ違うだろ？」みたいな。

「ああ」

――「俺たち〝ロビンソン〟だけども、これって暗黒よ？」っていうプライドでやってきたわけじゃないですか（笑）。「このポップで優しいところにどれだけ重く激しいものがあるのかわかってんのかよ」っていう。

「まあ、うん、少なからず。はい」

――アンチな感じだったよね。それの究極が『ハチミツ』だったわけじゃないですか。

「うん」

――それが圧倒的に支持されたわけじゃない？　かなり勝利感あったと思うんだよね。

「…………どうだろ？　まあその、音楽の勝利っていうのとは違うかもしんないけど、『俺、上手いことやってんな』って思うことはありましたけどね（笑）」

――（笑）で、そこではすごく反体制的な気分というか、既存のものを壊すモードなわけじゃないですか。それは結構盛り上がると思うんだよね。

「うん、うん。そうですね」

――ところがいつの間にか状況が変わってきて、「あれ？」っていう（笑）。

「うん、それが体制みたいになってくるっていうか。まあ、聴く人も慣れちゃいますからね、そのへんね」

――うん。そういうモードがしばらく続いたことへの苛立ちだったんだなあっていうのをね、この作品を聴いて感じたんですけども。

「まあ、今回の作品も時間が経ってみないとわかんないんだけど、やっぱり『インディゴ地平線』にしても『フェイクファー』にしても、煮え切らなさっていうのが、多少はあったような気もするんですよね。力強く提示するっていうよりは、『好きなことやってます』ぐらいでやめとこうっていう」

――（笑）だから、何に対して、何を力強く提示するのか、ちょっと自分でも見えなくなってたんだと思うね。

「うん、そうですね」

――『ハチミツ』までは明解だったと思うんだよね。ところがそれが証明されちゃうと、じゃあそれを再生産してくことが俺のやることとか、あるいはそれを壊すことなのか、なんだかよくわからんぞっていう（笑）。

「まあ確かに、お家芸になっちゃうのはね、やだなっていう意識はあったんだけど、そこまで実はあの、フレキシブルにスタイルを変えつつ社会に投げかけるとか、そういうことはできないから（笑）」

――そういう意味では器用じゃないしね。

「そうですね。まあでもロックなアプローチがその結果なのかどうかっつうのも、わかんないですけどね、まだ」

――いや、それもひとつの要素だと思うし。それからやっぱり、30代ロックバンドのすべてが直面している、このシーンの激変と（笑）。

「ははは。うん」

――これだけ若い元気なバンドが出てくると、こいつらとどう対峙していくのかっていう。

「若いバンドはねえ、はっきり言って怖くないよ（笑）。怖くないっていうかね……たとえば今、女性シンガーがすごく元気ですよね。そういうものを『すげえな、怖いな』って思ってる状況はかなり、楽しいっていうか（笑）」

――宇多田ヒカルとか椎名林檎とか？

「うん。まあ最近の、小柳ゆきとかでもいいんですけど。別に作詞作曲にはこだわらないんですけど。やっぱり〝ロビンソン〟の頃っていうのは、ミスチルとかL↕Rとかシャ乱Qとか、同じような形態の人たちがワーッて出てきてる頃だったから、やってるほうとしてはつまんないっていうか。やっぱ異端のほうが燃えますよね（笑）。でもね……そうだよなあ、民生さんとかイエローモンキー（THE YELLOW MONKEY）とか、エレカシ（エレファントカシマシ）とかぐらいですよね」

――そうそう、サバイバルしつつ、ラジカルであり続けようとしている人たちだよね。

「うん」

――宇多田でも椎名林檎でも、倉木麻衣でも小柳ゆきでも、ある意味『ハチミツ』とか〝ロビンソン〟の頃のスピッツと似てるよね。要するに「異端の勝利」なわけだからさ。

「しかも……すごいテンション高いんですよね、みんな。だからこっちもなんとなく、おじさんがお尻叩かれてるような（笑）」

――「おじさん」って（笑）。前々から言ってるけども、マサムネくんって結構チャートに目配りして、流行り物とか聴くじゃない？

「うん」

――それすごくいいと思う。絶対そうじゃないとダメだと思うんだよね。

「そうですか？　あんまり影響受けそうな場合は聴かなかったりするんですけどね」

――（笑）「影響受けそう」ってどんなの？

「中村一義くんが出てきた時とかはちょっとヤバいなと思って、聴くのやめたりとか。まあ今は聴いてますけど」

――そういういい意味での刺激はあったんだろうなあという感じはするよね。あるいはドラゴンアッシュとか、エレカシの〝ガストロンジャー〟みたいなぶっ壊れ方とかって、やっぱり同じようにシーンで闘っているバンド全体に刺激を与えると思うんだよね。そういうのはないですか？

「ああ、ありますよ。うん……去年とか特に、日本のヒップホップのシーンがワーッて盛り上がった時に、シンパシーを覚えるってわけじゃないんだけど、何かしらこうパワーを感じるっていう。手放しでかっこいいとは言えないんだけどもなんか、『すげえなあ！』っていうのがあって一時期聴いてたり……なんか、好きじゃないけど何回も聴いてしまう音楽ってあるじゃないですか。結局好きってことなんだろうけど（笑）。やっぱ新しいことやってるっていう感じがすごい伝わってきて。うん、新しいってことは素晴らしいんだなっていうのは、感じたりしてましたけどね」

――だから、そういうモードがマサムネくんの、ロックな気分へ、ラジカルな方向へ行こうというベクトルに結構影響を与えたんじゃないかなあって気はするんだよね。

「そうですね。現役感を取り戻すっていうことでしょうかね（笑）。なんとなくね、去年おととしとか、リリースとかあんまないと、ライブはやってるとはいえ、微妙に現役感が薄くなってくるっていうか。沖縄とか好きだからたまに行って、海辺でボーッとしてると、『このまま隠居』っていうような文字が頭をかすめたりとか（笑）」

――ははは！　絶対できないよ。それは「もう俺たち必要とされてねえのかなあ」っていう気分なの？

「必要とされてないっつうかねえ……まず、『ハチミツ』出る前はわりともう、なんかわかんないけど、がむしゃらにやってる感じだったんだけど。がむしゃらに、これからもやれるかっていうところかな。あと、やっぱり……新しくないっていうか、自分たちが。そういう音楽とかに対しては俺、常に新しいものがかっこいいって思っちゃう人間なんで、新しくないってことはそれだけでいまいちなことなのかなって思ったりすることもあって……まあでも2年空いたから、『〝ロビンソン〟知らねえ』っていうような人がいてもおかしくないし」

――はははは。

「5年前の話ですからねえ。〝ホタル〟で初めてちゃんと聴いたっていう人もいるみたいだし。そういう意味では、また新しくなれんのかなっていう。『まだやってたのか』って言う人もいるかもしんないけど（笑）」

――だから、〝ホタル〟のカップリングナンバーを聴いてると、すごくヘビーでアングラになっていて、スピッツ自身がスピッツを誤解してるというか、新しくなろうとして古くなっちゃうみたいなところがあるけれども（笑）。今回は新しくなろうとせずに、ちゃんと新しい作品になれたっていう。

「そうですね。だから新しくなってるっていう実感があったからレコーディング楽しかったっつうのも、おそらくあると思うんで」

――で、まあ一時期ハードなロックモードに向かいはしたけども、実はスピッツのラジカルさってそこにはないよね。要するに〝ロビンソン〟のラジカルさこそがスピッツの、あるいはマサムネくんのラジカルさなわけで。

「はい」

――それをちゃんと実現してるよね、このアルバムは。『ホタル』に入ってる他の曲を聴くと「ちょっと危なかったのかなあ」って気もするけどね（笑）。

「ははは。それをアルバムに入れないっていうのがミソなんですよ、だから」

――これをアルバムに入れずにシングルに入れたところに「ああ、バランスをちゃんと取ってるなあ」というのを感じるんですけども（笑）。こういうアルバムになってしまう危険性はあったわけ？

「ちょっとありましたね。去年出てれば……っていうか、ベストアルバムが出なかったらそうなってたかもしんない（笑）。ベストが出たっていうのはかなり……大きい事件だったので、バンドにとっては」

――ああ。『リサイクル』って結構自虐的なタイトルだけど。あれも上手いよね（笑）。

「（笑）あれはもう閃きですぐ……まあ、あのアルバム自体がメンバーの意思が全然入ってなかったから。でも『曲選びとタイトルぐらいはやらしてもらおう』っつうことで。そん時、俺らマイアミにいたんですよ、4人とも（笑）。〝メモリーズ〟のミックスやってもらったトム（・ロード＝アルジ）さんって人がマイアミのスタジオでやってて、それで行ってたんだけど。うちの高橋さん（事務所社長）が急に来るって話を聞いて『重大な話があるらしいよ』『俺ら解雇されるんじゃないの？』とか言って（笑）」

――そんなわけないじゃん（笑）。

「『いや、ベストが出ることになっちゃって』って話だった時には、実は肩すかしだったりしたんですけど（笑）。でも、よく考えたら解せない話だなあと思って。マイアミの太陽の下、『リサイクル』っていうタイトルは、次の日には決まってたっていう」

――（笑）あれは上手いなあと思ったよね。後ろ向きと前向きのモードが両方入っている。あなたのコピーライターとしての感覚というのは素晴らしいと思う。その究極は『ハチミツ』だと思うけどね。

「ほんとは〝メモリーズ〟のシングルっていうのが今年の1月ぐらいに出せたらいいかなっていうような話で進んでたんだけど、ベスト盤が年末に出るっていうことで。そのベスト盤のあとに〝メモリーズ〟だと、その、ポップさの意味合いにおいてちょっと――まあ同じポップとはいえ、『スピッツって、変わりたいのね』っていうのを必要以上に強く印象づけることになるかもしんないっていうのも、なんとなくかっこ悪いなと思って。で、まあ、あとレコード会社との契約もこの先どうなるかわかんないから、しばらくリリースないかもっていうような話になってて。そのへんでまた、リリースとかをあまり考えないで曲作りに入って。ああだこうだやってるうちに――まあこれ言うと〝ホタル〟好きって言ってくれる人は『えっ!?』って思うかもしんないけど、結局『リサイクル』と〝メモリーズ〟の間の緩和剤みたいな役割を〝ホタル〟が果たしてるっていうことなんですよね」

――じゃあ、その『リサイクル』でもう一遍スピッツ文体みたいなものの、再構築を自分の中で図ろうという、そういう気分？　「これもいいじゃない」みたいな。

「そうですね。うん、だから『リサイクル』のリマスタリングにも立ち会ったりしたんですけど、あれがなかったらもうちょっと、アンダーグラウンドな匂いのほうに行ってた可能性は強いですね。マスタリングですごい、過去のスピッツのシングル曲っていうか、いわゆるほんとにポップな側を再認識したっていう作業は結構、バンドの今年の活動に大きい影響を与えたと思いますね」

――というか、あのラジカリズム、あれがロックだって言いたいがために、逆に言えばマサムネくんは頑張ってたわけじゃない？

「うん……そうですね。昔ＪＡＰＡＮの取材の時に、編集部サイドが『世界スピッツ化計画』とか言ってたでしょ？」

――（笑）うん。

「でも『ハチミツ』以降ね、『世界がスピッツになっちゃったらほんとにいい世の中なのか？』っていう疑いみたいなのも（笑）」

――ははははは。

「まあ実際になったわけじゃないけども。なってない時期に、なりそうもないからそうやって叫ぶのが楽しいっていうことだったのかなあ、とか」

――（笑）だけど、冷静に考えてみたらひとつもなっちゃいねえじゃねえかっていう。

「なっちゃいない。うん、そうそう。そんなに浅くはないよっていう。そんなに浅くないんですよ、世の中も俺たちも（笑）。……俺の中には、打倒『ハチミツ』っていうのが、今回はあったんですけどね。たまに聴くとやっぱいねえ、立ってるって感じなんですよ、あのアルバムだけがすごく」

――そうですね。それはいろんな意味でフォーカスが絞られてるからね、あなたの作家としての、ある意味で旬の時期と、反体制的な気分の旬の時期と、そして時代と。

「うん、そうなんですよ。あと……『インディゴ～』にしても『フェイクファー』にしても……たとえばセールスとか注目度とか、そういうのを抜きにしたところで、自分たちの中だけで、『ああ『ハチミツ』よりいいわ』って思えたかっていうと、そうでもなかったようなとこがあって。自己満足でもいいから超えてみたいっていうような気分で。今回、出来直後感ではまあわかんないけど、いい線行っててんじゃねえかなっていう」

――ていうか、違うピークは作ったよね。だから、『インディゴ〜』も『フェイクファー』も同じ山に登ろうとしてたけども、今度は別の山、っていう。

「うん。30代以上だけが登れる山（笑）」

――そうそうそうそう（笑）。いちばん陥りやすいのはこの〝ホタル〟のカップリング曲の持つアングラなモードなんだけど、そこに行ってなくて、ちゃんとポップなモードで作れたのは大きかったと思う。で……今回すごく面白かったのは、そういうモードになると歌詞がラジカルになるんだよね。

「ああ、うん」

――どうラジカルになるかっていうと、あなたの場合、よりマゾヒスティックになるんだよね（笑）。

「ああ、そうか（笑）」

――今回すごいよね。もう全く主体性を放棄しているというか。主体性を放棄することによって（笑）、逆に主体を回復するという。

「うん……」

――たとえば《半端な言葉でも　暗いまなざしでも／何だって俺にくれ！／悲しみを塗り潰そう　君はどう思ってる？》（〝さらばユニヴァース〟）っていう。「何かを君にあげよう」じゃないんだよね。「ひどいことでもなんでも、俺にしてくれぇ！」っていう。

「はははは。『ください』っていう（笑）」

――そう。もう全部「ください」だよね。

「そうですね」

――《甘い言葉　耳に溶かして／僕のすべてを汚して欲しい／正しい物はこれじゃなくても／忘れたくない　鮮やかで短い幻》（〝ホタル〟）という。すごくラジカルなんだよね。マサムネくんの攻撃性というのは、どんどん自分のマゾヒスティックな気分を高めることによって獲得されていくんだよね。

「ああ。マゾなんすかね？」

――だと思いますね。いや、現実場面ではそうでもなさそうな気もするけれども（笑）。

「そうですね。意外と逆にヤバいかなっていう。サディスト説がネット上で出てたこともあるみたいですから（笑）」

――（笑）でも世界観は非常にマゾヒスティックですよね。〝Holiday〟だって《もしも君に会わなければ　もう少しまともだったのに》。「僕が君を見つけなければ」じゃなくて「会わなければ」なんだよね。常に主体は自分の側にない感じだよね。「さあ君の手を引いてあの地平線に歩いていこう」って、絶対歌わないよね。

「ああ。うん」

――「君がそっちに行くんだったら僕も一緒に行こうかな」みたいな（笑）。

「うん。そのへんはねえ、もう……どっかその、絶対にこう、相手と同じことを考えるっていうか、完全に一致したり、想いがきちんとシンクロするってことはないって思ってるから。そのへんは信用してないっていう。だから逆に〝ロビンソン〟みたいなのは、それを憧れとして描いてしまったりとかあるんですけど。だからもう、相手の手を引いて地平線まで連れていく時は『無理矢理』って言葉が入っちゃう。『嫌でも』とか（笑）。そういう言葉入れないと俺の中で嘘になっちゃうっていう。連れていかれる分にはいいんですけどね」

――（笑）一貫してそうだよね。だけど、じゃあひとりでいいかっていうと、そんなことはないんだよね。誰よりも他者を必要としているんだよね、あなたはね。

「うん」

――そこらへんの引き裂かれた感じはすごいよね。で、そこでの深いコミュニケーションは、相手から汚されるってことなんだよね。

「ああ、うん……そうなんですよ。傷つけられることも関わりを持つことには違いないから（笑）、っていう考え方ですね。『なんか関わった証拠が欲しい』みたいな（笑）」

――だからそこに僕は、ロックなムードを感じるよね。より一層ラジカルになっちゃったなあというか――30代のラブソングにどんどんなってきてる感じがするよね。

「そうですね。意識的に変えてるつもりはないけれども……昔の作品とかを聴く機会があった時に、『ああ、変わってんだな自然に』って思う時はある……うん、まあデビューの頃とかも全然、言葉の言い回しは違うけど、やっぱりそのマゾヒスティックなとこっていうのはあったかなとは思うんだけど」

――いや、ありましたよ。

「ははは。より輪郭をはっきり見せようとしてきてるんだろうなあっていう」

——だからすごく攻撃的なマゾヒズムになってきてるよね（笑）。タチ悪いよね（笑）。ガンジー化してるよね。

「はははは。マゾなんですかガンジーは」

——そうでしょう。他者に対してあれほど逃げ場のない正義の押しつけ方ってすごいよね。「俺の正義を通すか、さもなければ俺を殺すか、どっちかにしろ！」っていう。「あなたを殺さない限り、私はあなたの正義を認めないといけないんですか？」「そうだ！」みたいな（笑）。

「そっか……ふふふ。ああ、そうですね」

——でもマサムネくんはやっぱり「お互いにわかり合おうよ」と。「じゃあ君は僕を汚してくれ。それはすごく気持ちいいから、そこで一緒に行こうよ」という、攻撃的なマゾヒズムがすごくクリアになってきてますよね。

「そうですね。よりその方向性に、自信は持ってきたっていう。『こんなこと言っちゃっていいのかな』っていうのはもうないから」

——それはやっぱり、今回のロックなモードとすごくリンクしてるなあという気がしますねえ。やっぱり自分でも、ステージが変わったなあという実感はあります？

「それはかなりありますね。すごく……楽しいっつうか（笑）、以前より。今まで楽しくなかったみたいだけど（笑）。すごい……………うん、力んで球投げてたのが、ちょっと……楽に同じ速さの球が投げれる気がしてるっていう。今の気分的にはそういうとこですね。今回、テレビの収録とかも〝放浪カモメ～〟でやってんですけども、すごく楽っていうか。テレビは緊張するから嫌いなんですけど、〝ロビンソン〟とか〝運命の人〟とかで出た時よりは気が楽だったなあっていう」

――誤解されようがないからね。

「うん、変にかっこつけなくていいから」

――時間軸的に、自分たちのある程度の方向性のフォーカスがちゃんと合ったのは、どれぐらいの段階だったんですか。

「たぶんね、石田（ショーキチ）くんと一緒に作業しだしたのが1月入ってからなんですけど。彼の存在がなかったらもっとボケてたと思うんですよ、セルフ（プロデュース）だったら。たぶん俺は当初の、〝ホタル〟的なコンセプトで行こうかなというのを出してたかもしんないし。石田くんが客観的にバンド見て、『ロックじゃん、ロックンロール！』ってずーっと言ってたから」

――ははは。

「『あれは誰にでもロックンロールっつってんのかな？』っていう気もするけども（笑）。ひょっとしたらそん時のスピッツのモードがロックンロールだっていうのを見抜いて言ってくれてたのかなって思うし」

――だけどその前に石田くんを選んだっていうモード自体がもうロックだよね。

「いや、俺そんなにロックの人だとは思ってなかったんですよね。スクーデリア（・エレクトロ）とか聴いてもポップっていうか――まあ俺らにないポップの良さとかなんだけど。そのへんを拝借できないかなっていう気持ちもあったし。ま、ロックの人っていう以前になんとなくこう、新しい匂いを持ってるっていうところに魅力を感じてたから。それまでの、笹路（正徳）さんとか棚谷（祐一）さんとかは、どっちかって言うと先生っていうか、実績ある方っていうイメージだったけど。まだまだな感じも残してるようなプロデューサーっていうところで選んだんですけどね」

——実際やってみてどうでした？

「や、すごい盛り上がって。レコーディング自体はねえ、今まで、これでオリジナル・アルバムとしては9枚目なんだけど、いちばん楽しかったと思います。やっぱり曲もこうだから、レコーディング自体すごい盛り上がるし。で、石田くんもムードメーカーとしてはわりと体育会系入った感じの盛り上げ方なんで。部活やってるような（笑）」

——ははは。スピッツってめちゃくちゃ文科系サークルな感じがするんだけど。

「そうですね。生物部とかそういうやつ（笑）。俺ら4人でレコーディングやってる時ってわりと暗いんですよ。暗いっていうかね、すごいいいプレイで録れた時も、『……いいんじゃない？』ってぐらいの感じで。でも石田くんは『グレイト！　ロックンロール最高だ！』とか大声で言うもんだから、俺らもなんかすごい、高揚してきちゃって。すごい単純な。そういうところで……それが作品として、いいものとして残るんであれば、いいんじゃないかという」

――なるほどね。だけど振り返ってみて、そういうふうにギアがガチャッと上手く入って『ハヤブサ』の方向に進めたっていうのは、どのくらいの時点だったんですかね？

「ああ……どうなんだろうなあ？　やっぱベスト盤出ることになって、マイアミから4人で帰ってきて、まあ稀にみる4人の団結、結束があってですね（笑）。うん、そのへんかなあ。でね、去年の年末にね、スタジオに入って、別にライブもないしレコーディングもないんだけど、適当にカバーとか、そういうのをやってみようとかいう時にダラダラやったり、人のCD聴いたりしてる時に……コピーとかやるとね、バンドの、忘れてたいいとことかが見えてきたりするんで。まあそういうのを聴けば聴くほど、ライブもない、レコーディングもないっていうことに対する苛立ちみたいのが強くなってきて（笑）」

――はははははは。

「『やりてえなあ！』みたいなのが。うん、そこらへんで加速がついたんじゃないかな。先が見えないっていう時は結構頑張っちゃいますよね。そこで『もういっかあ』ってことになっちゃってもおかしくなかったんだろうけど、俺らはそうならなかったってことは、まだまだ体力があったっていう（笑）」

――（笑）いや、ほんとにバンドってそういうふうに有機的な化学反応を起こすんだね。

「そうですねえ。まあ結果的に見ればベストが出たこと肯定しちゃうようなことになっちゃって、ちょっと癪なんですけど」

──でも嬉しいでしょう？　あんなハンパじゃない、何百万枚ってセールスは。

「うーん……嬉しくないっつったら嘘になるけど、ちょっとイヤかなって思ったりもしたけど。完全にもう過去のバンドっていう見られ方をしてんのかなと思ったけど。でも『あのスピッツはもう過去のバンドということでいいか』って踏ん切りもつけられたし。でも過去のバンドなんだけど、その曲は今、俺らがやれば今の曲になるしね。あの音源のスピッツは、まあ過去っていうことで」

──じゃあ今、ライブに対してもすごい前向きな気分でしょ？

「そうですね」

──今度は『ハヤブサ』のステージはどんなものになるわけ？

「まず今年はライブハウス・ツアーなんで」

──え？　ライブハウス？　なんでそういうことやるんですか（笑）。

「え？　いやあ……うん、やっぱモードがロックだから（笑）」

──はははは。それ違うと思うけどなあ。

「はははは。もちろん来年ホールもちゃんとやるんですけど。やっぱ小さければ小さいほど盛り上がれちゃうようなバンドなんで……そういうふうに見られてないような気もするんですけど。『ロックっぽくなりたくてライブハウスでやるようになったんですか？』って。『ていうか、昔はやってたんだから』っていう（笑）。きっとね、若いバンドの中にはスピッツみたいになるとダサいからとか思ってる人もいるだろうしね。『チャート入るような曲作っちゃダメだよ』みたいな（笑）。嫌みのつもりじゃないんですけど……

確かにね、売れるとダサいっていうのはあると思うんですけどね」

――いや、売れないとダサいですよ。

「うん。いや、でも売れるとダサいとか、売れないとダサいとかっていう価値観自体がもう、どうでもいい。そういうこと考えながら曲作っても……楽しくないですしね」

――（笑）それで、結果この〝放浪カモメ〜〟というヒットチューンが作れれば素晴らしいですよ。まだ出てないからどれだけヒットするかわかんないけどさ。

「うん。今回ストリングスとかホーンが入ってないっていうのも聴きどころかなと」

――その代わり打ち込み入ってますよね。

「ああ。〝いろは〟ですか？」

――うん。「おお、スピッツにこんな音が！」みたいな（笑）。

「なんか、エレカシの最近の話に近いんだけど、シーケンサーを去年初めて購入して、それで勢いで作っちゃった（笑）」

――はははは。

「機械に疎かったんだけど、なんとなく買って使ってるうちに『あ、面白え』って。でもエレカシほどね、ハマりはしないんですけど。やっぱり疲れてくるとギター持っちゃう……今回ね、1曲弾き語りみたいな曲を入れたんですけど、俺ギターすごい自信なくって、そういうこと今まで考えられなかったんですけど――下手なりにいけんじゃねえかってちょっと誤解してきてね、自分で（笑）。『弾き語り練習しようかな？』とか。でもほんとに弾き語りだとリズムが不安なんで、打ち込みアンド弾き語り、みたいなライブとか面白いかなあとか」

――（笑）結構意欲的なモードに入ってるね。

「うん。しかも楽しめるものだけをやるという。苦行をするような感じじゃなく」

――ねえ？　いや、非常に楽しみです。ロック・イン・ジャパン・フェス（ROCK IN JAPAN FESTIVAL 2000）、よろしくお願いします（笑）。

「頑張ります……プレッシャーかけられると急に憂鬱になってきたりして（笑）」

インタビュー＝渋谷陽一（BRIDGE／２０００年８月号）

スピッツのパブリック・イメージとされてるもの、
で、自分があんまり喜ばしく思ってないものと
向き合ったんです

『三日月ロック』

2002

スピッツをやれてる俺らは、すごい幸せな環境にいるけど、それはある意味ミュージシャンとしていちばん最悪な状況にいることでもある（田村）

スピッツがスピッツだから
最強であることを示す名曲集『三日月ロック』。
テツヤ、田村、﨑山が考えるバンド構造論と成長論。
15年目にして膨張し続けるビッグ・バン、スピッツとはなんぞや？

ニューアルバム『三日月ロック』がシャレんならない素晴らしさなので連続ロング・インタビューで迫りましょう企画、今回はマサムネを除く3人への取材とした。思いっきりシンプルな話から始めたい。以下の喩えにはすべて「自分が知らない曲だったとしたら」という前提がつくのだが、たとえば僕はイントロを聴いただけで「あ、これエレカシだ」と当てる自信はない。初期HUSKING BEEとHi-STANDARDを並べられても、イントロだけだったら間違うかもしれない。民生しかりイエモンしかり。パンクしかりメタルしかり、ヒップホップしかりスカしかりレゲエしかり、ギターバンドしかり。別に、それらの人たちの音楽をけなしてるわけではない。心の底から愛し尊敬している。ただ単に、普通そういうものだという話だ。しかし。スピッツだったら絶対に一発でわかるのだ。それだけオリジナルな文体を、民生バンドの演奏力の足元にも及ばないこのバンドの音は何故か持っている、という話だ。ソウル・フラワー・ユニオンみたいに使ってる楽器が特殊だったりするならわかる。しかし、ご存じの通りスピッツは極めてシンプルでスッカスカで風穴だらけの音を出す4ピースのギターバンドだ。あたりまえに思えるけど、よく考えたらすごいことだと思う。そして、『三日月ロック』が、スピッツが15年目にしてスピッツの基本に立ち返ってスピッツをやってるみたいな、意外性も裏切りも新鮮さもなんにもない作品であるにもかかわらず、おそろしく素晴らしい名曲集になってしまっているのは、マサムネのソングライティング能力と共に、そのへんにも理由があるのは明らかだと思う。ここ数年の素晴らしすぎるライブを観る度に、いつかそのへんのことをテーマにした取材をやりたいとも思っていたし、そのへんもしかしたら本人たちも今ひとつわかっていないのではという気もしていたので、とにかく聞いた。

——今回のアルバムは、なんらかのテーマだったり方向性ってありました？

田村「アルバム入る前に、アコースティックな肌触りにしようかとか、草野とツアーの打ち上げとかでそういう話をしてたりしたんだけど。実際曲選びの段階で、みんなで話した時に印象的だったのが、強い曲を——この曲いいね、悪いねとかっていうのは当然あるんだけど、そうじゃなくて、強い曲を選ぼうってのが今回あって。アルバムに入れたら弱いよねとか、強いよねっていう言い方で。このアルバムを作るにあたって、あまりコンセプトみたいなものがなかったんだよね。前回の『ハヤブサ』って、『リサイクル』っていうベストアルバムを出されたことによってバンドが結束して、ある意味すごい集中というか、ささやかなる反抗でもないけど、〝バンドサウンドの提示〟みたいなのがしたかったアルバムだったんだけど。で、『ハヤブサ』ってアルバムを作って、100本ぐらいのライブもやって、ある程度それに対する結論が自分たちの中で出て。もう、それは終わりって。そういう意味でリセットして、じゃあ次のアルバムをどうしようかってなった時に、あんまりコンセプトがなくて」

三輪「まあ強いて言えば、バンドサウンドじゃなくてもいいかなっていうような感じはあったけどね」

田村「だったら草野の楽曲ってものを核にして、それを自然にアレンジしよう、その自然なアレンジっていうのは別にバンドサウンドにもこだわらずに、いちばんいい形で録ろう。で、その曲はやっぱり強いものにしよう。強いってことはみんなが楽しめたりとか、思い入れができるっていう曲なんで。ただそういうふうにした時に、ちょっとバラバラな、統一感があるアルバムには仕上がんないかなっていう不安も確かにあったんだけど、それよりはもう今回、自分たちの素を出しちゃって正直にやろうよ、ほんとにそういうムードが最初からあったから」

三輪「うん、いいムードだった。1曲目に〝ハネモノ〟録ったんだけど、もうそっから、こりゃだいじょうぶじゃねえかなって感じもあったし。まあマサムネん中ではアコースティック色が強い感じに、できればしたいなとかいう考えは、ちょっと最初のほうにはあったみたいだけど」
田村「去年の暮れにYUKIちゃんのアルバムをやったりとか、はっぴいえんどのトリビュートをやったんだけど、それはすごい王道でやったのね、敢えて。それは他のアーティストが入るっていうのも意識して。ほんとにYUKIちゃんの曲とか、テツヤのアルペジオは、もうアルペジオだけで成立するような曲にして作ってたんだけど。完成して聴いてみたら、YUKIちゃんのアルバムは、草野の声はなかったんだけど、響きとしてすっごいスピッツっぽくて。で、はっぴいえんどの曲とかは、曲はスピッツじゃないのに、草野の声が乗っただけですごいスピッツだなっていう気が俺はして」
――いや、声は意外とはっぴいえんどに近かった。演奏がすごくスピッツだったの。
田村「そうそう、普通にやったんだけど。普通にやってスピッツに聞こえるってのは、ある意味すごい武器だなと思って。で、普通にやって武器になるんだったら、別に変える必要ないじゃんとか。その武器を使わない手はないなと。それは崎ちゃんのドラムだったり、テツヤのアルペジオだったりするんだけど。そういう意味で、スピッツとしての手癖というか王道の手段としての方法を、もう堂々と使っちゃえっていうのは、このアルバムはあったかな」
三輪「だから、どうだろうなあ、勢いだけでバーって録ることは避けようかなっていう意識はあったのかもしんないね」
崎山「それはあったね」

三輪「いろんな形で、一曲一曲を仕上げていきたいなという気持ちはあったと思う。勢いだけじゃなくて。そういう意味で手癖だったりとかさ、スピッツっぽさというよりも、なんかもうちょっと違う角度から、またスピッツを見れるようなアレンジだったりとかさ。そういうことができればいいねっていうような感じだと思うんだけどね」

田村「でも今回のアルバムって、すっごいスピッツっぽいと思ったでしょ?」

三輪「意外と俺たちのほうが、再認識、ほんとにしてると思うんだよね。そんなつもりでやんなかったアルバムがいちばんシンプルで、スピッツっぽくて。ほんと最初は、一曲一曲やってったから、どんなアルバムになるのかっていうの、田村もさっき言ったけど不安だったから。まとまんのかなあという。けど、曲順も今までのアルバムに比べたら結構すんなり決まったし。うん、いいアルバムができたと思うけど」

――どんどん書く曲が変わっていくような、もしくはサウンドスタイルがどんどんどんどん変わっていくようなタイプのバンドじゃないじゃないですか、スピッツって。

田村「うん」

――っていうことは、ほんとにシングル一枚一枚、アルバム一枚一枚、「この曲がよかったね」「今回のこのアレンジはよかったね」っていうさ、すごいシンプルなとこで勝負をしていくしかないじゃないないですか。

田村「うん、わかる、言ってること」

――そこで勝ち続けるのって結構大変っていうか、こうやればいいんだっていう方法論が見つけづらいと思うんですけど。

田村「それは草野マサムネっていう才能だったりもするわけだし、それに対する俺らの信頼とかもあるだろうし——なにしろわからないんだよね、草野の出してくる曲がいまだに俺らは好きだし。別にクオリティ落ちてるとは全然思わないし。それがいいことか悪いことかわかんないけど、草野にとってすごくプレッシャーになりそうだけど、日常になってる」

——曲がいいってことが？

田村「そう、曲がいいってことが。そこがすごいとこなんじゃないのかな。だから常に楽曲ってものがスピッツの中心に、これからもずっとあるし、今までもあり続けてきた理由だと思うんだけど。だからそれを何故と言われても」

——そりゃそうだけど、まだ『ハヤブサ』はいいアルバムになった道筋とか分析があったんですけど、『三日月ロック』聴いててもうわかんなくなって。もう十何年スピッツ聴いてるわけですよ。新しいのが出る度にすごく聴くんだけど、その聴いてる音自体は昔からさして変わってないわけですよ。「何故飽きん？　俺」みたいなね。

田村「なんなんだろうね」

——やっぱりラモーンズ飽きるじゃない？

三輪「でもたまに聴きたくなるよね（笑）」

田村「あのねえ、草野の曲に対して、いまだに悩みとかがあるからじゃないかなあ。解釈とか、『この曲どうしたらいいんだろう？』っていうのはすごいあるからね。だから、『ああ、こういう曲だったらこういうアレンジね』ってふうにはできないわけよ、いまだに。それは曲がそれだけ力を持ってるってことじゃないかなと思うけど」

三輪「まあ、俺たちも全然飽きてないしね」

崎山「なんかこう、4人で音を出す時の充実感つうのはどんどん深くなっていってるっていうか、濃くなっていってるっていう基本的な感覚が、まだまだ進行形であるなあと思ったりもするんですけどね。新曲を持ってきてバンドで合わせ始めて、途中からグーンて世界が深まっていく感覚っていうのはね、やっぱあるんだよね。そこでこう、マサムネのメロディと合致して、なんかすごいいい感じになる、盛り上がってくるっていうのはね、全然変わってないんだね。そのグーンとよくなる感覚がどんどん深くなっていってるっていうのは、まだ進行形の感じはするんですけどね」

田村「うん、飽きたことがないからなあ」

――あと、もちろんソングライターとしてマサムネさんという人が優れているというのもあるんですけど、3人に関してもかなり珍しいケースだな、なかなかあり得ねえなって思ってて。突出したソングライター／ボーカリストがいるバンドっていうのは、最初っからある程度メンバーみんなすごいか、そうでもないかのどっちかなんですよ。何年かやってバンドが成功したりしても、この構造って結構変わらないんですよ。で、僕が十何年前に初めてスピッツのライブを観た時っていうのは、正直言ってかなりダメだったんですよ（笑）。

田村「あの、はっ倒してやろうかと思ったライブね（笑）」
――そうそう。でも、今ってライブ観ると日本有数のギターバンドになってるじゃないですか。
田村「そうかなあ」
――うん。「長年やってればあたりまえじゃん」って思うかもしんないけど、実はあたりまえじゃないと思うんですよ。
田村「草野の優しさかな（笑）。そんなわけねえか。……まあ確かに、上手くはなったけどね」
――いや、上手い下手の話じゃなくて。
田村「うん、まあ確かにね」
三輪・﨑山「……………」
――だってさ、もともと怒涛のアルペジオ野郎ではなかったでしょ？
三輪「嫌だったね（笑）」
――ねえ？　でも今って聴いた瞬間に「テツヤだ！」ってわかるじゃないですか。
三輪「う～ん……でもどうなんだろうなあ」
田村「（テツヤに）なんかニヤけてるよ（笑）」
――はっぴいえんどのトリビュート聴いた時に思ったこともまさにそれで。イントロ鳴った瞬間にわかるじゃないですか、スピッツだって。
﨑山「やっぱそれはライブの経験とかも一つの原因であったりするような気もしますけどね。ツアーのやり方も試行錯誤しながら、いい形っていうのを見つけていってやったりとかっていうのと同時に、演奏の感覚っちゅうのも、やっぱり、考えながらやってきたっていうか」

田村「音楽がやっぱりみんな好きで。スピッツの曲を好きで。特にここ2〜3年だと思うんだけど、各自がそれぞれの音をほんとに好きになってきてるんじゃないかな。俺はテツヤとか﨑ちゃんの音が、草野のギターも含めて、すごい好きになってきて。任せれる部分は任しちゃえとか。最近はすごい、人に依存できるようになったというか。『別にいいよ俺、ライブで弾かなくても。このふたりが弾いててくれれば』とか。……なんでそうなったかってことを、たぶん今訊いてると思うんだけど（笑）」

三輪「いい出会いは多いね。場面場面で。その人たちに支えられてきたっていうのをすごい感じるよ。リスナーも含めてね、スタッフサイドも。やっぱり時間かかるバンドだってことを、最初からわかってくれてた事務所の人たち、レコード会社の人たち、今思うとほんとにすごい人たちと巡り合えたなと思うし。だって、最初ライブ観て『うわ、ダメだ』って思ったでしょ？　それを堪え忍んで今までやってきたんだから（笑）。ちゃんと段階を踏んでやらしてもらったっていう。そういういい出会いがなかったら、きっと今はなかったと思うし」

――みんなそこまで見えてたのかなあ。「こいつら今はダメだけど、10年後には日本有数のギターバンドになってるはずだ」みたいな（笑）。

三輪「ま、でも『ほんとにこの4人でやってく気があるの？』っていうのは、最初に社長には言われたけど。そん時に『4人でやります』って言ったところからもう」
田村「『しょうがないな』って（笑）。さっきも言ったけど、スピッツの曲が好きでさ。特に最初の頃とかは、『わ、いい曲だなあ』と思って、自分はこれだけしかできないからこういうふうなアプローチをしてるけど、もしかしたらもうちょっとよくなるアプローチがあるんじゃないかなとか、常に思ってて。常に自分にとってすごい響く曲がいつも出てくるから、それに負けちゃあいられないぞっていうか。その曲をどうにかもっといい形にしたいなっていうの、常にあるから。俺は草野が出す曲に引っ張られてきた部分は大きいけど。それはいまだにあったりするけど。今この曲の完成形はできたけど、自分の手札の中に、もっとやれることがまだあるんじゃないかなあとか」
三輪「ま、そういう意味ではバランスがいいんだと思うの。俺なんか逆に、できねえよって最初に思うからね」
田村「テツヤの良さは、メンバー3人がいちばんわかってると思うし。テツヤのほうがわかってないから。こう弾けばいいじゃんとか、ここは弾かないほうがいいよとか」
――その構造ってこのバンド全体に言えません？
三輪「言えるかもね」
――ここにいない人はどうですか？
田村「草野わかってないね（笑）」
三輪「うん。なるだけそういうことは考えないようにしてるからよ（笑）」
田村「草野が指摘したりすることは、すごい明確で、リスナーとして正しいんだけど、自分のことはわかってなかったりすることが多い。プロデューサーには絶対なれないという」
三輪「まあ自信があったとしても、それを強く言う人じゃないし」
――そう聞くと非常にバランスいいし、健全な感じなんですけど。でも、バンドが外的要因で煮詰まったり、「クソーッ！」っていう時は何度かあったろうけど、バンドの内的な要因で煮詰まったことって、ほんとに全くない感じ？
田村「ないよね？」
三輪「今回じゃなくて？」
――まあ今回も含めて。
三輪「ま、そりゃあ成長する段階ではありますよ、いろいろ。あったよね。
俺は特にあったかな。すぐ悩むほうなんで」
田村「うん。悩むとすぐ出るしね、プレイに（笑）」
三輪「そうそう、出るよ」
田村「みんなそうだけど」
三輪「俺は出るんだよ、すぐ。田村は結構そういうのバネにするほうだから。
『なにくそぉ！』みたいな」
田村「でも、その直後は出るじゃん」
三輪「そいで『たりぃ』とか言って」
田村「家で練習したりとかする」
三輪「そう、コソコソッと」

崎山「それが各自微妙にあって。その時期がみんな微妙にズレてて。だからいい感じでこう、交わってるんじゃないですかね」
三輪「そうだねえ、上手い具合にね」
田村「ほんとそうですね——喫茶店で言われたけどね（笑）」
三輪「ははは。忘れもしない」
田村「俺とテツヤが『伸びてないよね』って昔言われたの。サード・アルバムぐらいの頃かな。当時の（事務所の）社長に」
——どうそれをクリアしたんですか？
三輪「まあ、そのへんは素直に受け止めて」
田村「『そっか、足りないんだ』」
三輪「『頑張ろうかな』（笑）」
田村「そういう気持ちはあるからね、自分の中に。ないこと言われたらムカつくけど。『確かにその通りです』ってのばっか言われるから（笑）。その通りってことに対しては受け止めなくちゃいけないからさ」
三輪「劇的によくなったわけじゃないから。ほんとにゆっくりゆっくり。だから意外とね、自分でわかんなかったりするんだよね。ほんとによくなったのかなあって、半信半疑だしさ、言われても。そこまで今、強いライブをやってるって意識ないし」
田村「わかりやすい手応えがあるような楽曲のバンドだったらいいんだけど、自分たちでもやっててわかんないんだよね。たとえばミッシェル（・ガン・エレファント）みたいな曲とかをやってたら、盛り上がってるのとかがわかりやすいなあっていうところはあるんだけど、そうじゃない曲が多かったりするから。なかなかそういうのってわかりにくいんだよね。ライブに関しては、正直なとこ、どうなの？」

――たとえばね――草野マサムネという人はすごく曲が書けます。他のバンドとか他のプロデューサーと組んだら、いいCDができるかもしれません。と思うんだけど、もはやそんなものは聴きたくないんですよね、別に。ていうぐらいのことに、スピッツってバンドはなってる気がするんですが。

田村「年取ったからな（笑）」

﨑山「言えてる」

三輪「そういう趣味なんじゃないの？　ソロはあんまり好きじゃないとか」

――そんなことない。ソロやってないけど、ソロ聴きたいなあって人は結構いる。

田村「いるよね（笑）。でも俺は草野のソロ聴きたいけどね」

三輪「『田村、ベース弾いてくんねえ？』って来たりさ」

田村「ははは。『テツヤ、アルペジオ……』とか」

――個々やっぱりミュージシャンなわけで、「ほんとは俺こう行きたいんだけど、バンドと合わないんだよな」ってことって、別にあっても不思議はないでしょ。

田村「奇跡的にそういうことは各自なかったけど。なぜないのかはわからない」

三輪「ないねえ。やりたいことはスピッツでもやってるつもりだし」

田村「よく思うんだけど、スピッツをやれてるってことは、ミュージシャンとしてすごい幸せな環境にいるんだけど、もうこれ以外はできない気がするんで。ある意味ミュージシャンとして、いちばん最悪な状況というか。バンドをやるとしたら、この4人以外とやりたいとは全然思わないし。草野の曲を知っちゃって、草野の声を聴いちゃって、このふたりのプレイを聴いちゃったら、それ以外は考えられない――っていうのは、すごい幸せなことだけど、すごい怖いことというか、不幸なことでもあるなっていうのは思う。冷静に考えたら。そう思ってこないだ笑っちゃったんだけど」

――「他に行ったら使いもんになんねえ！」みたいなこと？

三輪「そういうことは感じる。夢で見たりするもん。なんかね、すごい有名な外タレのライブで、俺ギター持って立ってんだけど」

田村「『曲知らねえよ！　俺、エアロスミス知らねえよ！』（笑）」

三輪「『なんで俺ここにいるんだ？』って。『じゃあナントカの曲やるから』『ええ〜っ!?』（笑）」

田村「『スティーヴン・タイラー、日本語で話してるよ！』（笑）」

三輪「『キーだけ教えて、キーだけ！』って、でも後ろ姿がビューーッて行っちゃうの」

田村「そういう側面もあるよね。それを俺も、こないだふと考えたんだけど……でも、うん、バンドとして、個々のプレイとか、アルペジオとかを誉められると嬉しいんだけど、そういうことよりも曲がいいねとか歌詞がいいねって誉められるのがすごいやっぱり本望だし、嬉しいことで。自分のエゴとかじゃなくて。楽曲として誉められたいとか。曲のアレンジ、歌詞、歌いいねっていうのがやっぱり目標であったりとか。それはずーっとたぶん、これからも変わっていかないことだし。……ね？」

三輪「うん」

――たとえばこのアルバムを作ってみて、新しくわかったこととか気づいたこととかいうような、新しい発見はありました？

三輪「……うーん……そうだねえ……時間かかるバンドだなと思うね、常々。ほんとに。再確認か、うん……時間かかったなあと思うね。15年だもんね」

田村「15年か……全然感覚がないけどね」

三輪「うん。やってきたことは身になってんだろうなと」

――他のどんなバンドにもなくて、自分たちにだけあるものって、なんだと思います？

三輪「俺たちにしかねえもの？　……そうだなあ……なんだろう……」

田村「…………自分たちの曲に対する好きさ？　自分のバンドをどれだけ好きかっていうのは、負けない気はする」

三輪「愛情度？」

田村「愛情度。スピッツに対する気持ちとか、曲に対する気持ちとか」

三輪「そうだな、メンバー全員がねえ、そういう気持ちで15年もやってるバンドはいないんじゃないかなとは思うよ」

﨑山「歌詞であったりとか、メロディであったりとか、みんなが出す音であったりとかっちゅう。そういう愛情っていうか。そんな気はしますよね」

田村「ほんと嫌んなったことないもんね、スピッツやってて」
三輪「うん」
田村「たとえばテレビ出るのヤだなあとかさ、そういうことはあるけど。スピッツの曲に向かい合ってる時は楽しいし。苦しい時はあるけど、それは好きだからこその苦しみだから」
――スピッツはスピッツで充実してるけど、違うこともやってみたいなというような興味の向き方とかもない？　女の子ボーカルでベース弾きたいとか、トラック作ってみてえとか、自分の曲が作りたいとか。
田村「なんかそういう暇はなかったし。自分の中で才能がたくさんあって、溢れ出るものがあれば、そう思うかもしんないけど」
三輪「あったらもうやってるよね、きっとね。だから空想するうえではあるかもしんないけど、結局やってないから、そんなに絶対やりたいっていうことじゃない」
田村「意味合いが違ってきちゃうんだよね、だからそれは。スピッツに対する思いとは、やっぱ一緒にはできない。それは趣味というか、スピッツとは大事さが違うよね」
三輪「うん。スピッツに持ってくるマサムネの曲とか詞には、まだまだ無限の可能性があるんじゃないかなあ。そう思うけどね」
田村「それに対して、色のつけ方とか広がらせ方とかっていうのは、どんなふうにもできるから、やってけるよ。赤しか塗れないって曲じゃないから……そうだ。透明な色ってみんな出せない、作れないわけじゃん。そういう透明なものを求めてやってるのかもしんないね。音楽で。まあ俺らが聴いてきた音楽、（レッド・）ツェッペリンだったりチープ・トリックだったりって、4人だから。ザ・フーだってあの4人だから出てたんだよなあと思う」

三輪「まあ、はっぴいえんどをああいうふうにやったのも、はっぴいえんどに対するリスペクトだよ」

田村「聴いたことなかったくせに（笑）」

三輪「ま、そういう気持ちはずーっとこれからもあり続けるだろうと」

田村「気がついたらテツヤがベースを弾いていたとか、そういうこともあるよね」

三輪「いや、あのベースは弾けない」

インタビュー＝兵庫慎司

（ロッキング・オン・ジャパン／2002年9月10日号）

前は打倒『ハチミツ』とか言ってたけど、今回は打倒ファースト・アルバム（『スピッツ』）ぐらいな感じで。またデビューするぐらいの気持ち（笑）

スピッツはロックバンドとして、ポップの壁を破りながら新しい鐘を鳴らし続ける――。狂おしき純情と妄想が燃え上がる『三日月ロック』、全13曲のメカニズムを草野マサムネが解き明かす

３人インタビューに続くは、マサムネ独白。全曲解説にて『三日月ロック』の真意と深意と神意を読み取ってください。

「打倒『ハチミツ』ではなく、打倒『スピッツ』なんです」――このマサムネの発言にはダブル・ミーニングが入っている。すなわち「初期衝動に勝る作品を作ろう」と「ある時期のスピッツに勝つのではなく、あらゆる意味でのスピッツを超える作品を作ろう」である。衝動を超えることが表現にとってどれほど難しいか？　それが嫌というほどわかるからこそ、確かな命題に向かうために徹底的に自己（＝スピッツ）分析を繰り返し、そしてキャリアによって得たスキル（今回は作詞術）を駆使し、スピッツは再び甘い猛毒を、愛ゆえの暴力を、哀しいほど幸福な瞬間を音感の中に描いた。ポスト・スピッツはさらにスピッツな作品を作ることによって自分たちが引き受けよう――そんな決意が聞こえてくる、珠玉の13曲だ。ポップほど軽快でしなやかなものはない。しかしポップほど傷が深く心を乱すものもない。スピッツはロックバンドとして、そのポップの壁を破り続けながら新しい鐘を鳴らし続けている。僕らはしあわせだ。

――ほんっとうにいいアルバムです。

「そうすか、ありがとうございます（笑）」

――いつもいつもスピッツのクオリティ管理と時代との付き合い方にはすごく感動するんだけど、そういうのを全部除いても、久しぶりに今回は高まってるのを感じた。

「そうですねえ。作る時からね、10枚目っていうのはなんとなく意識にあって。だけどそこでこう、狙いすました実験性みたいなものばっかり出てるようなのも違うし――とか、いろいろ考えてたんですけどね。前は打倒『ハチミツ』とか言ってたけど、気持ち的に今回は打倒ファースト・アルバム（『スピッツ』）ぐらいな感じで。またデビューするぐらいの気持ち（笑）。『ハヤブサ』のツアーが終わった時点で、一回落ち着いちゃったんですね。『いろいろやり終わったな』っていう気分でもあったから、そっからまた、ゼロから始めようっていうような雰囲気になってたと思います」

――ただ僕は、この作品は結果的にマサムネくんの歌詞がコンセプトアルバムにしちゃってるアルバムだと思うんですよ。で、そのコンセプトをいちばん言い当ててるのは〝夜を駆ける〟っていう1曲目だと思うんですね。今という夜を駆け抜けて希望という光へ向かおうというシリアスでダイレクトなメッセージによって、このアルバムはスピッツ史上類稀なるメッセージアルバムになってると思うんですけど。

「メッセージアルバムなんだ？　なんかかっこ悪いなあ（笑）。まあ、結果的にそうかもしれない。意識的にそうしたつもりはないんだけど、ややポジティブなものにはしたいっていう意識は、常に全曲に対して持ってたんで。でも、やっぱり最終的には楽しんでほしいっていうことなんですけどね。それにはたとえば、自分の中にある俗っぽいものも全部ちりばめたいと思うし。でね、最近――これは冗談ではなくてね、つんくってすごいなって思ってて」

――……あー、そう。

「いや本当に（笑）。すごい不安な時に、シャ乱Qでもモーニング娘。でもいいんだけど、流れてくるとね、なんか安心感があるんですね。同じようなもの作りたいって思うわけじゃないけど、音楽やってる人間としてのサービス精神みたいなものは、特にメジャーのシーンでやってるっていう前提においてはすごく大事だなあと思ったりして……まあ、自分の俗っぽさを、普通に認められるようになったということでしょうね。若い時って勘違いもするし、自分の個性とか、そういうところを過信してたりすると思うんだけど（笑）」

――もちろん個性がないとは思わないんだけど、それと同じように、俗な部分っていうのも見つめられるようになるっていうのかなあ」

――だから今回の作品は、文学性と叙情性を連れたまま風俗になってますよね（笑）。

「あぁ〜。うん、風俗になりたかった」

——発言抜いときます。

「そういう意味じゃないでしょ（笑）」

——僕はそこがこの作品の最大の素晴らしさだと思うんですよ。というわけで、その風俗性を全部の曲に分けてひもといていきたいと思います。1曲目〝夜を駆ける〟からいきたいんですけど。この曲から始まるっていうのはすごく意味がありましたよね。

「そうですねえ」

——《夜を駆けていく　今は撃たないで／遠くの灯りの方へ　駆けていく》という。これはある意味、マサムネくんの時代に対する批評なのかなあという。

「批評っていうほど偉そうなもんじゃないと思うんですけど。自分なりの描写というか。東京来た頃に——もう15年くらい前か、昔立川でバイトしてて。バッティングセンターなんですけど、今どうなってるんだろうと思って見に行ったんですよ、今年の3月ぐらい。そしたらバッティングセンターはあったんだけど、駅の周りを歩いてみたらすっごい変わってて。駅の北口のほうがニュータウンみたいになってて、すごい無機質な空間なんだけど、道の上でね、子供がいっぱい遊んでるんですよ。薄暗〜いとこで、しかも楽しそうでね。不思議な景色だったんですけど、すごいポジティブなものとして心に残っちゃったんですね」

――それは何？　そういう状況でも楽しめるっていうタフネスみたいなものなんですか。

「うん、有機的なものというか」

――どうなんですか？　この曲がたとえば1曲目、いちばん最初にあって、そこからこのアルバムのストーリーが始まって――とか、そういうことは意識してたんですか。

「そういうふうになったら面白いかなあと思ってて……一曲一曲の中のストーリー性っていうか立体性っていうか、それがこの曲によって幕が開いて、っていうようなところにはピッタリかなあと思って。やっぱり、これが書けたのは大きかったですね」

――わかりました。2曲目は〝水色の街〟なんですけど。この曲は田村くんの音も﨑ちゃんの音もテツヤくんの音も、スピッツとして鍛え上げてきた彼らのいちばんいいものが入ってる。これを聴くと、マサムネくんはバンドに対する信頼をとことん持ってるなあって思うんですけど。どうなんですか？　バンドは今、非常に仲がよくて。

「それは相変わらずですけどね」

――ねえ？　なんで相変わらずなんだろうね。

「ねえ？　昔、『仲がいいですよね』とか言われたら『え？　そんなによくないですよ』とか言ってたけど、そんなによくないってことがどういうことなのかがわかってなかったんです。仲が悪いバンドっていっぱいいるんだなと思って（笑）、話聞いてると」

――「なんかギクシャクしてきちゃったなあ」とか「俺やめちゃおうかなあ」みたいなことは全然なかったの？

「なかったですねえ。あの、『Crispy!』とかの頃にね、売れなきゃ売れなきゃって思ってるのが俺だけだったことに苛立ったことはある（笑）。でもそれは別に、バンドの危機とかいうことではなくって、俺だけ空回ってたっていう。だけど、みんなで売れようとか思ってたら、それはそれで危険だったかもしれない。今思えば」

――確かに（笑）。で、〝さわって・変わって〟なんですけど、これは本当にマサムネくんのボーカル・スタイルが力強いですよね。ライブの中から生まれてきた曲っていうのもあるかもしれないんですけど――マサムネくんはボーカリストとしての自分を、最近はどう捉えてますか。

「う〜ん……許せるようになってきたって感じかな(笑)。波があるんですよ。『俺の声ヤだなあ』っていうの、いまだにあるし。他のボーカリストのCD聴いたあとに自分の曲聴いたりして、『ああ、俺の声ヤだなあ』と思う時もあるし、歌もなんか下手だなあと思うし」

――この作品に関してはどうですか。

「うん、よくできたなとは思うけど、自分の声とか歌唱だけに関して言うと、まあ好きではない。みんなどうなのかなあ？　自分の声って。それって鏡を見て『美しい』とか言うのと近い気がするんだけど（笑）。そうはならないんじゃないかな、ずっと。だからまあ、いい／悪いは聴き手の判断に、ズルいけど委ねちゃって、俺はこの声しか出ないし、みんなが『いい』っつってくれてるんだったら甘えましょうという」

――わかりました。で、〝ミカンズのテーマ〟ですけど、これは80年代ロックバリバリで生きてきた人としては、トーキング・ヘッズとかゴダイゴ的なニューウェイブ・ポップなものに聞こえる曲なんですけど。

「これがさっき言ったデビューのつもりでっていうのを象徴する曲かな。バンドのテーマソングを作りたいなってずうっと思ってて。インディーズの頃にはね、〝スピッツのテーマ〟っていう曲があったんだけど……」

――どういう曲、それ？

「封印されてるんですけど、恥ずかしいので（笑）。俺の中にあるバンドのテーマソングの理想形って〝ブルーハーツのテーマ〟なんですよ。別にブルーハーツのテーマじゃなくてもいい曲としてそこにあるような、全然違う歌詞が乗っててもいいくらいの」

――〝スピッツのテーマ〟はそういう曲にはならなかったですか。

「ならなかったですね（笑）。ただみんなで叫ぶような曲になっちゃった」

――「スピッツ～！」って？（笑）。

「そうそう……ダセぇ～（笑）。で、今さら〝スピッツのテーマ〟作るっていうのもちょっと照れちゃうんで、ミカンズっていう架空のバンドを作って、そのテーマソングっていう。でも、『世の中にミカンズっていうバンドがいるかもしんない』っつって、ヤフーで検索して調べたりして（笑）」

――（笑）結構マジだったんだ？　この曲は今回の中でいちばんの息抜きであり、パロディだと思ってたんですけど。

「うん。ミカンズっていう、俺の中のひとつの、スピッツの別の形なんですね」

──で、次の〝ババロア〟なんですけど、個人的なフェイバリットはこの曲なんですね。どのぐらいフェイバリットかっていうと、2コーラス目が終わるまで、打ち込みだって気がつかなかったっていう。それぐらい歌メロの美しさが気持ちいい。

「そっかそっか。メロディもこれ、何も考えないで出てきたから。そういうもののほうがいいのかも（笑）。こういう4つ打ちの打ち込みっていうのは、実は〝渚〟とか〝運命の人〟でもやりたかったことなんだけど、踏み込めなかったっていう過去があって。今回はもうやっちゃおうということで」

──マサムネくんが自分の歌とかメロディを打ち込みでやったらどうなるんだろうっていう、作家としての興味があった？

「それもありますね。宇多田ヒカルとか聴いてるとね、この人の声ってバンドサウンドよりも打ち込みの上に乗ったほうがジューシーに聞こえる声だろうなあとか思って。で、自分の声をそういうスタイルで表現するとどういう感じだろうっていう興味もあったし……さっき言った風俗性っていうのかな？　どうせだったらかっこいい打ち込みではなくて、パラパラ踊れちゃうぐらいのやつがいいなあと思ってたんですよ、2アンリミテッドみたいな（笑）。ペット・ショップ・ボーイズでもいいんですけど」

──だから時代とのリンクを張るっていう意味での打ち込みとは違いますよね。

「違うんですよ、うん」

――〝ババロア〟ってどういう意味ですか。

「〝ババロア〟もねえ――歌詞に使いたい言葉帳っていうメモがあるんですけど、『ババロア』と『バーバリアン』が同じ語源だっていうのを本で読んで、ローマ人か何かがヨーロッパの北部に住んでる人たちを指してバーバリアン＝野蛮人って呼んでたのが、そのままその地域の名前がババリアになっちゃって。それがずうっと残って、そこのお菓子の名前がババロアになっちゃったみたいな。それ面白いなあ、いつか使いたいなあと思ってて」

――結構スピッツ・ワールド的なものですよね。パステルカラーなんだけど、実は血だった、みたいなさ（笑）。

「そうそうそう。だから本当に自己満足な歌詞なんですけどね（笑）」

――素晴らしい曲だと思います。できることならシングル切ってほしいぐらいです。

「別にそれは、あの――言われれば拒まないです（笑）」

――（スタッフに向かって）切ってください。というわけで次なんですけど、〝ローテク・ロマンティカ〟。なんか今回すごいね、曲のタイトルがね。

「ちょっと椎名林檎風かな、これは」

――実際すごくGS的なアンサンブルで――僕はこの曲は、バンドが合わせてるストロークから、セックス・ピストルズの〝サブミッション〟あたりをすごく感じたんですけど。

「うんうん、あとディーヴォとかね。これはいちばん最後に録ったんですよ。

これ除いて12曲上がってきて……すごい優しいアルバムになりつつあったんで。ちょっとコショウを振りかけたいなっていう」

――それはサウンド的に？　世界観的に？

「世界観的にもあるしサウンドもあるし。泣きメロじゃないものを、っていう」

――そうですよね。泣きメロじゃない曲だから歌詞でも《本当は犬なのにサムライのつもり》という。でもその後に《地平を彩るのは　ラブホのきらめき》って（笑）。

「ローテク・ロマンティカなんだけど、実はハイテク・リアリズムみたいな（笑）」

――それは厚木インターの横のラブホテルみたいな？　渋谷・円山町とは違う匂いが。

「そうですね。田舎とか走ってると地平を彩ってることがあって、すごく日本的な風景と思って。俺は嫌いじゃないんですよ」

――（笑）そして〝ハネモノ〟なんですけど、イントロが中村一義くんの〝キャノンボール〟とかぶってるんですよ（笑）。

「本当に？　あと、あれもちょっとかぶってるでしょ？　くるりの――」

――〝ばらの花〟？

「でもこれ、俺の中ではブランキー・ジェット・シティだったんですけどね、音作る時とか。〝Sweet Days〟ってこういう感じのギターじゃなかったですか？」

――そうですね。どうですか？　最近のロックバンドとかシーンで共感を覚えた人って、今のとこはいないですか。

「ないですねえ。ただ若手でね、面白いなあと思って最近知ったのは、ナナナイン？　あと、もう最初で最後になっちゃったけど、初恋の嵐も面白いかなあ。両方ともむしろ感性的には、いい意味でオッサン入ってるのかな（笑）。あと、自分に全然ないものとしてかっこいいと思ったのは、エゴ・ラッピンとかPE'Z。むしろナナナインとか初恋の嵐よりも若さを感じちゃう。理屈でやってんじゃないんだろうなっていう」

――理屈を超えたエネルギーがありますよね。それってさあ、ちょっと一世代違うよね。

「そうですねえ、うん、それは感じる」

――そして〝海を見に行こう〟なんですけど。すごくフォーキーな曲なんですけど、僕はこの曲を、テレビ番組の――9時54分ぐらいから3分間とか流れる番組があるじゃないですか、『世界の車窓から』とか。ああいうとこで流れてるとジャストだなあという感じで聴いた。

「ああ、はいはい（笑）。これね、眠れない日があって、『ギターでも弾いてっかあ』と思って、ずうっと部屋でギター弾いてたらできたっていう。だからちょっと頭が朦朧とした中でなんとなく浮かんできて」

――すごいクリアな曲に聞こえますけどね。

「うん、すごく逆説的なんですけど」

――この曲はフォーク調っていうのも含めて、いちばん青春っぽいし、ティーンエイジャー的な景色がここにあるんですけど。マサムネくんの中で、こういうのはひとつの情景として書いてるんですか。それとも今も自分の中にある景色なんですか。

「今もありますよ（笑）、うん」

――そこがすごいよね。批評としてこの歌詞を書いてないっていうのが。

「そうですか？　いや、じいさんになってもあるんじゃないかな。わからないけど」

――そして次は〝エスカルゴ〟なんですけど、これは――ついに元ヘヴィメタ好きが集まってるバンドということを露呈してしまって、しかもイントロはドナ・サマーの〝ホット・スタッフ〟に聞こえちゃった、みたいな曲なんですけど（笑）。

「（笑）ほんとに？」

――楽しそうですよね。ツインギターとかやっぱり燃えるんですか？　やってて。

「これ同時に録ったんですよ、ちゃんと。片っぽ間違ったらやり直し、みたいな（笑）。〝ミカンズ〜〟のオリエンタル・フレーズもふたりで一緒に録ったし」

――あと、《正直な　ざらざらの世界へ》っていう言葉に興味を持ったんですけど。

「まあ、昔からそういう歌詞多いんですけど、『見つめ合う』とかよりは『触れたい』とか『触る』とか、そういうほうがリアルに感じるので。触感っていうか、触覚？　そういう言葉を好んで使っちゃいますね」

――そして、時期的にいちばん古い曲〝遥か〟なんですけど。《夢から醒めない翼》っていう言葉、そして《遠い　遠い　遥かな場所へ》って言葉と、今回以前にも増して「羽」「飛ぶ」「翼」っていう「飛び系」の言葉が多い気がするんですけど。

「う～ん……もうしょうがない、そういうのは。言葉が好きだから出てきちゃうっていうぐらいで。なんかね、『夢』って言葉を使わないようにしようと思って、今回ずうっと。使いすぎて自分の中で陳腐な言葉になってきてたんで。でもこの曲に入ってるから、それは破られてしまったんですけどね(笑)」

――その次は〝ガーベラ〟ですね。これも古い曲ですけど――これは『ハヤブサ』の中の〝ジュテーム？〟的な役割を果たしてて。

「ああ、そうですね」

――このアルバムの中でもいちばん個人的な作品で内省的に聞こえるバラードですよね。

「でもこれ、アルバムに入ると思ってなくて。カップリングってことで、恥ずかしい歌詞でもいいかな、ぐらいな気持ちで作ったんですよ（笑）。それで結果的に、わりと素直なものになってしまってるっていう」

――マサムネくんの中で「ハニー」「ハロー」「ジュテーム」的な言葉ってさ、これを歌にしていく自分を楽しんでるんですか。

「そうですね、『ジュテーム』はかなり（笑）。恥ずかしい言葉なんだけど敢えて使う、くすぐった気持ちよさみたいな」

——そして〝旅の途中〟なんですけど。これは本当にスピッツの王道中の王道ですよね。

「うん、そうですね。これ最初に作ったんですよ、今回のアルバム・レコーディングのための曲としては。スピッツの俗っぽさっていうものと向き合う意味での試作でもあったっていう」

——この曲はスピッツの必要とされてる部分、成熟してる部分に向き合って、そこを正面から捉えないと生まれない曲だと思うんですよ。〝空も飛べるはず〟と向き合ったことで生まれた〝旅の途中〟みたいな。

「（笑）そうなのかなあ……まあ、それに近いことだと思いますね。スピッツのパブリックイメージとされてるもの、で、自分があんまり喜ばしく思ってないものと向き合うっていうことですよね？（笑）」

——そこから始まってるっていうのは、なんかいろんなことを象徴してますよね。

「そうですねえ。うん、この曲と〝ハネモノ〟はたぶんそういうことかなあ。『そっから始めて、いろんなことがまだできるぞ』っていう可能性の確認でしょうね」

——で、最後の曲〝けもの道〟、これはもうアッパーなパワーポップで。歌詞的に1曲目のテーマへ戻っていってますよね。だからこそ僕は、これはコンセプト・メッセージアルバムだって思うんですけど。

「1曲目とラス曲はもう最初から決まってた感じだったんで。そういう意味ではコンセプチュアルな方向に向かいやすかったのかな？　向けやすかった」

――この曲から始まって、2曲目が〝夜を駆ける〟になってまた流れていっても全然いいような作りになってますよね。

「そうですね。それは当初からなんとなく浮かべてたイメージですね」

――サビのメロディが素晴らしいですね。

「そうですか？　なんかね――これ言っちゃうと『な〜んだ』って感じになるけど、ちょうどその頃ね、マイブームで『バッド・レリジョン再び』っていうのがあって（笑）。そういう曲作りたいなあと思って」

――そうなんだ？　サビがちょっとかぶってると思った曲が1曲だけあって――チャゲアスの〝SAY YES〟なんだけど（笑）。

「ああ！　ああ、似てる似てる（笑）。同じ福岡出身だしね。そうかそうか、チャゲアス・ミーツ・バッド・レリジョンか（笑）」

――あり得ないですね（笑）。で、何よりもこの曲で大切なことは、いちばん最後の《フレ　フレ　フレ》って言葉だと思うんです。今の時代と、今を生きてる人たちにエールを送って終わっていくっていう――ここに僕はものすごく重要なメッセージを勝手に感じ取ってるんですけど。

「いや、これもさっきの使いたい歌詞メモにあった言葉で（笑）。『フレ』って日本語だと思ってたんですけど、英語なんですね。それで『なんか使えるかも』と思ってて」

――結構それだけな感じ？　俺はこの《フレ　フレ　フレ》にしろ、1曲目の〝夜を駆ける〟の暗闇の描写にしろ、今の時代の厳しさを表現したうえでの「みんなで頑張ってこうよ」みたいなメッセージを過剰に感じちゃってるんですけど。そういう聴き方をすると、異常にこのアルバムは辻褄が合っちゃうんだよね、そういう作品として。

「ああ、なるほどね。決してお気楽でないっていうところから始まって、その向かうところはポジティブであるっていう……ことがやっぱり、スピッツのポップミュージックの提示の仕方っていうことなんですかね、うん。まあでも、やってみて新しい達成感もあるし、また新たにいいスタートを切れたんじゃないですかね」

――でも、よくぞ作ってくれましたと本当に思います。しんどいと思うんですよね、音楽の世界でいろんなものを表現できる人は。なおさら今いろんなことを表現しなくちゃいけないって思ってるような気がするんです。よりいい作品、より人に届く作品を、この国にも届けたいし、こういった悲しい状況にも届けたいし、悲しい状況だけに届けるんだったら幸福な気持ちでいる人にもわかってもらいたいし……うん。

「より広い範囲でってことですか？　でも俺は逆にねえ、『もう狭くっていい』って思っちゃってたりするんですよね。スピッツ聴きたいっていう人だけに向けてるんでもいいかなって。確かにデビューした頃はね、すべての人に聴いてほしいとか闇雲に思ってたこともあったけど、若さゆえに。だけど、そうじゃないんだなって今は思うしね。まあ、レコード売ってくれるスタッフの前では『いや、誰でも聴いてほしいです』って言ったほうがいいのかもしれないけど（笑）。でも俺はもう、スピッツ聴きたいっていう人に、より濃くスピッツを聴いてほしいっていうほうが強いです」

インタビュー＝鹿野淳
（ロッキング・オン・ジャパン／２００２年9月25日号）

SPITZ PHOTO MEMORIAL 1

1998-2005

8
9
10
TOTAL

Hi,
Let's
this scho
toge

HM
the music
SUPER LISA SHIBUYA
当ビルの広告のご用命は
大成ネオン(株)
STARBUCKS COFFEE
TOWER RECORDS

SHIBUYA
109
uc
イーオン

FILM
DTRACK OF
ARDS
ME+DOUBLE
RAGON HEAT
D GIVES FULL
EED SOMETHING
WHAT IN HIS MIND.
BECAUSE WE REALLY
METHING : LET'S GO FREE. IT IS A
UND AND MUSIC FROM HONG KONG AND
UNDBYTES.

LOVE

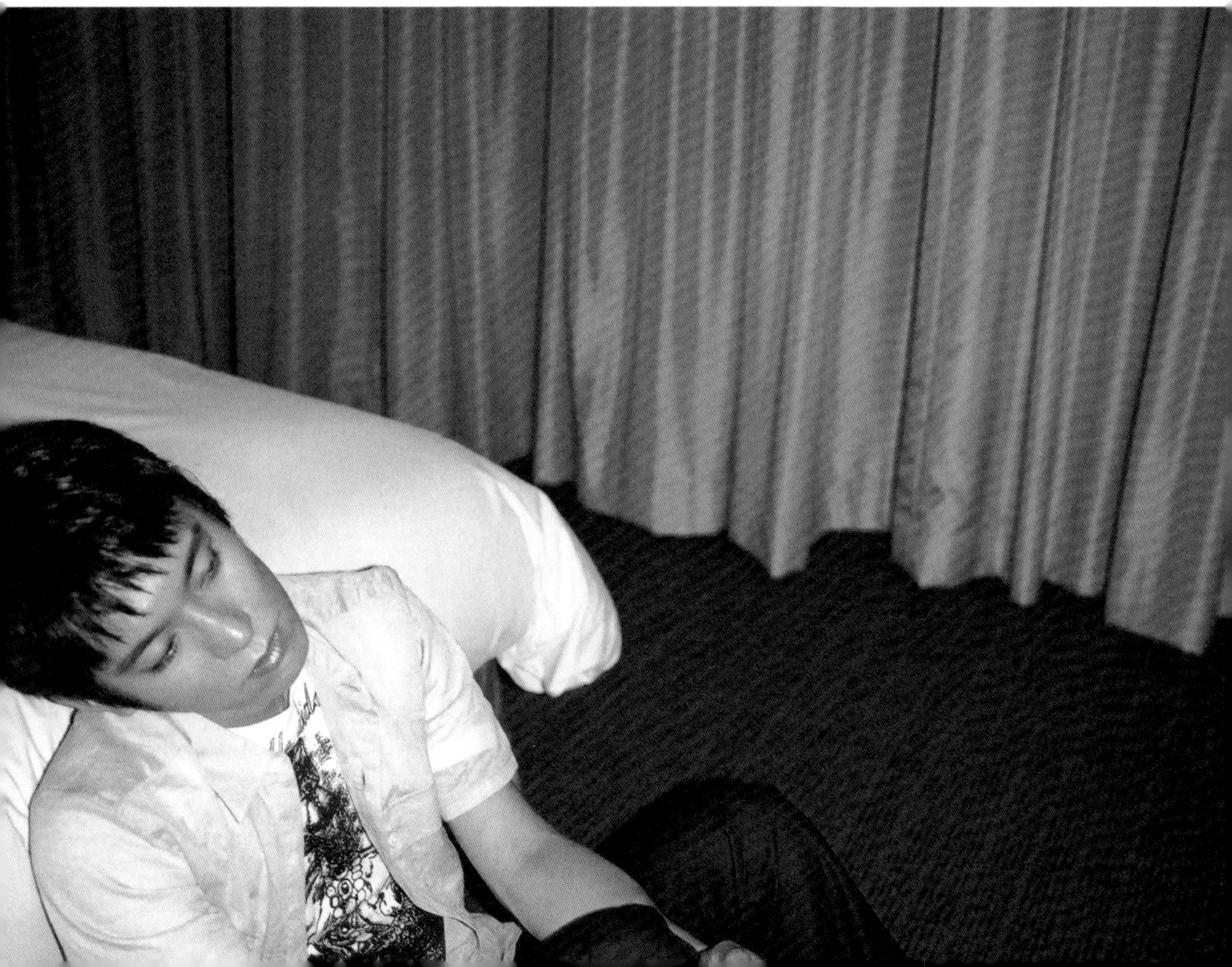

DRIVE
COLOR

《浮いて　浮いて　浮きまくる　覚悟はできるか》って
自分に向けてのメッセージっていうか。
最近の世の中見てると強く感じるんですよね

『スーベニア』

2005

メインストリームにいたいとは思わないけど悪あがきはしていたい。実は、ラップにもチャレンジしようと思ってデモテープまで作ったんです

傍若無人なまでにメロディを極めながら、スピッツの原点たる反逆性を取り戻した11枚目のフルアルバム『スーベニア』を草野マサムネ、語る！

スピッツの11枚目のアルバム『スーベニア』が届いた。はっきり言って今やスピッツは、日本で最もその音楽性と才能に対して疑問を挟む者の少ない、ある意味、殿堂入りしたポジションにいるバンドだと言っても間違いではない。それは彼らが今までの10枚のアルバムで積み上げてきたものと、草野マサムネというソングライターの天才的な才能に支えられた本物の信頼であり、理想的なバンドの道としては、そろそろこの磐石の地盤の上で肩の力を抜いて自分たちが音楽をエンジョイする方向にシフトしていってもいいのかもしれない。しかし、スピッツというバンドは、その道を選ばなかった。そして、もう引き返せないくらいそれがはっきりした作品がこの『スーベニア』だと言ってもいいだろう。

それにしても新鮮な驚きと共に、改めて「恐るべしスピッツ」と舌を巻く

アルバムである。前々作の『ハヤブサ』あたりからスピッツ的なる楽曲構造、アレンジの方法論の解体作業が始まって、前作『三日月ロック』では、第2のデビューアルバムとでも言えるようなプリミティブなネオ・スピッツ・サウンドの誕生を感じたが、今回のアルバムではそういった過渡期はもう終えている。しかし明確な変化としてマサムネは、バンドとプロデューサー・亀田誠治への絶対的な信頼感の下に、自身の想像力に全くリミッターをかけることなく究極なまでに伸び伸びと楽曲を書くようになっている。さらにその楽曲が今までのスピッツには無かったアレンジや演奏を次々と呼んでいる。沖縄音階やレゲエも飛び出し、亀田誠治の豊富な引き出しの中身もかなり駆使されているようだが、すべてはマサムネが言うところの「スピッツというアメーバ」の強烈な引力が呑み込んだ全13曲の大作。ベテランバンドにしてはあまりにも大胆でアグレッシブな変化作だが、きっと彼らは――特にマサムネはこのスピード感でこそ、実は音楽をエンジョイできるのだという悟りの境地に達していて、単純にスピッツのあるべき姿としてこの変化を受け止めているのだと思う。今回のマサムネのソロ・インタビューは、そこまで攻撃的に踏み込んで音楽を作ったからこそのおおらかな余裕が感じられる取材となった。このインタビューで『スーベニア』誕生、そしてスピッツというまるで永久機関のようなバンドの不思議をディープにひもといてみようと思っている。

――これは素晴らしいアルバムで。しかも結果的には変化作になったなと思ってるんですが。

「あ、そうすか?」

――『Crispy!』以降ぐらいから考えてもいちばん前作から変わったアルバムになったと思うんです。ただ、夏にインタビューした時には「もう同じことをやっていってもいいんじゃないかな」みたいなことをおっしゃっていたので、話が違うぞと。

「いや、そんな変わったと思ってないんですけど(笑)。夕べ『三日月ロック』とかと比べて聴いたりとかしてたんですけど、自分としては発展形みたいな聞こえ方がして――まだちゃんと客観的には聴けないですけど。まあ、前よりもストリングスとかが入ってる部分は多いんだけど、何故かよりバンドに聞こえるような気はしてるんですけど」

――これはマサムネさんとしてはわりとわがままに作ったっていうか、楽曲主体に作ったアルバムなんですか?

「そうですねえ。まあ夏に話してたように、弾き語れる歌メロっていうのを基本線にはしてましたけど。それにバンドでいかに肉付けしていくかというような作り方でしたね」

――ストリングスやピアノがこれだけ入ってきたのは、楽曲が呼んでいる音を連れてきたらそうなったんですか?

「そうですね。あくまで脇役としてのストリングスなりピアノなりという――ピアノで歌ってる曲もありますけど、それも脇役として登場してもらうというか。気持ちとしてはよりキャッチーにするために入れてるというつもりはないですね。まあメロディが十分キャッチーだと思ってるので。曲が呼んでるからっていうことなんでしょうね」

――そうですよね。だから非常に楽曲への自信を感じる作品で。なんでそれによってバンドっぽくなったんでしょう？

「思い返してみたら、前作のほうが手探りなところはあったかなっていう。それはまあプロデューサーの亀田さんとの最初のアルバムだったたっていうのがありまして。お互い探りながらやってた部分もありまして。今聴くとちょっとオーバープロデュースかなっていうようなところがあったりするんですけど、あんまりお互い遠慮して言えなかったりっていうのが今回なくなってきて、お互いかなりわかるようになってきて。でもどういう風にしていこうっていうのはあんまりなくて。『三日月ロック』のツアーの後半でやったアコースティックコーナーとか、そのあと今年の頭に参加させてもらったアコースティックライブとかをやってたら、部屋で弾き語りながら歌を作るっていうのが自分の中でちょっと盛り上がってきて。次はこのラインかなって。より基本に返るじゃないんですけど、長くやってるとなんとなく忘れがちな部分だと思うんですけど、いつでもギター1本持って路上で歌えるような気持ちっていうのをもう一回ちゃんと取り戻さんとなって思ってて。たまに思うんですけど、スピッツでヒット曲とか出てるけれども、いきなり街中で歌ってどんだけの人が聴いてくれるだろうなって考えると不安になることがあって。そういう意味での体力をもう一回つけたいなと思ってるんですよね」

――スピッツを脱ぎ捨ててどれぐらい勝負できるのかっていう、自分の中での危機感というかシグナルみたいなものがあったんですか？

「うーんとね、『フェイクファー』ぐらいからなんですけど、ギターリフこそロックっていうようなところになんとなく目覚めた時があって。面白いなと思ってたんだけど、果たして自分の声とかバンドのキャラに合ってるのかどうかっていうのを冷静になって考えると微妙なとこもあるなと。もちろんそういうのをやって楽しいところはあるので。まあ根っこにヘビメタ魂もありますので。だけどもっと——まあ洋服選ぶ時もよく言いますけど、自分が好きなものっていうのと似合うものって違ったりするじゃないですか。で、なるべく好きなものと似合うものっていうのをいいバランスで選べないかなっていう風になってるのかなと思うんですよね。そういう意味で、言い方はあんまりかっこよくないかもしんないけど、自分をプロデュースしてるかのような部分が今はあるのかなと思うんです。結局それができないと、さっき言ったような路上で歌えるかっていうのが微妙になってくると思うんで。そうすることで——『あ、意外と似合ってんじゃん』っていう状況になってきてるという感じかな。ちょっとこう足幅変えただけで、『俺はこの打ち方なの！』とか言って頑なにやってたのを亀田コーチに『ちょっと幅を短くしてみたら？』と。そういうので打球が飛ぶようになったところでしょうかね。あとまあツアーをずっとやってきたっていうのも。お客さんがどういう風に聴いてくれてるかっていうのを直に確認できるんで。やってて、この曲はメンバーすっげえ気持ちよくやってるけど、ちょっと一部お客さんは退屈してるかなとかいうのがわかるじゃないですか。で、この曲あんまりやりたくなかったんだけど、実はお客さんはすごい喜んでくれてるとか。まあ人によっては頑なにやりたいことってていうのを貫いたりっていうやり方はあるんでしょうけど、俺らはやっぱりお客さんが盛り上がって、なおかつ自分も盛り上がってていうところでやりたいんで。そんなことはデビュー当時ライブ嫌いだったから言えなかったですけどね。ライブを繰り返しやってきたからっていうのは大きいでしょうね。きっとORANGE RANGEなんかはもう既にやってるんでしょうけどね」

――(笑)そうですね。で、今回は歌詞を見てるとそれによってマサムネさんが自分の欲望を解放モードっていうか願いの歌っていう方向に持っていってると思うんです。

「そうですか？　歌詞はよくわかんないんで。でも無意識で出てるんでしょうね。大半が、レコーディングが春から夏にかけてだったんで、だんだんあったかくなっていくうえで盛り上がってるような。夏モードにはなってると思いますけどね」

――それは自分の人生の中での春とか夏みたいなものではないんですか？

「人生の中でっつうとですね、30代後半て微妙な時期で。人によっては枯れてきちゃう人もいるだろうし。だけど自分の中では、たとえば1曲目で歌ってるように、まだ始まったとこって信じたいお年頃なんですね（笑）。そういうことを考えちゃう時点でもう中年てことなのかもしれないんですけど。でも気の持ちようで頑張れちゃうじゃないですか。『今始まったばっかじゃん』みたいな。『始まったばっかじゃん』ていうのをじいさんになっても持ち続けられるといいなと思うし」

――こんなにキラキラと「始まったばっかじゃん」と歌う30代後半の人はあまりいないと思うんですけど（笑）。

「（笑）まあ、あといろいろ話も聞きますし。30代後半になったらなかなかやり直しきかないとか。まあミュージシャンだからやれてますけど。会社勤めとかしてるとね、会社倒産しちゃったりなんかすると、そういう歳なんだと思ったりするし。あと戦力外通告を受けてる30代後半の野球の選手とかね。そういう歳なんだって思うことも多いので。だけどなんか『まだ始まったとこだぞ』って思い込みたいなと思って」

――つまりミュージシャンにとっての現役ということについて考えられたところもあるんですか？

「そうすね。特にもう長いですので。周りの状況がものすごく目まぐるしく変わっちゃってて。ちょっと前のＪＡＰＡＮのインタビューなんか読むと『最近はパフィーや猿岩石なんかが売れてますよね』なんて言ってるような記事があったりとかね。そっからまた時間が経ってんなあみたいな。で、そのあと女性シンガーが回ってきて。宇多田さんとかＭＩＳＩＡさんとかの時代がって。今またいろんなバンドや面白い人たちが。ケツメイシみたいな。その中で、ずーっと俺らってマモーが宇宙から地球を見てるような。マモーって、『ルパン三世』のマッドサイエンティストで自分の脳だけ宇宙に人工衛星みたいにして地球の運命を見てるみたいなやつ（笑）。そういうバンドになってんじゃねえかと思って。いやいや、そうなっちゃいかんだろうって。

メインストリームにいたいとは思わないんですけど悪あがきしていたいなという。何をしたらいいいんだろうって常に考えながらやっていきたいなとは思うんで。安定を望むことではなくね。そのわりにはね、めちゃめちゃな作品とかを出してるわけじゃないんですけど。ノイズだけみたいな、そういうのは出せないんですけど。もう地に足つけてやっていきたいなと。それがさっきのストリートっていうか、路上とかの話につながってくるんですけど」

――で、そういう気分を何か比喩的なキーワードを入れて寓話的に聴かせるんじゃなくて、ストレートにメッセージソングとして、願いの歌、信じる歌みたいな形として出している曲が多いと思うんですよね。

「そうですかね。まあメッセージっていうんであればですね、ラストに《浮いて　浮いて　浮きまくる　覚悟はできるか》っていうのを、自分に向けてのメッセージっていうか。ちょっとモジモジくんなんで。引っ込み思案なんで。やっぱ物騒な世の中になってくると特に戦時中みたいなことになってくると『みんながそれが正しいっつってっからしょうがねえか』みたいな。『ちょっと違うと思うんだけどな』みたいなことになってきた時に、そこで浮いちゃえる覚悟ができるかなっていう。いろいろ最近の世の中見てると強く感じるんですよね」

――みんな目立たないようにしてる？

「なんかテレビか雑誌で、今子供を持つ親御さんが『学校に行ったら目立たないようにしなさいって言う』とか言うのを見て。『え～!?』って思って。『そうなの？』って、ちょっと悲しくなっちゃって」

――かなりこういったフレーズがバンバン出てくるアルバムですよね。《感情を持って行くんだ》とか。あと《それでも掟を破ってく》とか。

「これは昔からね、よく使ってる感じだと思うんですよ。スピッツの中では。『音楽誌が書かないスピッツ』（『音楽誌が書かないJポップ批評36』）って出てたじゃないですか。『掟』って言葉がひとつのキーワードって書いてあったから、今回使いたくねえなと思ったんだけど（笑）。やっぱり使っちゃいましたね」

――わりと原点としてこういうパンク精神ってありますよね？

「そうですね。突き詰めていくと、自分がむしろほんとは保守的な人間だっていう自覚があるんで、そこに対しての嫌悪感とかが出てると思いますね。常にそれとの葛藤っていうことですね。自分の保守的でありふれた人生の、わかっちゃいるけど変われないっていうのが本当の姿で。常にそういうことばっか歌ってるってことですよね。それはデビュー当時から変わってないと思いますけどね」

――でもストレートじゃないですか、今回はその表現の仕方が。

「だんだん歳とってくると厚かましくなってくるので（笑）。20代の時とかは、きれいな子を見ても、別に『ああ、きれいだな』って見てるだけだったけど、30過ぎてくるとね、『ああ、きれいだねえ』って本人に言っちゃえるようになっちゃうっていう。それはもうおじさんおばさんの悲しい性だと思うんで。『俺はやるんだ！』って思ってても内に秘めてるものが思わず口に出ちゃうっていう風に。たとえばファースト・アルバムが好きだったっていう人にとってみたら、今の歌詞だとわかりやすすぎると思うんですよ。自分でも思うけど。でもあれはあの年齢だったから作れたものなんで。そのへんは年を重ね、バンドとしての経験も重ねてきたっていうことから生まれてると思いますけどね」

――ここ数年っていうのは、バンドがこうなりたいとか変わりたいというような意志が強かったように聞こえるんです。でも今回はこうなるんだっていうのが見えてた感じがありますよね。

「そうですね。かなり見えてたと思いますよ」

――そのためにマサムネさんもバンドも亀田さんも知恵を出し合って作業している感じで。「スピッツはこうなるんだ!」みたいなものがもう今は明確にあるんじゃないですか?

「そうですね。『こういう曲をバンドでやりたい』じゃなくて『こういう歌を歌いたいんです』みたいな、わりとボーカリストのエゴみたいなのが出てる作品かなと思うんですよね。で、ボーカリストのエゴをガッチリ受け止めてくれるバンドとプロデューサーっていう。今回はしっかり合ったっていうことでしょうね。そういうとこで不安はなかったですね。あとエンジニアの高山(徹)さんも、わりと最初に上がった時点でかなりイメージ通りのミックスをしていただけたんで。そういう意味ではね、途中で『違うな、違うな』っていうので疲れちゃうことはなかったですね」

――結果的に音楽的な冒険は多い作品になってますよね。異ジャンルの要素をカスタムするような感じというのは今までもあったと思うんですけど、〝ナンプラー日和〟のような曲も沖縄音階を取り入れてっていう感じではなくて、ちゃんとスピッツの肉体になって実はシンプルな形でギュッと収まってるんですが。

「そうですね。昔からやりたかったんですよ。沖縄テイストを取り入れるのをTHE BOOM的な感じでなくやれたらいいかなと思って。THE BOOMの〝島唄〟すごい好きなんですけど、やるとしたら俺らはああじゃないよなと思ってて。で、沖縄に行ってカチャーシーの場とかに遭遇した時に、これいつか取り入れられたらいいなと思っていて、今回やっとという感じなんですけど。最初の4曲ぐらい録ったあとになんでもできそうだなっていうような気持ちが強くなってきたんで」

――レコーディングの後半に行くに従ってどんどん音楽の幅が広がっていくような感じだったんですか？

「そうですね。バンドブームっぽいレゲエ調な曲もありますし（笑）。バンドブームの時はレゲエとかスカのビートを取り入れたバンドがいっぱいいて。で、それやれば簡単にお客さんが乗ってくれるっていうのはわかるんだけどそれは頑なにやらないでおこうっていう感じだったんですけど。今はさすがにやってていいだろうって」

――バンドブームの頃のレゲエとかスカの入れ方って、本物の音を入れようっていうんじゃなかったんですよね。

「でもスカパラ（東京スカパラダイスオーケストラ）とか。ダブで言うと、フィッシュマンズとかもわりと独自な感じでしたけど」

――そうですね。でも、バンドブーム以降の本物をやろうっていうのともまた違うんですよね、今スピッツがやってることは。

「違いますね。もう『これレゲエじゃないすから』って言ってもいいぐらいの（笑）。スピッツですからっていう。まあそれは〝ナンプラー日和〟もそうですけど。スピッツっていうアメーバに取り込まれてるということですね」

――スピッツとして本物だったらいいだろうっていう。

「そうですね」

――でも同時に、もうスピッツはスピッツだからという安心感を飛び出した作品でもありますよね。

「でもその時々の空気っていうのも取り入れながらやりたいなと思ってたし。今回も実は、ラップにチャレンジしようと思ってデモテープまで作ったんですけど」

――（笑）そうなんですか？

「ちょっとこれは聴かせらんねえやと思ってやめたんですけどね。『意外に自然にスピッツになるんじゃないかな、俺がラップやっても』って思ったんですけど。これやったらスピッツじゃなくなるって思ってやめましたね。『え、ほんとかよ？』って言われそうなんですけど、昔からラップをやってみたいなっていうのはなくはなかったんですよ。まだZEEBRAとか出てくる前に、ちゃんと韻を踏みつつ、哀愁のある感じの語りじゃないラップ的なものっていうのができないかなと思ってて。要は今度出たリップスライムの〝黄昏サラウンド〟みたいな。そういうのは頭にあったんですけどリップスライムにやられちゃいましたわ（笑）」

――はははは。

「そういうのを今回も、なんか新しい提示の仕方はないだろうかと思ったんですけど。無理でしたね、やっぱり。でも『時流に流されないで確固たるスピッツを』っていうのを常に持ってるかっていうとそういうわけでもないんで。結果そうなってるっていうだけなんで。まあラッキーっちゃあラッキーなんですけどね。今の形はこれだということでしょうね」

――危機感みたいなものが拭えた作品なんじゃないですか？

「危機感とかはないですね。個人的にはですけど。まあほんとに、はっきり言っちゃえば『今まで以上にヒット曲を』みたいな気持ちは全くないし、バンドも上手くいってるんで危機感はないです。危機感を持ってたのは『ハヤブサ』のあたりぐらいの時ですけどね。今はむしろ、そういう意味ではほんとにやりたいようにやっちゃおうという感じですけどね。単純に自分たちの作品を作り上げる喜びっていうことと、お客さんに届けたいっていう、もうほんとにアマチュアの時持ってたようなところに戻ってるんだと思います」

――なんかそういうサイクルが来たところで相変わらずかもしれないですけど、お話を聞いてると、音楽をたくさん聴くようになってるんじゃないですか？

「だって聴くほうが楽しいですもんね（笑）。聴くのが基本ですから。あとどんどん新しいものが出てくるっていうことに対していまだにワクワクしますしね。だから、たとえばチャート誌とかで1位から10位までを評論するとかいう仕事できそうですもん、俺。近田春夫さんみたいなことが（笑）。でも俺が書くといろいろ掲示板とかで叩かれそうなんでちょっと嫌なんですけど。『おまえそこまでちゃんと仕事してんのかよ？』みたいな（笑）。そういうオタクな音楽ファンていう部分は基本的にしっかりとありますけどね」

――それが表現者としての部分と上手くリンクして永久機関的なサイクルに入ってきたんじゃないですか？

「いい感じでまた打球を遠くに飛ばせられる時期かもしれないですね。ずっと続けていけそうだという確信もあるし。とりあえず始まったばっかかだという気持ちでこっからまたやりたいと思ってます」

インタビュー＝古河晋

（ロッキング・オン・ジャパン／2005年1月号）

売れたいと思ったのも
結局はバンドを続けるための思いだった

アルバム全12作
解説インタビュー

2005

初めて4人でスタジオに入った時に「いけんな」って確信があったのはすごい覚えてる。幡ケ谷のスタジオでね。そん時の確信でずーっとやってこれてるところが大きいかな（草野）

『スピッツ』から『スーベニア』まで――全12作を4人で語るアルバム解説インタビュー

スピッツは、日本で最も頑固なバンドの一つである。そして同時に、日本で最も柔軟なバンドの一つでもある。もちろんこの二つは相反する言葉なので、こう言うと「じゃあスピッツは、ある時は頑固で、ある時は柔軟なバンドなんだな」と思うかもしれないが、そうではない。スピッツとは徹底して頑固なバンドであり、徹底して柔軟なバンドであり、それは同じことなのである。それは、どういうことなのか？

草野マサムネの書くメロディと言葉、そして彼の歌声。これはスピッツというバンドの核である。これがなくなったり本質的に変わってしまうとスピッツはスピッツでなくなってしまう。そこに異論を唱える人は誰もいないだろう。そして、彼のメロディと言葉と声をしかるべき音で表現できるのは三輪、田村、﨑山の3人の演奏だけである。これには、誰よりもマサムネ自身が異論を唱えないだろう。だから、スピッツの音楽は11枚のフルアルバムを作り続ける中で誰のプロデュースが入ろうとも、誰のサウンドが加わろうとも、基本的な楽曲と演奏のスタイル自体は何も変わらなかった。簡単に言うと、スピッツはスピッツであり続けることに対して徹底して頑固なバンドなのである。一方で、スピッツはその時代時代において、実にさまざまな音楽をリスナーとして楽しみつつ、そこから多くの影響を受けて自分たちの音楽に反映させてきた。またプロデューサーやさまざまなスタッフの意見をできるだけ参考にしようともしてきた。時には「売れる」ということや「蘇る」ということた具体的で現実的な目標にも逃げずに真摯に立ち向かった。簡単に言うと、スピッツはスピッツであり続けるために徹底して柔軟なバンドでもあるのだ。つまりスピッツは、頑固に守ってきたものがあるから柔軟なチャレンジを繰り返すことができる。柔軟に取り入れたものを武器に、頑固にスタイルを守り続けることができる。それによって変わらぬ個性と、変わり続ける個性を両立しているという実によくできたバンドなのである。

今回、全アルバム解説インタビューという企画をやろうと思ったのは、11枚目のフルアルバム『スーベニア』で彼らが、音楽シーンのメインストリームから全く降りることなく、再びバンドとして充実期に突入しているということがいかにすごいことであるかをそのユニークな歴史をひもとくことによって伝えたいと思ったからである。しかし、やってみたら長年のファンである僕も知らなかった、このバンドの面白さ、異色さ、そして絆の深さが4人の発言から飛び出してきた。棚から昔のCDを引っ張り出しつつ、楽しみ、驚き、読んでください。

――『スーベニア』は11枚目のアルバムにもかかわらず、ここにきて非常にバンドがノっていることを証明する作品で。これだけ作品を作ってきていまだに成長していて、なおかつテンションも加速していて、しかも一貫した部分も持っているという改めてすごいバンドだと思ったんですが。
草野「ありがとうございます」
――そして不思議な成長の仕方をしているバンドだと思ったところもありまして、今日はこれまでのすべてのアルバムについて語ってもらうという企画をやってみたいと思います。
草野「はい！」
――ちなみに昔のアルバムを聴いたりすることとってあります？
草野「あのね、基本的には聴かないいんですけど、リマスタリングっていうのを一昨年か？　そん時に改めてじっくり聴いたりはしたんですけど。まあ基本的にはあんま聴かないですね」
田村「でも時々聴くぜ、俺」
草野「あ、ほんと？（笑）」
三輪「全く聴かないわけじゃない」
田村「セカンドが思い出せません！」
三輪「ファーストからそんなに時間経ってなかったし。ファーストがとにかく大変だったから、音楽以外のところで。まあ単純にチューニングが合わないとかね」
――ははは。
田村「レコーディングに慣れてなかったんでしょ」
﨑山「肩に力が入ってた」
――では、そんな時代のことから最新作のことまでじっくり思い出してもらいつつ聞いていきたいと思います。
全員「はい！」

1st『スピッツ』（1991年3月25日）
同じ日にデビューアルバムが出たバンドがZI:KILLで、大騒ぎされてたけど俺たちは売りになるものが地味っていうか

――記念すべきデビューアルバムなんですが、特に派手なデビューというわけでもなく。
草野「とっても地味な」
――デビューということでそれなりに意気込んで作ったアルバムだったんですか？
草野「意気込んでっていうかね、あんまりデビューすることへの憧れとかなかったんで」
田村「この前にインディーズ盤（『ヒバリのこころ』）が出てるんだけど。そこでデビューするとか、CDになる喜びはある程度、得てしまったんで」
草野「むしろその頃はね、メジャーデビューっていうのはかっこ悪いみたいな気持ちがどっかあって（笑）。そういう時代だったんで。インディーズのバンドがメジャーデビューするとなんか」
田村「失速感あったじゃん」
草野「うん、なんか魂売ったみたいなイメージをほかのバンドに対して持ってたね。自分たちもあんまかっこいいことだと思ってない部分もあったし。だけどそれに反して、CD屋にちゃんと並ぶってことを考えたら下手なもん作れないのかなって気弱な部分もあって。レコーディング自体も、長くスタジオに入ってやることってなかったんで。手探りっていう感じですね。しかも売れるなんて思ってなかったから。

その頃、JAPANにインタビューしてもらった時も全然やる気のなさそうなインタビューになってますし」
――スピッツの楽曲を人に聴かせるとか世の中に叩きつけるとか、そういう意識は?
草野「皆無でしたね(笑)。広い視野とか全くなかったね。『明日のレコーディングはどうしよう?』っていうことで頭いっぱいみたいな。もうそれにガッツリですよ。『戦略』なんて言葉を発してるミュージシャンとかが信じられないっていうか。みんな余裕あんだなと思って」
――初々しいバンドだったということなんですかね。
草野「地味なバンドでしょうね。今思えばね。ちょうど同じ日にデビューアルバムが出たバンドがZI:KILLなんですけど。結構ZI:KILL大騒ぎされてたけど。そういうのと比べると、売りになるものが地味っていうか。今は歳とって、その頃の自分たちを見れば冷静に――たとえば『日本語重視のシュールな歌詞とメロディを大事にしてるギターロックバンドです』って言えるんだけど、そういうのももう全然。僕たちはそういうことをやりたくてやってるのかってのも客観的に見れなかったのね」
三輪「それでORANGE RANGEと最近比べてたんだよね」
草野「そうそうそう。いや、彼らはほんとに打ち出しがもう、たぶん自分たちでわかってやってるじゃないですか。スピッツの若かった頃の姿と比べるとあまりに違いがあって」
――自己プロデュース能力の違い?
草野「そうそう。自己プロデュース能力が全くなかったと思うな」
――ただ当時の曲とか聴くと、非常に強気な感じの楽曲ではあるんですよね。

草野「そうなんですかね」
三輪「それはね、若さじゃない？」
草野「単純に若さかもしんないな」
――たとえば《五千光年の夢が見たいな　うしろ向きのままで》（〝五千光年の夢〟）とか、ネガティブでアナーキーな言い切り方がありますよね。
草野「暗かったんでしょうね。でもたぶんバンドも、曲作ってる俺もそうだけど、人と違うことやりたいっていう意識はあったよね」
田村「あったね」
草野「それでほとんど成り立ってるようなバンドだと思いますね。人と違うことやるんだけど、あまりに難解なアバンギャルドなものではなくてっていう。ポップなものも好きな人間として、人がやってないものをやるって意識でやってましたよ」
――でも全く売れるとは思ってなかった？
草野「うん」
田村「売れるとは思ってないけど、もうちょっと売れるとは思ってた」
――ははは。
田村「ほとんど売れてないよ。ほとんどとは言わないけど」
草野「いや、全然売れてないんじゃない？　最近でもさ――まあ言い方はよくないかもしんないけど、『え、このバンドも？』っていうバンドがオリコンの左側（50位以内）に入ってたりとかして。見ててそこまで知名度ないと思ってたりするんだけど、出てたりするのを見て――俺らって『Crispy!』までオリコンの100位以内入ったことなかったから(笑)。時代が変わったのか、よっぽど俺らが売れてなかったのかどっちかだなって。ちょっと悲しくなりますね（笑）。でも姿勢もそういう感じだったんだろうな」
――自分たちでの作品評価はどうなん

ですか？
田村「結構無茶なことやってて、アレンジ上でもサウンドメイクも。それは今じゃできないことだよね。やっぱりリズムの作り方とかも、なんでこういうとこでひねくれてんだろうとか、そういうねじれたものを――あえて狙ってるとこもあるんだけど。そういう強引さが曲を引っ張ってる時があって。そういうので成り立ってるところもあるから、やっぱこの当時の俺らが作ったんだなってのはこないだ聴いて思ったな」
﨑山「思いつくものをみんな入れちゃったり。今考えるとアンバランスな感じなんだけど、それが当時の感覚で」
――レコーディング現場はアッパーなものだったんですか。
全員「いやあ………」
――ははは。
田村「即答（笑）」
三輪「そのあとの作品に引きずるぐらいヘビーだったな」
﨑山「いつ帰れるかわかんないようなね」
三輪「こんなはずじゃなかったのになって」
草野「何が正解かまだわかんないですからね。スタッフ陣もわかんない感じなんですよ。舵取りが上手い人っていうのが、メンバーにもスタッフにもいなかったんですね。そういうのはわりと3枚目ぐらいまで続くんだけど」
田村「ていうか、これがトラウマとなって続いてるっていう。でもジャケットはすごい好き（笑）」
草野「ジャケットも、人がやってないようなのってのを結構、意識してやってた気がするね。その頃好きだったクリエイションていうレーベル（1983年にイギリスで設立されたインディーズ・レーベル）のジャケットとかを意識して。やっぱ当時は今よりアーティスト写真がジャケットっていうのが定番だったから。そうじゃないものっていうのは意識して作ってましたね」

――確かにアートワークも含めて、細かい部分まで驚くほどクオリティが一貫してますよね。大体デビュー盤は自分たちの思い通りにできてなかった部分があるバンドが結構、多いですが。

草野「それはすっごい理解してもらって、事務所にもレコード会社にも。ある意味、過保護なぐらいやってもらってたところありますね（笑）」

2nd『名前をつけてやる』（1991年11月25日）

俺たち本道でもカウンターでもないしなんやろうなあって

考えたこともある。

バンドブームの生き残りかなとか

――これはファンから非常に評価も高い作品で、僕も好きなアルバムなんですけど。

草野「そうですね。でもいちばん覚えてないレコーディング」

――なんで覚えてないんでしょうね。

田村「暗かった現場と先ほど言ったけど、実はセカンドはあんまり暗くなかったですね。あっさり録れてしまったんで覚えてないというか」

草野「そういうことかもね」

田村「ファーストで痛い目にあったバンドがレコーディングに対して、じゃあプリプロとかをすごいしっかりやろうねって。そういうところで悩んだのでレコーディング現場ではほとんど何も」

三輪「やること決まってたもんね、レコーディング」

――設計図をちゃんと書いてやったという？

田村「うん」

――アルバムとしては、サイケなカラーも結構強いですよね。

草野「そうですね。でももとからそういう趣向はあるので」

田村「でもプリプロの時とか、サイケとかっていう話はいっぱいしてたよね」

草野「うん、してたね」

――当時のイギリスの音楽の雰囲気も投影してるんですか？

草野「そうですね。ライドとかマイ・ブラッディ・バレンタインとかの影響はその頃はすごくあって。自分たちのこと『ライド歌謡』とか呼んで。全然定着しなかったですけどね」

――今、聴くとそういう時代をもろに反映してるのかなと思うんですけど。当時、これを聴いてそれがわかる人ってあまりいなかったかもしれないですね。

草野「まんまやってるバンドってほかにいたんすよね、日本にも。それはかえって俺ダサいと思って」

――ギターをノイジーに歪ませて英語でうつむいて歌ってる感じですよね？

草野「うん。たとえば歌謡曲からの影響とか、そういうのをごちゃごちゃ入れてやっぱり人がやってない感じでやりたいっていう風にどうしてもしたくて。まあありがちな言葉で言うとオリジナリティっていうことですけど、それをやっぱり重視して。だから日本で（ザ・）ストーン・ローゼズ以降のイギリスのギターバンドから影響を受けてたバンドっていうのは、わりと反面教師的に見てた気がしますね。『これがスピッツだ！』っていうものがないとっていうかね。まあほっといてもそういうものになったと思うんすけどね。歌謡曲っぽいところもずっと持ってたし」

田村「単純にメンバーが不器用だった

りとかするんで。そういうサウンドを聴くじゃないですか。そういう音をやろうぜっていっても、その音にならないんですよ」
草野「そうそうそうそう」
田村「よくいわゆる英語で歌ってノイジーなって人たちは、結構それなりの音を出せる。俺らはそれなりの音を出したくて出そうとしてるのに出なくて。いろいろ試行錯誤してこういう音になるっていう。セカンドはそういうので悩むってわけじゃないけど、どうしたらサウンドの深みが出るかなって」
草野「あ、実は悩んでたね、そういえばね。記憶では音に迫力がないなあと思ったかな（笑）」
――どうだったんですか。洋楽的なものとしても認知されなくて、邦楽的なものとしても認知されないっていう状況は。
草野「そうですよね。そのへんはね、考えてましたよ。ちょうどその頃、まあ『名前をつけてやる』から『惑星のかけら』ぐらいまでの間に、それこそチャゲアス、ドリカム的なものが本道としてあるとして、カウンターとしてOriginal Loveとかフリッパーズ・ギターとか、いわゆる渋谷系が出てきて。俺ら本道でもないし、カウンターでもないし」
――ははは。
草野「なんやろうなあっていうのは、ちょっと考えたこともありますね。で、まあバンドブームの生き残りって感じかなあとか言って（笑）」

ミニ・アルバム
『オーロラになれなかった人のために』
（1992年4月25日）
スピッツの世界を
広げてみようかっていう
メンバーとスタッフの意識が

ちょうど一致した

草野「これはですね、セカンドで〝魔女旅に出る〟っていう曲を、スピッツで弦管を入れるっていうのをやったことなかったから、長谷川智樹さんというアレンジャーの方と初めてやったんですよ。それに味をしめておもろいなと思って。そういうのをもっと作ってみたいっていう。単純に弦管を入れるって面白い――『ギターがダビングできる』とかとおんなじような感じで。わりと無邪気な好奇心から」

田村「そういう面と、たぶんプロダクションの『スピッツもっと広がったほうがいいぞ』っていうことから生まれたと思う。そうじゃないとこの時期にこんな金かけられないと思うよ。〝魔女〜〟って俺らの中でもいい作品に仕上がったんで、そういう世界を広げてみようって。戦略的にそれを売ろうとかじゃなくて、スピッツって世界を広げてみようかっていう、メンバーとスタッフの意識がちょうど一致したんじゃないかな」

――楽曲はこのアルバム用に作ったんですか？

草野「もうこれ用に作った曲ですね、全部。だからほんとに好奇心のまんまに作ってるから。たとえば〝魔法〟みたいな曲はもうドカーンと弦管が入るとどうなるかなとか。〝海ねこ〟みたいにちょっとファンクもどきな曲を作っても面白い感じで長谷川さんがアレンジしてくれるかなとか。昔、おもちゃでバーコードバトラーってあったじゃないですか。『このバーコードどれぐらい強いんだろう？』みたいな（笑）。そういう何が出るかわかんないみたいなワクワクをほんとに自己中心的に楽しみながら作ったような」

――より作為なく作ったんですね。

草野「そうですね。今だったらこの人にこういうアレンジを頼んだらこう上がってくるって読めちゃうから、そういう作り方できないんだけど。こん時は読めないから」

田村「全く投げっぱなしだったよね（笑）」

草野「面白がりながらやってた。知らないだけに」

――ソングライターとしての草野マサムネっていうものを人に解釈してもらうっていうことも、ここで初めてやってみたわけですよね。

草野「そうですね。４人だけで完結してた部分を。だから初めての海外旅行みたいな経験じゃないですかね（笑）。あとここに入ってるやつはもうスピッツでやれなくてもいいぐらいな気持ちで作ってたから。まあそういう意味ではソロアルバムにいちばん近いものなのかな。スピッツ史上では」

――メンバーとしては、この作り方をすることをどのように当時受け止めてたんですか？

三輪「俺はスピッツでやってるっていう意識はあったけど、全然。やっぱ最初は弦管どういう風に入るかも全然わかんないし。マサムネが弾き語りのデモを持ってきて、最初はそれに肉付けしてくっていう作業的な部分ではあまり変わらないから」

草野「あくまで実験的な一枚っていう意識はみんなあったよね」

田村「あったね」

――実験結果はどうだったんですか。

草野「いや、勉強になりましたね」

三輪「まあそれが身に付いて実感できたっていうのはまだ先だね。俺もあんま覚えてないんだけど、そんなギターをダビングしなくてよくて、いちばんそん時持ってた自分のカラーを出せばいいっていう部分では、あとにつながるアルペジオの音選びだったりがあったのかなっていう。まあその当時はいつもアルペジオばっかだっていう意識がすごいあったんですごい嫌だったのね。でもそれが一つの武器になりかけたっていうのはやっぱ、違うやり方して見えてきた部分はあるのかなと」
草野「ライブやったしね、これで」
三輪「止められたけどね」
田村「すぐ失敗するんだよね（笑）」
三輪「俺、ごまかそうとしたけどね」
田村「観客動員もあんまりなく、セールスもそんなない状態で弦管のライブやったんだよね」
草野「贅沢なライブをやらしてもらって。だけどその日に尾崎豊さんが亡くなって。関係者もいなくて、誰も。幻の一夜になってしまったという」

3rd『惑星《ほし》のかけら』（1992年9月26日）

これ作ってバンド自体が黄昏てるような気がしてきて。ここで終わってもおかしくないバンドだったと思う

——で、パッと聴きではその実験結果をあまり踏まえた感じのしないハードな作品ですが。
草野「いや、反動みたいな」
田村「反動もあるけど実は『オーロラ〜』の中で深みのあるエコー感とかはなんとなく摑みかけていたんですよね。で、それを活かしつつハードな方向でできないかなって作り始めたよね」
草野「そうだね。リバービーとか言ってた」
——ははは。
田村「リバービーな感じを『オーロラ〜』でなんとなく摑んで。リバービーとギターロックというか、激しいギターの融合した感じができないかなっていうのは最初にコンセプトとしてあったね」

草野「結局、ライド歌謡を究めようっていう。やっぱりこれも売れようとか、売れるといいなとか、そういうことは全然考えてなかったし（笑）。たぶんファースト、セカンドよりも更に売れ線ではないものを作っちゃったなっていうぐらい」

——この時、インタビューでは初めて不安を口にされてるんですよ。

草野「あ、そうですか？　不安でしたよ（笑）」

——「注目されなくて不安だ」ってはっきりとおっしゃってるんですけど（笑）。

草野「それはこれ作ったあとじゃないですかね」

——そうですね。

草野「作ったあとにツアーで大都市回って。で、お客さんがすごい減ったわけでもないんだけど増えてもいない。わりともうファースト出した時から同じ顔触れのお客さんが来てて。で、アルバムもそんな売れるわけじゃない、インディーズと一緒だっていう。『この先どうしたらいいんだろう？』っていう風に思ったのがこのアルバム作ったあとですよね。これをメジャーでやるっていうのはなんの意味があんのかなって。ちょっと大人な視点に立ってみると一生懸命やってくれてる事務所やレコード会社の人になんか申し訳ないような気持ちに（笑）」

——初めて芽生えたんですね、その感情が（笑）。

草野「それがプロ意識っていうのかもしんないけど。ある意味ロックっぽくないけど（笑）。折に触れて俺がなんとなくそういう話を振ってたけどね、あんまり無関心な感じだったから。ちょっとメンバーに対してイラついてた時期でもあった、こっから『Crispy!』のあとぐらいまで」
三輪「今から思えば言ってたんだなっていうのがわかるけど、その時は全くわからないで。俺は『Crispy!』を作りだしたぐらいからかな、マサムネが悩んでるっていうのがわかってきたのは、正直」
田村「このアルバムってすごい――今でも好きなんだけど、できた感があったよね。『やったぁ!』って。そっちのが強かったんで。『やっちゃったよ、このアルバム作って』って。『こんなアルバム作ったのになんで反応がねえのかよ?』っていう苛立ちもあったんだけど。でも作品を作ったことに対して誇れるなっていうのもあったから」
草野「俺はだからこれを作って、バンド自体が黄昏てるような気がしてきて。ここで終わってもおかしくないバンドだったと思うんですよ。まあ別に4人で集まって音鳴らしてることは相変わらず楽しかったし、そういうところは全然問題ないんだけど。今にして思えば、幼年期の終わりっていうことなんだろうけど(笑)。この渦中にいる時は『バンドとしてはここでいったん終わりなのかな』っていうような感じもあった」
三輪「あのね、この時期だな。マサムネが『もう一回アマチュアでライブハウスでバンドをまたやれる状況じゃない』みたいなこと言ってたね。だからいな。『音楽やめちゃうかもしんない』みたいな。『また一からやるような気力にはなれない』みたいなことは言ってた。『え〜!?』って。そこでちょっと危機感持ってきたのね」
草野「それは『プロデューサーをお願いしたいんだけど』っていう話をした時だね」
田村「実際、怒られたよね」

三輪「ことあるごとに怒られてたから」
草野「ロックっぽくねえ（笑）」
――でもフルアルバムとしては、これが3枚目なわけで。当時の時代から考えると3枚目作ったあとにそろそろプロらしくいくぜっていう、そのマイペースぷりって凄まじいものがあるんですけど（笑）。
草野「贅沢ですよね。いや、ほんとにだから、さっきも過保護って言ったけど、すごい大事にしてもらってるだけに余計次なんとかしなきゃって。ほんと3枚目出すまでね、チャートとか気にしたことなかったんで。初めて『あ、そうなんだ。俺ら100位以内に入ったことねえんだ』っていう感じの（笑）」
三輪「ここまでほんとに何枚売れてるとか全然わかんなかったもんね」
田村「今思うと、このアルバム作った時点で、アマチュア時代からの貯金を使い果たした感じがする」
三輪「だんだん切なくなってきたな」
草野・田村・﨑山「ははは」
三輪「振り返りたくなくなってきた（笑）」

4th『Crispy!』（1993年9月26日）

ほとんど人間ドックに入るような、「どっか悪いとこありますか?」って気持ちだったですね

草野「で、なんとかしなきゃっていう気持ちで。プロデューサーをお願いしたことなかったから、ここらでちょっとより客観的にスピッツを見てもらえる人を――何が問題点なのか、どういうバンドなのかっていうのを客観的に見てほしいっていう。ほとんど人間ドックに入るような、『どっか悪いとこありますか?』っていうような気持ちだったですね」

田村「今思うと細かいこと言えるけど、単純に『助けて！』っていう（笑）」
――ははは。
草野「でも知りたいっつうのも強かったです。どういうバンドなんだろうっていうのを、ロックのフィールドの人じゃなくって、ポップなフィールドを手がけてるような人に見てもらって『どうなんでしょう？』っておうかがいを立てたい気持ちもあったから。それでまあ、ユニコーンとかプリプリ（プリンセス プリンセス）とか、バリバリメジャーのものを手がけてる笹路（正徳）さんにお願いしたというか。ひとまず『こうやりゃ売れるだろ』っていうものを作って世の中の反応を見たいっていう。それで初めて笹路さんにアドバイスもらって。細かいこと言われたのは忘れたけど、わりとズバズバ言ってもらった記憶があるんですけど。たぶん具体的なコード進行のことだと思いますけど。でもそれ聞いていろいろ勉強になるなと思ったし。『この人とやったらなんか面白いもんができるかも』っていう期待はありましたね」
――今までスピッツが持ってた要素を否定されるものもあれば、もちろん残されるものもあったわけですよね？
草野「レコーディング中にはむしろ、ここがいいっていろいろ言ってもらったことが多かったよね、最初ね。テツヤのギターとかも『あ、そうだったんだ』って。アルペジオの感じとかね」
三輪「笹路さんには『いいところはある。そのいいところを伸ばすんじゃなくて、自分が足りないものをそこのとこまで伸ばす努力をしろ』って俺はよく言われた。先生みたいに（笑）」
――ははは。
草野「あと俺、声に自信がなかったんだけど『マサムネは声が武器なんだから』っていうようなことを初めて言われて『ああ、そうなんですか』っていう風に思いましたね」
三輪「笹路さんはほんとに大きいね。『レコーディングはライブのように、ライブはレコーディングのように』っていう言葉とかね」
草野「レコーディングで盛り上がってやるってのはなかったからね」
三輪「それまで下向いてライブでも演奏してたっていうのを踏まえて、もうちょっと外に向けて、顔も上に上げて演奏するように心がけたほうがいいとか。ことあるごとに『そんなにレコーディングがつまらないってトラウマがあるの?』って言われたりして（笑）」
――ははは。
草野「結構いろいろ厳しいこともね。ただね、ちょっとこのアルバムは、あとの2、3枚と聴き比べるとわかるんだけど、笹路さんのオーバープロデューースな感じが出てると思うんだけど。でもそれも俺がそういう風にしてくださいって言ってやってもらってた感じもあるんで」
田村「俺らも呑み込まれるつもりでいたから」
草野「そうそうそう。だからそういう反省点も多いんですけど」
田村「『楽しくやろうよ』って言われたけど、楽しくやるやり方がわからずに、いろいろ指摘されて『あ、俺こういうとこ悪いんだ、じゃあそこだけはちゃんとしなくちゃ』っていう。妙なキッチリ感が出てるアルバムかな」
草野「これがたぶんね、まあスピッツ史上もそうだし、俺のミュージシャンとしての歴史の中でいちばん『売れてやる！』っていう。『買ってください！』みたいな」
田村「だから『オーロラ～』の時に草野がソロっぽいとか言ってたけど、俺、実はこれがいちばん草野色が強いと思う。その時の草野の思いとかはいちばん色濃く出たのかなって。そういう意味でソロっぽいなと思った。でもそれすら俺らは受け入れて『よし、やっていくぞ』っていう」

草野「でもこれ出たあとで、いわゆるお得意様のリスナーの人たちからの批判がかなりきつかったですよ。その頃ネットなかったけど、ネットがその頃あって俺がそれ見てたら落ち込んでたと思うもんね。サードと『Crispy!』の間に『(スピッツの) 春夏夜会』っつって (渋谷) ON AIRでマンスリーライブを6回やってて。毎回テーマを変えてやってたんだけど。意外にライド歌謡の延長のライブが多かったんですよ。そんなに売れ線とか意識せずに。そのあとにこれが出たから『あのライブでなんでこのアルバムなの?』っていうような反応が多くって」

田村「『がっかりしました!』みたいな (笑)」

草野「(笑)『なんでこうなっちゃうの?』みたいな意見が結構、アンケートとか手紙で」

田村「よかった、ネットなくて (笑)」

――「自分は間違ってるんだろうか?」みたいなのってありました?

草野「それはなかったね。お得意様になんて言われようと、一般大衆の人に受け入れてもらえばいいってそん時は割り切ってやってたんだけど。で、これ結局ね、チャート入んなかったんですよ (笑)。そのあとの『ハチミツ』が売れたあとに入ってきたけど。だからこれがチャートに入んなかった時のショックは相当なものがある (笑)。今考えたら、これを聴いてくれた人が次のアルバムをたくさん買ってくれた布石になってるっていうのはあるからいいんだけど。その頃はもうそんなことはわかんないから、あんまり反応がないんだと思い込んでショックだったんだけど。でも実はこれ聴いてこれから興味を持ってくれたっていう人が結構いたみたいなんで。だからこれを出したことはね、ほんとに意味があったんだっていうのは今は思ってるんですけど。出た当時は反応がないような気がして、そん時は相当落ち込んでたような気がする。お得意様には離れられるし（笑）」

――その責任は全部自分にあるっていうか。

草野「そうそうそう」

田村「大丈夫、メンバーはついいてるから」

草野「まあでも俺も普通にロックファンでね、『惑星のかけら』聴いて『お、こんなバンドいるんだ』と思って、聴いたあとにこれ出たら結構、怒ると思うよ（笑）」

5th『空の飛び方』（1994年9月21日）

スピッツが持ってる変な部分、いかがわしいものも含めて上手くアピールすることができた

草野「7枚目の『インディゴ地平線』まで笹路さん時代は続くんですけど、『Crispy!』でかなり笹路さんに頼っちゃって作り上げたものが、当初自分が思ってた一般の世の中からの反応も薄いっていうので落ち込んだりして。で、またまたここで次何やっていいかわかんないっていう状況になっちゃったんですよ。で、どうしようと思ってたんだけど、なんかお客さんの動員は増えてるみたいで（笑）。メディアなりレコード屋さんの反応も違うかもっていうのがだんだんわかってきて――あとね、そうだ。〝君が思い出になる前に〟って『Crispy!』だよね？」

──そうですね。

草野「初めてチャートに入ったんですよ。アルバムは入ったことないけど、シングルとして。それでとりあえず売れるもの作ろうっていうのはひとまずはもういいかっていう、落ち着いちゃった部分もあったんですね。で、そのあとレコーディングしましょうっていって引き続きまた笹路さんとやりたいなとは思ってたんですけど、最初のミーティングで『もっとスピッツって変なバンドなんじゃないの？』って言われて。最初からスピッツのアイデンティティについての提言が笹路さんからされて。『そうですよねえ』ってことで、そのへんの出し方のもうちょっと上手いやり方があるんじゃないのかっていうことで。そういうとこからスタートして」

田村「その前に、アルバムの前にシングルを録ろうかっていう話になって。笹路さんがスケジュールがとれなくて、じゃあどうしようかって話した時にやっぱりギターを効かせたいよねって話をして。そこでギタリストのプロデューサーとちょっとやってみようかっていう。それで土方（隆行）さんとやったんだよね。で、土方さんとやった時にギターの組み方とか、テツヤとかのいいとこを更に見出してくれたとか。テツヤが笹路さんによって認められたところを、もっとシンプルに堂々と重ねていこうよって土方さんは言って。その時に録ったのが、〝空も飛べるはず〟と〝青い車〟だったんだけど。これでそんなにアディショナルじゃなくても、このメンバーだけでも上手くいったらやっていけるじゃんていう。よくインタビューとかでもバンドサウンドについて答えてると思うんだけど」

──スピッツというバンドサウンドのオーケストレーションとかスケール感

はここで初めて完成されてる気がしますよね。
草野「3枚目まではアピールすることをあんまり考えずに作ってたんだけど。スピッツが持ってる変な部分、まぁいかがわしい部分とかも含めて、そういうのを上手くアピールするっていう術をここらへんから身に付けられてるのかなという。で、このアルバムで初めてオリコンのチャートとかに入ってシングルもわりとラジオとかでもよくかけてもらえるようになったりして。その頃に名古屋で出た夕方のテレビ番組とかで、アイドル歌手に『すごく好きで聴いてます！』とか言われて。ああ、もうこれで満足（笑）」
――それで満足しちゃダメですよ（笑）。
草野「そういう下世話な欲求っつうのは、このアルバムでほぼ全部満たされてて、ある程度――」
田村「そこでバンドやってる意義とか言うよな、絶対（笑）」
――ははは。
草野「ある程度、協力してくれたスタッフとかにも恩返しって言うと変だけど、かっこつくぐらいのバンドにはなったのかなって風に思ってましたね。あとこの時、ジャケで初めて女性モデルを使ったという ね。それもクリエイションていうレーベルのオムニバスとかで女の子がドーンと写ってるようなジャケットが多くて。そういうのやってみたいなと思って。でも日本の常識だと、この人が歌手だと思われちゃうようなとこが当時だとあったんで。ちょっとずつ認知度も上がってたから、やっちゃっていいんじゃんていうことで。それもちょっと挑戦だったかな」

6th『ハチミツ』（1995年9月20日）

楽屋出てボーッとしてたら

ミス鳥取が俺に手を振ってて。世界は俺のもんだって（笑）

――アルバムの前に〝ロビンソン〟の大ヒットという大きな転機があるわけですが。

草野「その頃はもう売れるとか売れないとかもあんまり興味またなくなっちゃってて。満たされたから、『空の飛び方』で。アイドルからのあたたかい応援の声をいただいて」

田村「単純だな」

草野「だから〝ロビンソン〟作った時も売れるとか全然思ってなかった、地味な曲だから。〝青い車〟とか〝空も飛べるはず〟は大体30位ぐらいだったの。〝ロビンソン〟は70位ぐらいに入ればいいくらいな曲だよなと思ってたんです。笹路さんも『この曲地味だよね』とか言って。なんかしんないけどエンジニアの宮ちゃん（宮島哲博）だけすごい盛り上がってて。『これでいくよ、スピッツは！』とか言って。『そうなの？』とか言って（笑）」

田村「でも『空の飛び方』から〝スパイダー〟がシングルカットされて、キャンペーンに行ったら結構反応がよかったんで。『ブレイク直前、ブレイク直前』てみんな言ってたのは覚えてる」

草野「そうだね。ライブやってもそれまであんまりなかったような、出待ちの女の子とかがいっぱいいて。『え、俺ら？』みたいな（笑）。だから自分たちの意識とは無関係にことが流れてるような状況ですね」

――アルバムもそんな雰囲気のまま作った感じだったんですか？

草野「でもアルバムに入る時は〝ロビンソン〟がよくわかんないぐらい売れてて。最初初登場9位だよとか言われて。『え～!?　嘘でしょ？』と思って。当時、ポリドールの社長がなんか操作したんじゃないかと思って」

——はははは。

草野「『レコード会社の社長が操作してんな、これは』と思って。でも渋谷さんは『いや、彼にそんな力はないよ』って（笑）。でもそれぐらい自分たちのことと遊離した感じでした、売れてるとかいう話は。売れてる実感ないよね？」

三輪「全然ない」

草野「『嘘ぉ？』と思って。ひょっとしてミスチルが売れてるから、漁夫の利みたいな」

——二匹目のドジョウ的な？

草野「そうそうそう。そういう感じで注目されてんのかなぁとも思ってて」

——実際、売れてるんだっていう空気を味わいながらのレコーディングだったというのは、作品に影響してるんですか。

草野「でもね、売れる／売れない抜きにしてすごいバンドが楽しくなってきてたから。レコーディングに対する集中力とかすごい高くなってたよね。まあノってはいたのかな。俺初めてね、このアルバムの頃に収入もちょっと増えたこともあって都内に引越してきたんですよ。それまで大学の頃から住んでた多摩地区だったんですけど23区内に引越してきたんですよ。で、まあそういうのも意識の変化に影響を及ぼしてると思いますね。すごいフレッシュな気持ちでいろいろやってた気が」

三輪「で、またここで忙しくなってきて」

草野「忙しかったんだよね」

﨑山「このアルバムが完成した直後の夏のイベントで改めて状況変わったんだなって」

三輪「初めて売れた感がすごい実感できたもん。ミート・ザ・ワールド・ビートとか」

草野「大阪のね」
崎山「何万人の前で初めて演奏して」
草野「すごいみんな盛り上がってて。そん時も『え、俺らっすか?』みたいな。あと鳥取でのイベントの時も最初になんかかね、開会の挨拶みたいなのでミス鳥取の女の子がね」
——また女の子が(笑)。
草野「袖にミス鳥取がスタンバってたの、たすきがけの。で俺、楽屋出た時からボーッとしてたらミス鳥取が俺に手振ってたの(笑)」
——ははは。
草野「これで世界は俺のもんだって(笑)。そういう時に『ああ、結構顔とか知られるようになったんだ』っていうのがすごい不思議だったですけどね。でもほんとに思うのは『Crispy!』が売れてたら俺がやったことで売れたっていう実感があったと思うんだけど『ハチミツ』の時はもうそういうのは全然なかった。勝手に売れているっていう」
——天狗になれない状況だったわけですね。
草野「うん、なれるような感じじゃなかったね。逆に恐いなっていう」
——不安もありました?
草野「うん」

7th『インディゴ地平線』(1996年10月23日)

慌しかったから印象になかったけど、聴き直して、新作以外でいちばん、面白く聴けるアルバムはこれかな

——今回、僕はアルバム全部聴き直したんですけど『インディゴ地平線』は良さを再認識したアルバムだったんですね。

草野「ああ、僕もこないだ、前にリマスターした時に一通り聴き直して。

『ハチミツ』とか『フェイクファー』とかと比べると、結構このアルバムいいんじゃない？っていちばん思い直したアルバムでしたよ。慌ただしかったから実は印象になかったりするんですけど」

田村「否定しがちなんだけど、曲としてはすごい面白い曲が揃っているので。もっと気持ちよくレコーディングできたらよかったなっていうのがあるけど（笑）」

草野「相当歌詞も悩んで作ってたんだよね。時間がなかったのもあって籠って一生懸命作ってました」

田村「ビデオとかのミックスもあったし。ビデオの作業と本チャンのレコーディングを。あっち行ったりこっち行ったりしてましたね」

草野「でも聴き直していちばん面白く聴けるアルバムはこれかなあ。新作以外で」

——悩みながら作ったと言いつつも、〝チェリー〟も入ってるアルバムで、セールス的にもすごくよかったアルバムですよね。

草野「そうですね。いや、もうセールスに関しては関係ないとこで動いてるような認識だったので、『ハチミツ』以降は」

——インタビューで僕が印象に残ったのは、この時に「スピッツは一つの旬を過ぎた」っておっしゃってたんですよ。でも全然、旬だったと思うんですね、この時って。

草野「『旬を過ぎた』って言いたかったんでしょうね。疲れてたんだと思いますよ（笑）」

——（笑）「売れすぎだぞ。早く過ぎてくれ」みたいな？

草野「うん、思ってましたね」

——バンドとしてもちょっと容量オーバー気味っていうような？

三輪「バリバリオーバー気味だった」

草野「ははは。あと、ずっとアマチュアからサードぐらいまでは、アンダーグラウンドだとかカウンターとしての立ち位置っていうのをなんとなく意識したり憧れたりしながらやってきたから、気が付いたらど真ん中にいたりしてとか思って。そのへんの違和感はやっぱりあったですね。『シャ乱Qと同じぐらい売れてるってどういうこと?』みたいな(笑)」

――で、ここで笹路さんのプロデュースが終わるわけですが。

草野「レコーディングの時になんとなくね、笹路さんもね、そろそろ離れてもいいかなあっていうようなことを言ってて」

――役割を全うしたみたいな。

草野「俺心の中では『ヤだヤだ』って言ってたんだけど。別れを切り出されたかのような、恋人に(笑)」

8th『フェイクファー』(1998年3月25日)

俺らがちゃんとイエス/ノーを言わなきゃいけなくなった。悩みながらだったけど底力は上がったと思う

――それで『フェイクファー』という作品にいくわけですけども。自分たちの中ではいまいち戦略がない感じだったんですか、笹路さんと離れて。

草野「うん、ないですね。まあ要は笹路さんと離れて何ができるかっていうことですね。棚谷(祐一)さんを共同プロデューサーでお願いしたんだけど。棚谷さんは現場監督というよりは、ミュージシャンでありアドバイザーでありっていう感覚の人だったから」

田村「昔ながらのプロデューサーっていう感じじゃなくて、今風のバンドのプロデューサー? バンドの意見を汲み上げて一緒に作り上げていこうねっていう感じだったので。俺らがちゃんとイエス／ノーをはっきりさせないと物事が進んでいかなかったんですね。笹路さんとやってくとイエス／ノーはある程度、笹路さんが判断してくれてたので、その時点でメンバーがイエス／ノーを言わなくちゃいけなくなったんだけど、そういうのに慣れてなかったんですね。もう一年近くやってたんだけど、この時」

草野「棚谷さんにちょっと申し訳なかったなとも思うんですけどね。俺はそうじゃない部分を求めてたりもしたんで。ほんと浮輪を外された状態で『どうしよう?』と思いながらやってて」

田村「季節も冬だったからね。よくテツヤが言うけど、寒かったからね。そういうので片づけたい気もする」

――明らかにスタジオに空席が一個ある感じの雰囲気?

草野「俺の中ではそうですね。現場もちょっと暗かったような」

田村「暗かったよ」

草野「ねえ。再びレコーディングがあんま楽しくないような状況になって」

――このアルバムまで、ここまでコンスタントに年に一枚リリースしてきたことも実はほかのバンドと比べると特殊なことだったりするんですけど。4枚目でエンジンがかかっただけに、異常に真面目なバンドになってましたよね。

田村「そういう意味では素のアルバムだよね、『フェイクファー』は。底力は上がってると思いますよ、悩みながら。結果は出なかったけど」

草野「ここで再び俺はなんとかしなきゃ、やり方考えなきゃっていう。煮詰まったことでまた考えた」

三輪「でも確実に違うことは、それはメンバー4人とも思ったの。『Crispy!』

の前の時とは違うと思う、意識が。バンドの4人の信頼関係っていうのが今後どうなっちゃうんだろうっていう不安もあった。それで『フェイクファー』にきたら、やっぱりその不安がもうほんと頑張りすぎて空回りしちゃって、露骨に出ちゃって。ただ向くところはここで確実に、サウンド面のほうにはいってたから」

草野「問題意識を持ってたっていうか。やっぱりメンバー4人とも、バンドを客観的に同時進行で見ながらディレクションすることに長けた人間がいないっていうことがわかって。たとえばそれはインディーズでね、アマチュアでライブハウスで月に一遍お楽しみ会的にやったりするバンドであったなら、それでもいいだろうと思うけど。やっぱりきちっとディレクションしてくれる人が要るなあっていうのはここで痛感した。棚谷さんには失礼かもしれないけど」

三輪「入る余地を与えなかったもんね。ほんとは必要なんだけど」

草野「今だったら棚谷さんとも面白い感じでできると思うんだけど。当時はそういう空気じゃなかった」

――バンドにとって二度目のピンチだったんですね。

草野「二度目の黄昏ですね」

全員「ははははは」

草野「俺はそう」

9th『ハヤブサ』（2000年7月26日）

『リサイクル』に対して笑っちゃうようなアルバムを作りたいと思った。いろんな意味で調子に乗せられてるし、自分たちも乗ってた

田村「で、ツアー終わった時にじゃあ何かしなくちゃいけないだろうって。

とりあえずひとつひとつ片づけていこうってことになって。わかりやすく問題点を当たっていこうかっていう話をして」
草野「結構ね、『フェイクファー』と『ハヤブサ』の間っていろんなことあったから。『フェイクファー』と『インディゴ地平線』の2枚でサウンドがちょっと暗いっていう話になって、メンバー間で。それもなんとかしたいっていうのはあったから。で、まあテコ入れでもないけど、アメリカでレコーディングとかいうのも経験してみたいなと」
田村「そしたら自分たちで納得できる音に録れてしまった」
草野「それが〝メモリーズ〟だったりで」
三輪「ほんと〝いろは〟と〝メモリーズ〟ができるまでは出せないんじゃねえかって思ったもんね。ああいう音」
草野「あとまぁ『フェイクファー』まで作って、『ハヤブサ』までの間はいわゆるスピッツ節から離れようっていうような意識にもなってきてて。やっぱり〝空も飛べるはず〟とか〝チェリー〟のスピッツっていうのがなんとなくもうウざったいというか。そのへんで〝メモリーズ〟とか〝いろは〟みたいな、メロディが全然スピッツじゃないっていう」
三輪「あと意識的に4人でアレンジできる——やすい（アレンジ）っていうわけじゃないけど、サウンドのほうに目を向けたかったから。アレンジっていうことに関してはとりあえず置いといて」
草野「シンプルな曲っていうね。シンプルかつスピッツ節じゃない曲っていう曲作りにちょっと変わってる時期だったかな。まあそういう中で『リサイクル』っていうベスト盤が出ることで、よりバンドの結束が固くなっちゃったんだよね」
田村「ほんとそれぐらいから、4人はここまでならできるなとか、そういうことは強く思ってて。やっぱ苦手なことはあるし、苦手なことをどうしようかって思った時期もあるんだけど、別に苦手なことはプロデューサーにやってもらってとか、そういうことをもっとラクに俺は考えられるようになった。コーラスとか苦手だったらやってもらおうぜとか。あと『リサイクル』が出たことによって、『リサイクル』に対して笑っちゃうようなアルバムを作りたいなとは思った」
草野「だからシングルの出す順が、〝ホタル〟出したあとに〝メモリーズ〟出すっていうのは、自分らなりにすごい意味があったと思う。〝ホタル〟はどっちかって言ったら、自分の中では今まで通りのスピッツ節だと思ってたから」
田村「言い方はちょっと違うかもしれないけど、3枚目と4枚目と逆パターンみたいな感じ。激しい音を出したいなっつって、なんとなく出せるなって思った時に、それを活かしたレコーディングをしたかったんじゃないですかね。まあいろんな意味で調子に乗ってたよね。乗せられてるし、自分たちも乗ってたっていうか」

10th『三日月ロック』(2002年9月11日)

上手く俺らがプロデュースされてる。スピッツってものをメンバーもようやくわかり始めてきた

――流れで聴いてくと、このアルバムは『ハヤブサ』でゲットしたものを、いわゆるスピッツとしての王道の流れにもう一回取り入れた感じの作品で。

草野「そうですね。スピッツ節からそ

れることも、ある意味『ハヤブサ』で満足しちゃって。意外にスピッツ節かられそれる俺の動きすら、リスナーの人はあたたかい目で見守ってくれてたんで。まあ何やってもいいんだなっていう風な確信みたいのを持てちゃったということで。『三日月～』はほんとに奇を衒ったりとか、そういうことは余計なことなのかもって思い始めて」

――つまり『ハヤブサ』は、あれだけ大胆なことをしたのに問題作と言われなかったんですよね。

草野「そうですね。結局、メロウな曲とかも入ってますしね。そのへんやっぱできないですね。完全に振り切っちゃうってのはね」

――スピッツのポジションをきちんと再確認して、今やっていくべきことを明確にして作ったのが『三日月ロック』っていうことだったんですか?

草野「そうですね。『三日月ロック』も作る前は『どうしよう、次は?』っていう風に迷ってたけど。きっかけは今思えばうちの事務所の社長の高橋さんが『カルピスのCMで曲使ってもらえるから』って話を持ってきて。『よし、これをきっかけに広げていこう』とか思って。たぶんそれは、その前からなんとなく思ってたところに具体的なヒントみたいのがポンと入ってきたんですけど」

――それはスピッツっていうニーズに応えることに対して、カルピスでピンときたっていう?

草野「そうですね。その曲が〝ハネモノ〟って曲だったんですけど。で、やっぱりほんとに今回の『スーベニア』もそうだけど、ツアーをずーっとやってきて、レコーディングに取りかかる時にツアーのイメージ抜きではできなくなってきてて。ライブでこういう曲聴いてもらったら反応いいんじゃないかなとか、喜んでもらえるんじゃないかなっていうのをより強く意識しだした時期だと思いますね。お客さんに楽しんでもらえるスピッツの核っていうのは意識して作ってましたね」

田村「『ハヤブサ』の時はね、自分らで楽しんでる部分がもっと強かったけど」

草野「まぁあと同時多発テロ以降の、ずっとこう暗雲たれこめてるような気分ていうのも多少は反映してますけど。そん中から『生きてるってなんだろう？』みたいな。それまでは口に出すのも恥ずかしかったようなテーマっていうのを口に出さざるを得ないような状況だったですね。『そういう世の中にあって、バンドマンの役割とは？』とか、そういうことも考えたり。あと聴いてくれた人の多くの反応には『惑星のかけら』から『Crispy!』に行った時に近いような拒否反応もちょこっとあったけど。『ハヤブサ』からなんでこうなるの？みたいな（笑）。まあそういうのはつきものですからね」

――脈絡がないと言えばないですよね。

草野「うん。『ハヤブサ』を更にハードにしたようなものを期待してる人もいたと思うんで。でもやっぱりナンバーガールみたいにはなれないですよ（笑）。素養が違うから。やっぱりおしりに『歌謡』って言葉をつけたくなっちゃうキャラなんで。でも『三日月ロック』から聴き始めたっていう人もちらほら話を聞くので」

三輪「男の人増えてきたのこのぐらいだっけ？」

草野「そうだね。ハードな曲も結構入ってるもんね。1曲目が〝夜を駆ける〟っていう意味でもかなり雰囲気が『ハヤブサ』と違うからな」

田村「『ハヤブサ』も『三日月～』も2枚とも言えるけど、上手く俺らがプロデュースされてると思う。スピッツってものを、メンバーもようやくわかり始めてきたなって。なかなか本人たちはわかりにくかったんだけど、スピッツってこういうところが武器なのかとか。笹路さんの時にスピッツのいいところがこれだけあって、悪いとこもあって、悪いほう、下のほうを伸ばせって言われてたんだけど、最近はいいとこを伸ばしちゃえばいいじゃんていうモードになってきて。それが『スピッツ節でもいいじゃない』っていうのとつながるんだけど」

11th『スーベニア』（2005年1月12日）

ファーストの頃は自分で悦に入ってるようなとこもあったんだけど、今はわかんなくても何か感じてもらえればいいなっていう欲張りな感じになってる

――先月のマサムネさんのインタビューでは、基本的には前作の延長っていうところが強いとはおっしゃってたんですが。

草野「うん。まあ亀田さんだし、プロデューサーが」

――ただやっぱり聴いた瞬間、目からウロコが落ちる感触の強い作品だと思うんですけど。

草野「あ、ほんとに？」

――たとえば『Crispy!』のあとにサウンドが変わったわけですけど、本質的に変わったのって『空の飛び方』だったと思うんです。で、『ハヤブサ』あたりから作り方が変わったわけだけれど本質的に楽曲からして変わったのはこの作品ですよね。

草野「でもライブ重ねたことによる、作曲とか演奏姿勢の変化っていうのはありましたね。一遍バンドマンとして足元をちゃんと見直さないとなっていいうような。もともと怠け者なんですけど、ちょっとストイックなとこも必要かなと。ストリートシンガーがアコギで〝チェリー〟を熱唱してるようなのを見ると負けらんないなと（笑）。よりだから直接的なメロディと歌詞っていうのを聴かせたいっていう意識がずっとありましたんで。特に歌詞かなぁ。ほんとにだからファースト、セカンドとかはわかってくれる人がわかればいい以前の『俺にしかわかんねぇんだよ』っていうぐらいのシュールな歌詞だったりとかね、作って自分で悦に入ってるようなとこもあったんだけど。ひょっとしたら、わかんないかもしんないけど何か感じてもらえればいいなっていうような、欲張りな感じにはなってますね」

――それは結構新しいですね、今までのスピッツの歴史から言うと。

草野「そうですね。それが、もっといろんな人が買ってくれたらとか、もっとテレビに出てアピールしようとかじゃなくて。ひとまずライブに来てくれたお客さんに対してでしかないんですけど」

――マサムネさんのモードも新しいし、楽曲も変わってるわけですけどバンドはどう感じたんですか。

田村「レコーディング現場のことなんだけど、草野が、たとえば曲を提示してく時のイメージがより明確になってたりとかするんで。そのイメージをより広げたいなとか、イメージをぶっ壊していい方向に、もっと違う方法があるよっていうのを提示したいなって思っているんだけど、果たしてそれが今の自分にできるのかなって、ここ最近ずっと思ってたことがあったんだけど。で、なかなか同じバンドでやってるとそういうことに気づかなくて。ちょうどそういう時に、友達から『バンドやらない？』って誘われて。単純に楽しいからやってたんだけど。そういう時に、自分のスピッツにおける立ち位置とか、こういうことが足りないんだなとかってのがわかったんで。そういう意味で、いつもとは違うレコーディングだった」

――要するにマサムネさんの楽曲のバンドに対する要求度みたいなものも高かったっていうことなんじゃないですか？

田村「うん、高かったから、より自分の得意なことをやらなくちゃいけないだろうし。それが今までやってきたことと同じことでも、そういうことはやんなくちゃいけないなってことは感じた」

――テツヤさんは？

三輪「ええと基本的には何も変わってないです。マサムネが持ってくる曲はやっぱ、ギター弾きたいと思う曲をいつも持ってきてくれるし。そういう曲に対しての、どういう風に自分がやってくかっていう姿勢は全く変わってない、アマチュアの時から。ただやっぱそれなりにスピッツと共に、ギタリストとしても人間としても、ちょっとずつだけど成長してると思うので。そういう意味では、今自分が持ってるものを100％以上出せればいいかなっていう気持ちは強く持ってるから。よりマサムネの曲に対して、向かい方は一緒だけど、熱の入れ方はどんどん増してきてるっていう感じかな。そん中に自分のエゴも上手い具合に入れられるようになってきたかな。引くとこは引くけど、引きたくないとこは引きたくないっていう」

――﨑山さんはどうですか。

﨑山「やっぱりいちばん思ったのが、弾き語りでもできるようなメロディと歌詞っていう、やっぱりスピッツ節だったりマサムネ節だったりっていう、自分たちがいちばん大事にしてるもんていうか。逆に言うと、ある意味、マサムネの歌詞とかメロディがあったら自由な部分もあるし。よりシンプルでもかっこいいっていうのは『三日月ロック』ぐらいからなんとなく思いだしてたんだけど、もっと今回は、引き算するとことか足し算するとことかっていうのを自分の中でいろいろ自由に考えられるっていう感覚になってきてるってのはありますけどね」

——総合していくとマサムネさんも含めて、マサムネさんの楽曲に対する自己責任度が——。

草野「嫌な言葉だな（笑）」

——（笑）高くなっているんじゃないですか？

田村「あ、でもね、それ言っちゃうと身も蓋もないけど、ファーストからそうだったよね。レコーディング終わるたびに思う。いまだに草野の曲に対して、すげえ好きだし。草野の曲をやれることって『ラッキー！』って思う」

崎山「ひとつ思ったのはね、ちょっと前だけど、スピッツやる前に俺、オリジナルバンド一個やってたんだよね、違うバンドを。で、そのバンドのテープをね、今聴くと大笑いできるんだよ。だけどスピッツに俺が入って最初の頃のテープとか一個も笑えないんだよ」

草野「ほんと？」

崎山「うん。マジで」

草野「笑えそうな気がするけど」

——ははは。

三輪「映像見るとね」

草野「きついわな」

崎山「カセットとかで音だけ聴くとね。もちろん演奏も下手で。勢いはあるけど、ダイナミクスとかもあんまりないような感じのガーッとやってるだけでね。だけど全然笑えないんだよ。メロディと歌詞なのか、これはしっかりしたもんがあるっていうか」

――結局は、その時からずっとこのバンドはポジティブだと思うんですよね。マサムネさんのスピッツに対するポジティビティと、バンドのマサムネさんの楽曲に対するポジティビティは絶対的に保たれてますよね。

草野「初めてこの4人でスタジオに入った時に『いけんな』っていう確信があったのはすごい覚えてるんですよ。そん時の確信でずーっとやってこれてるところが大きいかな。それははっきり思い出せるんで。幡ヶ谷のスタジオでね」

田村「たぶん4人が4人ともそういう気持ちのままだからずっとこのメンバーでやってこれたんだろうし。いまだにそういう気持ちは持ってるよね、4人とも」

――(笑)じゃあ初めてスタジオに入った時の確信以外は、ある意味メジャーバンドとしては裸のところから始まったところさえもあるわけですけど。ここまで来れたっていうことは振り返ってみてどうですか?

草野「まあこの4人だったからっていうことでしょうね。あまりにきれいなまとめですけど」

三輪「あといちばん近くにいる人たちが、俺たち4人のそういう関係をずっと保たせてくれたっていうか。俺たちのことよく理解してくれてる人がいたからかなっていうのはある」

草野「いい出会いがあったっていう。普通考えたら、セカンド出したぐらいのところでもう終わりじゃないですか、きっと(笑)。ビジネス的にも成り立ってないし、きっと」

――でも実際にセールスを上げるバンドになってだいぶ経ち、通算ではオリジナルアルバムが11枚目までできてもまだバンドとして答えが出てないところが面白いですよね。

草野「『売れたい！』とか『有名になりたい！』とかいう動機でやってきてなかったからっていう。そういう動機だったら違うところで悩んだりとかあったと思うけど。売れたいと思った時期はありましたけど。売れたいと思ったのもね、結局はバンドを続けるための思いだったからね」

インタビュー＝古河晋

（ロッキング・オン・ジャパン／２００５年2月号）

『三日月ロック』からは歌詞では
あんまりネガティブなことを歌えなくなってきてる。
9・11以降の世の中の空気っていうのを考えると

『さざなみCD』

2007

シーラカンスって形をそこまで変えることなくずっと生き残ってる。スピッツの曲もまあそんな感じかな

おめでとう、20周年！　そして新作『さざなみCD』完成!!
草野マサムネ単独インタビュー、三輪＋田村＋﨑山が語るバンド史の立体特集で、
その不可侵の魅力とユニークな進化の謎に迫る

どの曲もいい。とにかく曲がいい。結成20周年目を迎えるスピッツの、バンドの節目とも言うべきニューアルバム『さざなみCD』。彼らの最大の魅力である珠玉のメロディが、これでもか！というほど贅沢にぎっしりと実った豊穣の作品だ。何も変わらないこと。永遠、というもの。生きている限り絶対にありえないだろう幻のような奇跡を、つい信じてみたくなる大きなイマジネーションの力が、時にパワフルに、時にしみじみと、あるいはきらきらと、どの曲にもみなぎっているのだ。

寄せては返すさざなみが、永遠に見えても少しずつ形を変えるように、スピッツも時代とともに変化してきた。ノイジーなアコースティックという「人とは違うサウンド」で「変なことをやってポップになりたい」と望んだ初期、オーケストラの導入、ポップへの冒険、ブレイク後『ハヤブサ』でのハード

ロックやデジロックへの傾倒、前作『スーベニア』では沖縄民謡やレゲエといった新しいジャンルにも挑戦した。けれどもその幹にあるメロディと世界観は、不可侵のままだった。そして――。

2年半かけ、4度に分けて「いい曲」を選び抜いたレコーディングによって生まれたこの13曲は、スピッツの最大の武器である歌とメロディが怒濤の大波となって押し寄せ、リスナーを呑み込み、濡らし、洗い流していく。ファンはもちろん、日本中の音楽リスナーにとっても、思わず笑いがこぼれるような嬉しい作品だと思う。スピッツだけが知っているその「永遠の魔法」とはなんなのか？　20年を経た今、4人は何を思うのか？　草野マサムネ単独インタビュー、三輪＋田村＋﨑山が語るバンド史という特集で、その不可侵の魅力とユニークな進化の謎に迫る。

――先行シングル『ルキンフォー』と『群青』からイメージされた通りの、王道のスピッツ・アルバムで。

「あ、そうですか？（笑）」

――えっ？「きたー！」って感じの名曲揃いじゃないですか。

「うーんと、今まででいちばんばらけて作った感じなので。レコーディングも4回ぐらいに分けてやって、そん時にいちばん気に入ってる曲を作った中から選んでレコーディングしていって。なので、つるっと通して聴いた時に、あんまり脇役がいないなっていうような感じの。気まぐれで入った曲がないようなアルバムにはなっちゃったかなと」

――「なっちゃったかな」？（笑）。じゃあ、アルバム全体っていうよりは、一曲一曲に焦点を当てて作っていった感じなんですね。

「うん。そういうのもたまにはアリかなと」

――4回に分けたということは、結構長い時間をかけて作ったんですか。

「期間的にはそうですね。間にファンクラブツアーとかも挟みつつ」

――その期間は、どういうアルバムになるか、あんまり見えないまま？

「そう。最後のほうまで全然。実際に並べて聴いてみるまでは、どんなになるのかも。だから1曲目をどれにするかでも、結構どうしようかって困っちゃったし」

――へえ、意外ですね。1曲目はこれでしょ！って感じですけど。

「え、そうですか？（笑）」

――だって〝僕のギター〟ですよ。確信犯じゃないですか、20周年を迎えるスピッツのアルバムとしては。

「ああ、そうなんですかね。頭とラストがひっくり返るような案を出した人もいましたし。最後の〝砂漠の花〟を頭にもってこようっていう案もあって。いまだにトータルのイメージっていうのは浮かびにくいアルバムになったかな、と思っちゃうかな」

――20周年を迎えるスピッツのニューアルバムとして、最大の武器である「いいメロディ」に焦点を当てたと思ったんですけど。あまり意識してなかったという感じですね。

「（笑）全然。作って録って作って録って、そろそろたまったからアルバムにするかあっていう流れですね」

――ただ、前作『スーベニア』の時、「ギター1本で弾き語りをしても通用する曲をやりたい」って言ってましたよね。

「あの頃ね。今回も流れとしてはそうです」

――まず、曲ありきっていう。

「うん。とにかく曲をいっぱい、候補に出した倍以上ぐらい作ってるので。まあその中で選抜されて、っていう」

――じゃあ、曲には自信あるでしょ？

「うーん、どうなんでしょう？（笑）」

――自信持ってくださいよ！　いい曲だらけじゃないですか。

「ライブでやりやすい曲だと思いますよ、どれも」

――ははは。

「ほんとにツアーやりやすいアルバムになったなと。ファンクラブのツアーでやった曲も3曲入っちゃったんで。〝ネズミの進化〟と〝P〟と〝点と点〟。結構もう既に演奏したことある曲が多い感じで。そのへんも前回とは全然違うから」

――この流れすごいいいですよね、〝点と点〟〝P〟〝ネズミの進化〟って。

「あ、そうですか（笑）」

――一曲一曲全く違う世界観を持っているし、でも全部スピッツに不可欠な要素で。それが物語になってドワーッとつながっていて。

「作った時期がね、〝点と点〟にしても、〝P〟とか〝ネズミの進化〟も、すごいおしりのほうで作った曲って感じですね」

――どのへんが最初にできたんですか？

「最初に録ったのは、〝魔法のコトバ〟と『群青』のカップリングの〝夕焼け〟って曲で。そのちょっとあとに〝僕のギター〟とか〝群青〟とか〝砂漠の花〟あたりを録って――。やっぱでも、ここ5年ぐらいは――同じこと言ってるけど、ライブの比重が大きくなってきて。ライブでいかに響かせられるかっていうのはやっぱり大きいですね。特にシンガーとして。実は『スーベニア』は演奏するの大変な曲が多かったんで。今回のほうがライブでお客さん摑めるんじゃないかなあと思ってます」

――そういえば、この前Zepp Tokyoで行われた20周年記念イベント（「SPITZ結成20周年祭り」）で、シングルの曲を初めて聴いたんですけど、過去の名曲と並べても、全く同じなんですよね。

「そう。仙台のイベント（「ロックロックこんにちは！」）でも、シーラカンスにたとえて話したんですけど。シーラカンスって形をそこまで変えることなくずっと生き残ってる種で。スピッツの曲もまあそんな感じかなって。初期の曲と今の曲を並べてやっても、そこまでおっきな違和感ないと思うし」

――ねえ。20年前に作った曲が既に完成されていたという驚きと、同時に今も20年前と同じみずみずしい輝きを持った曲を作れるという、すごいですよね。

「まあよく言えばそうでしょうね」

――悪く言えば？

「進化がない（笑）。音楽的にも人間的にも」

――でも変わりたいと思ってないでしょ？

「変わりたい部分もありますけど。なかなか、めんどくさがりなとこもあって。その都度、『こういう曲作れたらな』っていうのはあったりしたけど、どうしてもそういうふうにはできなくって。ただ、今にして思えば、そっちに振り切れなかったのがかえってよかったなとか。あとね、5年前ぐらいだったら、『この歌詞は昔歌ったような感じだから』とか、『このメロディは前やった印象だから』とか言ってはじいてたんだけど、そんなこと言ってたら全然できなくなっちゃうから（笑）。〝群青〟にしても、聴く人によっては〝タイムトラベラー〟みたいとか。いろんなのがブレンドされてるような曲になってたり実はするんだけど、そういうのも気にしなくなっちゃって。それ今鳴らしてんだから、今の俺らの音になってるはずだっていうことで」

――まさにそういうことだと思います。『スーベニア』でいろんな楽曲やサウンドを取り込んだうえで、「やっぱり俺はこれだ」っていうのがあったから、この珠玉のメロディたちが集まったんだろうなあ、と。で、さらにメロディはエバーグリーンな、ある意味では変化しないものなんだけど、今回サウンドが強くなってますよね。そこはこだわりました？

「まあでもいつも通りですよ、そのへんは。あ、でもギターの音はね、ちょっと、こだわった部分もあるかな。〝点と点〟とか〝Na・de・Na・de ボーイ〟を最後のほうに録ったんですけど、その前にですね、sports ってバンドいるじゃないですか。その新しいアルバム聴いて、ギターの音がすごいよかったんで、こういう感じでできないかなと。ちょっと影響受けてます（笑）。去年出たアルバムがすごいよかったんですよ。でも活動休止しちゃうみたいだけど」

——ちなみに、こういうふうに何回かに分けたレコーディングはこれまでもありましたか？

「4回に分けたっていうのはないかな」

——その作業は今振り返ってみてどうだったと思います？

「結果的にはバリエーションにつながってるかな、とは思うんですけどね。まあ今までのアルバムがバリエーションないかって言われると、そんなことはないと思うんですけど。今回、あっち行ったりこっち行ったり感がありつつもポップなとこに落ち着いてるっていうのは、4回に分けてやったっていうのが大っきいかな」

——どれもシングルとなりうる曲ですよね。

「もう1曲ぐらいアップテンポの曲があってもよかったかなって思うけど（笑）。〝トビウオ〟の役割が大きくなっちゃって」

——そもそも今回そういう方法にしようと思ったのはどうしてですか？

「結局、新曲の曲出しとかの時に、やっぱり摑みのいい曲のほうが、メンバーもスタッフも、『この曲やろうか』ってなるし。だから小選挙区みたいな感じで。ひとりしか当選しない（笑）。一回ガーッて集中してやるってなったら、同じ選挙区から10人ぐらい候補が当選するじゃないですか。でも小選挙区制な選曲会議だったんで。その都度トップにいる人だけが選ばれちゃって」

――結果、強い政党ができあがって（笑）。

「そうそう（笑）。並べる時にちょっと、どうしようっていうのはありましたけど」

――で、そうやって曲が集まって。メロディもエバーグリーンなものだし、歌詞もとても青くて、「もう一度ここから歩き出すんだ」という決意を感じるんですけど。今年20周年を迎える、ということを曲を作る段階で意識することもあったんじゃないですか。

「20周年ですか？　ええとね……（去年の）『魔法のコトバ』のあたりはちょっとなんとなくは意識してたけど。実際今年に入ってからはあんまり考えなくなったというか。イブのほうが盛り上がりますよね、『来年は20周年だな』と思って。実際20周年目になってみたら、特には考えなかったですね。うん……変に狙いとかを決めずにもう、素直に作ってたりとか。だったかなあ」

――では、具体的な曲について聞いていきたいんですけど。1曲目〝僕のギター〟は、静かだけどすごく自信にあふれた曲で、歌詞も自分が歌うことを再確認しているような内容ですよね。

「そうですね。まあ相変わらずおんなじことばっか歌ってるような感じで（笑）」

――タイトルもそうですし、《君を歌うよ　小さなことが／大きな光になってくように／かき鳴らしては　かき鳴らしては　祈ってる》という決意表明のような歌詞も、ここからまたスピッツの新しい10年がはじまっていくんだなっていう空気にあふれてますね。

「うーん、なんかイメージ的には、ちょっと小雨降ってるストリートで、ひとりで寂しく歌ってる人みたいなイメージだったんですけどね。寂しいストリートシンガーのような。ちょうど駅から家に帰る途中で雨降ってきた時に浮かんだ曲なんだけど（笑）」

――へえー。《長い月日を一緒に　過ごしたこのギター／新しい地球の音を味方につけた》とか、重みと自信を感じますけど。ちなみにストリートシンガーをやった経験はないですよね？

「やってないですよ。たぶん俺声のヌケが悪いんで、今ストリートシンガーやってもお客さん立ち止まってくれないと思う」

――（笑）。でも声、高くなってませんか？

「実はそうでもないと思うんですけどね。昔は、Aの音まで出てるとか考えずに曲作ってたけど、最近はちょっと計算しながら作っちゃったりもするから、そこまでいかないようにしてるんですけどね。あと、〝涙がキラリ☆〟みたいにサビでずーっと高いとこいく曲だとちょっとキツいんだけど、ビュッてこう、上をつくような、〝ロビンソン〟の♪ルララ～みたいな、ああいう高さだったら全然きつくないんで」

――なるほど。じゃあ曲の作り方を計算して。

「ちょっと計算してるかもしんない（笑）」

――ちなみに初期の歌詞は「飛ぶ」っていうフレーズが多かったじゃないで

すか。それが減るにつれて、逆に声が高くなって、飛んでる気がしてしょうがないんですけど。

「あ、減りました？　〝トビウオ〟で飛んでるぐらいか（笑）」

――「飛ぶ」系の言葉は、減ってはいますよね。

「そっか。歩いてんだ」

――ここ最近KREVAさんと一緒にやったり、筒美京平さんのトリビュートに参加したり動きが活発ですけど、そういう活動の影響は曲を作る時にありましたか？

「いろいろ刺激にはなりますね。ほんとKREVAくんはいいメロディメーカーだから。〝木綿のハンカチーフ〟は実際すごい難しくって。あまり歌ったことのないタイプのメロディで。筒美さんの曲だと、〝また逢う日まで〟のような曲はカラオケでもよく歌うから、そんな大変じゃないんですけど。実は歌い上げ系のメロディのほうが得意なんだなっていうのは自覚して。そうじゃない曲もちょっとチャレンジしないとなというふうに思ったし」

――〝木綿のハンカチーフ〟は自分で選んだんですか。

「いや、あれは筒美さんの提案で」

――絶妙な選曲ですよね。それ言われた時どう思いました？

「じゃあそう言っていただけるんだったら、光栄なことだから。『〝よろしく哀愁〟なんかもいいんじゃない？』って言われたんだけど。カラオケに行って試しに歌ってみたら、『いや、これちょっとどうかな』って思って。あの、ちょっと真似入ってきちゃうんですよね（笑）。郷ひろみさんだとね。それはかえって失礼かもしんないと思って。かえってこう、まっさらな状態で〝木綿のハンカチーフ〟だったら歌えるかもって」

――でも、言われてみると確かに歌いにくそうな曲ですね。

「うん。あっさりしてるメロディのほうが大変というか。力量をかえって問われるんだなって気もしたし。まだまだだなという認識を新たにできたっていうのはよかったですけどね」

――たとえば〝群青〟で《僕はここにいる　それだけで奇跡》というサビのフレーズがあるんですけど。これは、20年を経てまだ歌い続けてる自分に対して言ってるんじゃないですか。

「ああ。そうですね。頑張ってきたなっていうのはあるかも。まあ、あることにしときましょう（笑）。〝群青〟はでもね、シングルって最初思ってなかったんで。小選挙区でも補欠当選ぐらいな感じで（笑）。で、この曲は俺がメインボーカルってあんまり考えないで作ろうと思って。たとえば、（フルコーラスで参加したゲストボーカルの）大橋（卓弥・スキマスイッチ）くんがひとりで歌うような曲とか植村（花菜）さんがひとりで歌うようなイメージで、人に提供するぐらいな気持ちで作ったので。いちばんわかりやすく言葉を選んだつもりなんですよね。だからとことんポジティブな曲にしようと思ってて」

――へえー。確かに曲に関しては、自分自身に向けて、というよりもっと俯瞰した視点で作ってる感じしますよね。

「ファーストの頃に比べるとそうでしょうね。あの頃は人に聴かせるっていう意識もあんまりなかったし。自分たちだけのために作って、酔狂な人が聴いてくれればいいかなっていう気持ちだったから。今はとりあえず聴いてもらうことを前提に作ってるんで」

——でも、出てくるメロディは変わらないっていう（笑）。

「それはまあ、それしか作れないんじゃないですかね。ちょっとバリエーション持たせたいなと思って、ジャジーなコード進行で試しに作ってみたりとかするんですけど、やっぱ自分じゃない気がして。ボツになっちゃうんですよね、自分の中で」

——〝群青〟には、《明日とか未来のことを　好きになりたいな少しでも》という歌詞があるんですけど、これって今でもそういうことを思ってるんですか。それとも過去の、未来に不安を持っていた頃の自分をイメージしてると思いますか。

「うーん……好きになりたいって思わざるを得ない人生の後半戦ていう感じですかね（笑）。若い時は『好きになれないかも』って歌詞になったかもしんない。ノーフューチャーな感じ（笑）」

——今は？

「ノーフューチャーが全然ないわけじゃないんだけど、好きにならなきゃっていう。ちょっとポジティブな気持ちが強くなってきてますね」

——でも昔に比べて、未来への不安とかそんなにあるわけじゃないですよね。音楽をやっていくうえでも。

「うん……音楽はそうですけど。まあでも……昔のほうが実は未来のことを考えた時に、わりと能天気な世界でしたよね。今はどうなのかなっていう」

——それは時代が、ということ？

「時代が。なんかたぶん、北（朝鮮）のミサイル実験とかのあとに書いた歌詞だと思うんですけどね。西武ドームにプレーオフ第三戦ていうのを観に行きまして。ホークスVSライオンズの。それで、めちゃめちゃいい試合でホークスが勝って。すごいハッピーな気持ちで帰りの車に乗ってラジオをつけたら、実験があったっていう。『なんだかなあ』って」

——じゃあわりと時代の雰囲気が反映されているんですね。

「うーん、そうですね」

——〝ルキンフォー〟で《燃えカス時代でも　まだ燃えそうなこの／モロく強い心　君につなげたい　かないそうな気がしてる》っていうのもあります が。

「結構ね、『三日月ロック』からは歌詞ではあんまりネガティブなことを歌えなくなってきてるから。9・11以降の世の中の空気っていうのを考えると。でも、今（世間で）流れてる新しい曲ってみんなポジティブですよね。こういう時にこそ、ほんとは友川かずきさんのような曲が際立つのかもしれないけどども。あとシュールなものが減ってるなと思うんですよね。そういう意味では、まあちょっとシュールを残してるかもしれない。若い子が『スピッツの歌詞意味がわかんねえ』って言ってるのをネットで見たことがあるから」

——と同時に、全体としてとても青い印象が強くて。《ルキンフォーどこまでも　つづくデコボコの／道をずっと歩いていこう》《ルキンフォーめずら

しい　生き方でもいいよ／誰にもまねできないような》とか。自分たち自体は今そういうデコボコな場所にいるわけでもないじゃないですか。むしろ盤石というか。にもかかわらず、デコボコをイメージするというのはどうしてなんでしょう。

「……まあ盤石なのかもしんないけど。うん……どうなんだろうな。……ロックミュージシャンをやっていながら、『これでよかったのかな、自分の人生は？』とか思うことも多いんで（笑）」

――それはどういう時に？

「うーん、なかなかネクタイが締めれないとか（笑）。そういう社会規範からちょっと外れてる自分ていうのになんとなくね、びくびくすることがあるんですよ。特にまだ、20代だったら許されると思うけど、今年40になろうかっていうことで。だけど、『ネクタイなんか締めれなくていいんだよ！』っていう決意を新たにデコボコの道を（笑）」

――ははははは。

「歩いていくと。人目はやっぱり気にしちゃうほうなんで、気にせずに歩いていくぞと。決意しないとやっていけないですね。根っからのミュージシャンていうか、根っからのロックンローラーの人はそういうこと気にしないと思うんですけど。気にしがちなほうなんで（笑）。独自の道を歩いていきたいんだけど、やっぱなんかいろいろ気になっちゃうので。それを振り払おうとしてるんですね。かといって、頑張ってネクタイを締める練習をするかっていうと、そこまでしない怠け者なんですけど（笑）」

――まあ、必要ないですけどね（笑）。で、今回ラブソングが相変わらず多いんですが。〝僕のギター〟を筆頭に、ずっと「君」のことを歌い続けてますよね。それって具体的なイメージがあるんですか？　たとえば銀杏ＢＯＹＺの峯田（和伸）さんは、「昔から自分の中にずっとひとりの女の子がいてその子に向けて歌ってる」とか言ってるんですけども、そういう感じわかります？

「今出てるやつ（ロッキング・オン・ジャパン）に書いてありましたね。妄想狂ってことですよね（笑）。似たようなもんですよ、きっと。でもひとりなんだ、それは？　俺そういうのが100人ぐらいいるんですよ」

――ですよね？（笑）。

「超浮気性なんですよ、そういう意味では。いろんなタイプがいて。で、『僕』っていうのも100人ぐらいいいるかもしんないですね」

――ははははは。今回〝Na･de･Na･deボーイ〟がすごくいいですよね。

「ははははは。もはやスピッツ的な。〝ニノウデの世界〟的な」

――前作『スーベニア』の〝甘ったれクリーチャー〟と同じような流れの。

「ああ、そのへんはわりと生身の俺に近いかもしんない（笑）」

――「もみくちゃにされて、もう一回再生する、自分らしく生まれ変わる」というフレーズとか聴いてると、そういう場所でこそ本来の自分に戻れるんだ、というふうに感じられるんですけど。マサムネさんにとっては、そうやって自分の価値観を壊していくことが恋愛の醍醐味だし、そういう場所じゃないと自分は解放されないいんですかね。

「うーん、そうですね……難しいな（笑）」

――この前Zepp Tokyoで最初にやった〝座敷犬のうた〟（インディーズ時代の楽曲）を聴いてすごく感慨深かったんですけど。

「ああ、〝座敷犬のうた〟？　あの頃からそういう感じですね（笑）」

――爪をかんで部屋に閉じこもっているけど、君がいるから生きていけるっていう。

「いわゆるM歌ですよね。怒られて伸びるタイプなんで（笑）」

――あれ、名曲ですね。音源化してくださいよ、ぜひ。

「はははは」

――最近でもそういう歌って出てきます？

「うん、そうですね。あれかな、〝群青〟のカップリングの〝夕焼け〟。彼女に小バカにされるのをこころよしとしてるような（笑）」

――で、さっき「昔は自分たちのために歌ってたけど今は聴いてくれる人のために歌ってる」っていう話がありましたけど、初期の頃って変なことをしてポップになりたいってインタビューでもよく言ってたし、その思いが強かったと思うんですけど。そういう気持ちは今もまだありますか。

「たとえばあの頃、それこそ銀杏みたいなバンドがいたらものすごい変わってただろうけど。今はね、デビューした頃に比べて、変なことやってるバンドをそれなりに需要する土壌があると思うんですよ、お客さんに。そういうところでやっていくうえで、変なことっていうベクトルではスピッツは勝負できない気がするので、もう今は。スッポンポンにもなれないし（笑）」

——サンボマスターとかね。

「ああいう、ガシャガシャ、ノコギリのようなサウンドみたいなわけでもないし」

——『インディゴ地平線』の時のインタビューで、「スピッツは旬を過ぎた気がする」みたいなことを言ってたんですけど。要は変なこと、人がやってないことで勝負する必要はないっていうのがあの時期だったのかもしれませんね。

「なんか俺が思いつくようなことはもう、今現在誰かがやってたりするようなことだったりとか。昔誰かがやったんだったらまだいいけど、今誰かやってんだろっていうことが多くなっちゃって。なので、そうじゃなくて、ほんとにもう、旬の部分で聴いてもらうしかないと今は思ってます」

——当時変なポップで認められたいっていうのは、今から考えるとなんだったんでしょう？　自分が認められる気がしたのか、ポップオタクとしてのプライドなのか。

「単純に自分の好みがそん時の主流じゃなかったっていうのが結果として変なことに捉えられてたのかもしんない。歌謡志向みたいな部分とか、まああとアコースティックな音も好きだったりとか。アコースティックとノイジーっぽいことの融合みたいなことをやってる人があんまりいなかったから。それこそマイブラ（マイ・ブラッディ・ヴァレンタイン）とか出てくる前は日本でそういう雰囲気の人はいなかったし。だから自分たちが独自でそういうのを作っていこうっていう気持ちがあったんですね。結果として『変わってるね』って言われたことが自信につながったりとか。あと最初は、ブルーハーツに似てるバンドからの脱却っていう課題もあったんで（笑）」

――それは自分たちの中ではかなり大きなものだったんですか？

「そうですね。たとえばあの頃ジュンスカ（JUN SKY WALKER（S））もブルーハーツ的なバンドのひとつの進化系だったと思うんですけど、それと違う方向で進化できないかなっていうのが初期の俺らだったと思うんです」

――その頃から青春バンドっていうことは意識して、そこで勝負しなきゃっていう気持ちはあった？

「うん」

――今でもそれは使命としてありますか。

「まあそういうことしか歌えないですし。そういうのを歌ってるのが気持ちいいので。最近なんかの雑誌で、峯田くんがブラック・フランシス（ピクシーズ／ソロ名義はフランク・ブラック）と対談してて」

――それ、BRIDGEです。

「BRIDGEだったのか。あれとおんなじところに俺も引っかかってて。ブラック・フランシスが、『モテないさえない奴が部屋で聴くためにロックがある』ようなことを言ってたのを、俺も『ああ、もっともだな』と思ってて。で、たとえハードなことをやってなくっても、そういう人が聴いて妄想に浸ってもらえるような曲だといいなと、スピッツの曲は。もちろん女の人とかスポーツに打ち込んでる、いわゆる健全な感じの人に聴いてもらうのも全然アリなんだけど、むしろなんか、気持ちを溜め込んでるさえない人が聴いて妄想に浸れるような曲を作っていきたいなと思うんですよね。まあ10代の時の自分に向けてるようなとこもありますね」

――それが届いてる実感はあります？

「スピッツのライブに来る男子のメガネ率が高いっていうところがそういうとこかな（笑）」

――（笑）でも、こういう引きこもり的な歌詞って、当時はあんまりなかったですもんね。今だと普通ですけど。

「そうですね。でもBUMP OF CHICKENの歌詞なんてほんとにそうですよね。しかもあれをおしゃれにかっこよくやってるっていうのがずるいなと思うけど（笑）。俺が中高生だったら、どっぷりバンプファンになってるなと思ったりもしますね」

――でも、その元祖としてスピッツの引きこもり性はやはり強いし独特だと思いますが。

「よりキモさがあると思う（笑）」

――〝座敷犬のうた〟のような、爪を噛んで部屋の中でひとりいるっていう世界観を今も思い出すことはありますか？

「うーん、いや、今も基本的にそんな変わんないですね（笑）。曲を作るための部屋を防音にしてるんですけど、防音工事やったら、4畳あるかないかぐらいの狭さになっちゃって。それがまたすごく居心地いいんですよね。ほんとに犬小屋みたいな（笑）」

――ははははは。

「狭いとこでじっくりじゃないと曲は作れないっていう。それはもうずっと続いてるんで」

――そこから出たいっていう感じはないんですよね。

「そこにいるのは心地よかったりもするんですよ。だからミュージシャンでよくあるけど、アメリカに移住したりとか、沖縄に行って曲作りとか、絶対無理ですね。なんにも出てこないと思う」

――沖縄っぽい曲作ってたじゃないですか。

「沖縄に、行きたいけど行けない狭い部屋の中で作るからできるんですよ。沖縄によく旅行に行ってましたけど、そん時に曲浮かんだことないんですよね。沖縄に行っても、歌うことはするかもしれないけど、創作はできなくなるなあと思いますね」

――面白いですね、4畳の部屋でこんな浮遊するメロディが出てくるわけですよね。

「うん。茶室みたいなところに閉ざされて、そこに世界があるみたいな。狭ければ狭いほど解放とか宇宙とか、そういうのに憧れる気持ちってのがよみがえるし」

――そういえば、〝ネズミの進化〟も相変わらずなタイトルで。

「動物シリーズ（笑）」

――しかもネズミって。今やスピッツってもうかなりな大型犬な感じじゃないですか。

「逆に進化して小っちゃくなるほうが……っていうイメージだったんですよね。

狭いとこ逃げ込んで生き延びられるような」

——進化に強いのは昆虫ですもんね。

「そうそうそう。大きくなると滅びますから。小さく小さく」

——（笑）。じゃあ今回20周年ていうことで最後に聞きたいんですけど、この20年やってきて、いちばんしんどかった時期といちばん楽しかった時期っていうのは？

「しんどかったっていうのは、もう過ぎてしまうとあんまり思い出せないですよね。体力的にしんどかったっていうのはありますけど。やっぱり〝ロビンソン〟前後は——ブレイク直前て言われた時がいちばん、体力的にはしんどかったですけどね。忙しいし、忙しいから彼女にも会えないしみたいな。でも、思い返すとまあ楽しい時期でもあったかなっていう気も。無我夢中だったんですけどね。どんどんいろんな人と知り合ったり、そういうのにワクワクした時期でもあったんで。きつくもあり楽しくもありって感じですかね、今思えば。当時に戻ると不安がいっぱいだったのかもしんないけど。そういうことは忘れますから」

——逆に充実していた時期は？

「そうですね……ブレイクのちょっとあと。『ハヤブサ』とかの頃ですね。アメリカでレコーディングしたりとか。悩んでたりもあったけど、今思えば楽しかったことですね。（サウンド面で）いろいろ研究するみたいな。おんなじような道を吉井（和哉）くんも辿ってきたみたいですけど（笑）。去年イベントの打ち上げで話したんですけど。吉井くんの場合はバンド解散してアメリカ人のミュージシャンとやるっていうような方向に行き着いてたけど。まあスタイルは違うけど、ただ俺のバンドは解散してないっていうだけの（笑）」

――Zepp Tokyoのイベントで吉井さんが去り際に（スピッツの演奏中に吉井和哉が飛び入りして〝ロビンソン〟とTHE YELLOW MONKEYの〝LOVE COMMUNICATION〟を歌った）、「バンド解散しないでね！」とか言ってましたよね。スピッツはそういう危機もなかったんですか？

「ないですね。まあバンドのね、メンバー同士が仲たがいとか、そういうのはなかったですから。それが何よりというか。そういうのがあったらいろいろ、きついこともあったのかもしんないですけどね。あと、まあ、自分たちを卑下するわけじゃないけど、たぶん、吉井くんのほうがその都度ハードルが高かったんじゃないかなって気がする。洋楽を聴いてきてる世代だと思うんですけど、こういうバンドになりたいなっていうのお手本次第でどうにでもなるっていうか。『こういうバンドになりたいな』って思ってたバンドが、あんまり上手なバンドじゃなかったりするので（笑）」

――たとえばどういうバンドですか。

「デビューの頃は、ライドだったですね。それ以前だったらチープ・トリックとか（ザ・）キンクスとか。バンドのメンバーで出せるグルーヴっていうのを、そこでしか出せない大事なものって捉えてやるべきだなっていう考え方だったんで。だから曲に合わせてメンバーを揃えてとか、そういう発想はなかったですよね。それはそれですごいものができるのかもしんないけど。

わかんないけど、レディオヘッドみたいなバンドにハマると危険だったかもしんない（笑）。結構厳しいじゃないですか。ライブとかでやるとなったら」

――あとマサムネさんの場合、常にチャートへの目配りもあって。ポップスということと、日本の中でやることを意識してるのも大きいですよね。

「単純にファンなんですよ（笑）。単純にもう聴いて楽しいっていう。10歳ぐらいの時に、ラジオのトップ10番組をノートにつけてたような感覚ですね（笑）。ＣＤとかは、マメにタワレコに行って買って聴いたりっていうのは今もしてますし。なのでKREVAもかなりいいなあと思って、会って話したりする前から気になってたし。キック（・ザ・カン・クルー）の頃からね」

――じゃあ、勢いのある若いバンドとかが出てくると、すごいワクワクしませんか。

「そうですね。それでもうすかさず『ロックロック（こんにちは！）』に呼んで。今回もジンだのチャットモンチーだの（木村）カエラちゃんだの。みんな女の子だな（笑）」

――ははは。じゃあ適任なんですね。

「そう。RADWIMPSも出てほしかったけど、断られちゃって。彼らはまだ学生なんで（笑）」

――わかりました。でも、ほんと素晴らしい作品で、もうちょっと自信満々になってもいいんじゃないですか（笑）。

「まあ作ったあとは難しいですね、自信持つっていうのも。自信満々になるともうなんか自分じゃないような気がしますね」

――自信持ったことってあんまりない？

「ありますよ。〝裸のままで〟作った時は、『これはミリオンいくな』と。全然売れなかったですけどね（笑）。それがあるから、世の中のニーズとか流れとかっていうのは、俺は読む才能が全くないってその時思ったんで。そういうの考えて作ると裏目に出るんで。考えちゃダメだとは常々思ってます」

――〝ロビンソン〟のように、メンバーもスタッフも地味だと思ってた曲が大ヒットするし。

「そうそう。かと言って、ダメだと思う曲をシングルにすればいいのかというとそういうことではないんで。もうほんと素直にやるしかない。受け入れられる受け入れられないはあくまで結果であって。それ考えながらやっちゃうと、邪心が曲に入っちゃうし（笑）。なるべく邪心が入んないように」

――じゃあ今までいちばん自信持って作ったのは〝裸のままで〟なんですか？

「そうですね。〝裸のままで〟と〝君が思い出になる前に〟の2作。でも結果的にあの曲で、こういうポップな曲もやれるバンドなんだっていうのを媒体の人なんかに認識してもらえたのが、今思えば大きかったと思うんですけど。サンドイッチの具とパンの関係みたいな……。難しいですか？」

――よくわかりません（笑）。

「それまではすげえ硬い、バゲットみたいなパンに挟んで出して、『硬くて食えねえ』みたいな人が多かったのを、〝裸のままで〟からわりと、ソフトな食パンみたいなパンに挟んで提供し出したっていう（笑）」

――なるほど、わかりました（笑）。どうもありがとうございました。

「ありがとうございました」

インタビュー＝井上貴子

（ロッキング・オン・ジャパン／２００７年10月号）

「またこれかよ」って言われるのはね、最初の頃に悩んだから、ふっきれたんだよ（三輪）

20年のマジック、「変わらない、でもいつまでも素晴らしい」ことのマジック。ニューアルバム『さざなみCD』の超絶クオリティについて、そして「スピッツ20年の不思議」について問う、三輪テツヤ・田村明浩・﨑山龍男インタビュー

――たとえば、前作の『スーベニア』だと、沖縄音階の曲があったりレゲエっぽいアレンジの曲があったりしたじゃないですか。ちょっと新鮮なことをやってみたい、みたいな。でも今回はほとんど軸だけ、芯だけ、みたいな作品じゃないですか。

全員「うん」

――今回はそういうモードだったんでしょうか。

田村「そんなことは考えていなかったけど、途中で、〝群青〟とかレコーディングしてた時に、『あっ、これ自分たちで昔やったような感じがあるなあ』ってのは思った。そう思いながらも、それをよしとして、楽しんでレコーディングしてたけどね。前だったら、『これ、前やった曲っぽいよねえ、自分

たちが』とか、『ちょっとそのフレーズ似てるよねえ』とか思ってやめてたけど、今回は『まあ、よしとしようか。いい曲なんだから』っていうのはあったかも」

――その違いはなんでしょうね。

田村「まあ、そのほうがスピッツっぽいかなって自分でも思えるし」

崎山「前だったらやっぱりその、『前と重なっちゃうなあ』『前にやったなあ』って、ちょっとクエスチョンマークがついたりしたんだけど。でもそれは、そんなに音楽的な理由でのクエスチョンマークじゃないじゃないですか。曲のいい悪いとは別の問題じゃないですか。だから、いい曲はいいっていう、そういう感じで。そこに『自分たちらしい』っていうのがついて、納得して」

――新しい音楽性を取り入れてみようとか、このバンドがまだやっていないことはなんだろうとか、そういう目標の立て方のほうが、ミュージシャンとしてモチベーションを持ちやすいと思うんですよ。じゃなくて、ただいい曲をやろうとか、いいアレンジをしようっていうだけが目標っていうほうが、難儀だと思うんですけど。目に見えてバンバン変わっていくほうが、わかりやすいでしょ？

田村「器用だったらね？」

崎山「（笑）」

三輪「まあ、呼ばないもんね、そういうアレンジを。作ってる曲が」

崎山「そうですね」

三輪「まあ、そこだろう。無理してやってもボツるから」

――かといって「またこれかよ」って言われたら終わりじゃないですか。

三輪「『またこれかよ』って言われるのはね、最初の頃に悩んだからねえ、ふっきれたんだよ」

――（笑）悩んだんだ？

三輪「それはねえ、もう認知されたんだよ、きっと」

田村「一周回っちゃったっていうとこだね」

三輪「最初は嫌だったんだよ。『また変わってませんね、変わってませんね』って言われるのが。一応俺たちは、おんなじことを簡単にやらないで、いろんなことをやって、考えた結果、こうなってたの。それで同じものになるのがすごい嫌だったんだけど、だんだん、同じものでも一応いろいろ考えてやって、その結果同じものが生まれたんだから、それに自信を持つようになってきたの。20年やってきて、やっとそれに自信っていうか、正しいじゃないかって思えるようになってきたっていうか。その正しいものがすぐ出てくる時もあるし、考えた末に出てくる時もあるし。でも、それをみんなに『同じだね、変わんないね』って言われたとしても、俺らはやっぱちょっと違うし……なんていうの？　言ってることわかんなくなったけど」

田村「でも、さっきの問いには答えてるよ」

――まあ、「変わんないね、ダメ」じゃなくて「変わんないね、アリ」なものにするだけのことはやってるってことですよね。簡単に言うと。

三輪「うん、まあそうだね。あと、その『おんなじですね』って言い方がねえ、否定的じゃないから、みんな。いい意味で言ってくるから、言われるたんびに逆に自信になってくる部分はあるよね」

——ちなみにその、ふっきれたっていうのはいつ頃ですか。

三輪「俺はねえ、やっぱ〝ロビンソン〟かなあ。まあ、1回目はね」

——何度もあるんだ（笑）。

三輪「まあ、最初にふっきれたのは。あれはやっぱいろんな人の、多くの人の耳に届くような曲だったし……俺はだからね、アルペジオ、ヤなの」

——それいつも言いますよね。

三輪「うん。それがあの曲で武器になったのは、結構大きかった。ギターで言えばね」

——その次にふっきれたのは？

三輪「歪みの音、ギターの。歪みの音がいつも問題になって、『俺が弾いたら、メンバーが気に入る歪みの音は出ねえんじゃねえか？』と思ったりもしたけど。でも、それは〝メモリーズ〟とか石田（ショーキチ）くんと作った『ハヤブサ』で、『あっ、違ったんだ』っていうのがわかったのが大きかったし。まあ、大きいところでいうと、ギターのサウンド面ではそこかな」

田村「あと、たとえば〝ロビンソン〟とか〝チェリー〟とかっていう、ある程度枚数が売れた曲をみんなが聴いてて、それで今の曲を聴いてくれて『ああ、同じだねえ』って言われたら、逆に『あっ、そうなんだ？　昔売れたのと同じふうに聞こえるんだ？』って、いいふうにも取れるし。たとえば10年前、15年前とかは、つっ走るパワーはあったと思う。今はそういうパワーはないけど、なのに聴いて『同じだね』って言われるってことは、『ああ、じゃあ俺らは、パワーを失ってる代わりに、何か違うものを得てるんだ』とも思えるし」

――それでバンドとしての総力が下がってないから、同じに聞こえると？

田村「そう、下がってないっていうことなんだろうって。なんてポジティブなんだろうと思うけど（笑）。あと、今回こういうアルバムになったのは――何度かに分けてレコーディングしたでしょ？　2曲ずつとかで。曲選びの時に『次に録る時は2曲やろう』とか『3曲やろう』とかっていうやり方でやってきたから。たとえば『次はこの6曲やりましょう』っていうやり方だったら――『じゃあ4曲は王道で、2曲は遊びで』っていう選び方が、たとえば前回だったとすると今回はもう全部王道になっちゃってるもんね、結果的に。まあ、その、スピッツ変わんないっていうところでいうと――それこそセルフ・プロデュースでやっても、笹路（正徳）さんがついても、棚谷（祐一）さんがついても、亀田（誠治）さんがやっても、俺らはすごい変わったつもりで作ったとしても、結果的にあんまり変わってないじゃないですか（笑）。それはきっと、草野の曲があって声があってこのメンバーの4人が出す限り、そこまでは変わりようがないんだなっていうのは、40近くになって改めて感じるとこはあるね。この間――この夏のイベントでもやったし、春のファンクラブツアーの時もやったんだけど、インディーズの頃の曲をやったんです」

――ああ、〝僕はジェット〟とか〝座敷犬のうた〟とか、やってましたね。

田村「とか、ブルーハーツ大好きな頃の、草野がハンドマイクで歌ってた頃の曲をバンドの4人で今やったんです。それが他の曲と並ぶと違和感があるかなあと思ってたけど、やってみたらあんまり違和感がなくて（笑）。俺らはすごいその、インディーズの時、草野がハンドマイクで歌ってた頃の曲とかって、今とはすごい違う曲だと思ってたの。でもやってみて、『そこまで違わないいんだな、この4人でやってる限りは』って、ついこの間思ったばっかりなの」

——でもそこで不思議なのが、なんで飽きないんですか？

田村「俺らが？」

——いや、我々が。

全員「はははは」

——そういうもんって飽きるじゃないですか、聴くほうは。俺、スピッツ初めて聴いたの22歳なんですよ。今39歳なんですよ。何故飽きない!?

三輪「それを俺たちが分析するの？」

——うん。責任とってもらわないと（笑）。

全員「あははは！」

崎山「飽きられないのかな？」

三輪「飽きてる人もいるんじゃないですか？」

崎山「そうそう」

三輪「中古屋でチラホラ見るよ、飽きてる人はね」

——いや、スピッツって売れてる枚数のわりに、中古盤屋に流れてる枚数がすごい少ないと思う。ってことは、みんな飽きてないんですよ。

三輪「う～ん、どうだろうねえ？」

――それこそ前の――石田ショーキチプロデュースの『ハヤブサ』の時とかは、音に「あっ、なんかいつもとちょっと違うかも」って感じがあったじゃないですか。スピッツの歴史をふり返ると、そういうポイントって何度かあったんだけど、今回ってそういう驚きがないんですよ。「ああ、スピッツだねえ」っていうアルバムなんですよ。じゃあつまんないかっていうと、すごいいいいいんですよ。

三輪「うん。今回はね、聴けば聴くほどいいいと思う」

――そう。かなり耐久仕様度高い。

三輪「グッとくるんだよね、うん。でも、それが何故かと言われても……わかんないよねえ。でもね、何年か経って聴いた時に、恥ずかしくなるようなものは作りたくないいと思ってるから」

田村「まあ、普遍的なもの」

﨑山「普遍的なものだね」

三輪「普遍的なものを作ろうとはしてる、結成した時から。その考えはずっとあるねえ。今言われてみて、よく考えたら。ふり絞ったら（笑）。それはあの、バンドの共通の話としてよく出てたの。いろんな音楽を聴いて『これ70年代っぽいねえ。なんでこんな音だったんだろうね？』とか、そういう会話は自然に出てきてたし。そういうところはあるよね？　ずっと長く聴けるものを作りたいっていうのは、無意識のうちに、4人とも共通にあった。今もあるし」

崎山「うん。これ、前にも話したけど——さっきの田村の話と近いけど——20年ぐらい前のアマチュアの頃の、最初の頃の曲とか今やっても全然自然にできるっていう。で、スピッツの前に自分がやってたバンドの、オリジナル曲のテープを聴くと、すっごい恥ずかしくて、笑っちゃって、なんかそういう気分なの。でも20年前のスピッツを聴くと、全然笑えないの。今と変わんないんだよね。なんかね、そこらへんが、普遍的なものがやっぱりあるのかなあと思ったりするんですけど。だから飽きられないのかなあ、とか思ったり」

田村「等身大のことはしてきたけどね。常にあの、頑張ってはいたけど、無理はしてない気はするけど（笑）」

——うん。じゃあ、逆に考えると、なんでみんなスピッツになれないんでしょうか。たとえばね、「なんでこのバンドはスピッツになれないんだろう？」って思うことって多いんですよ。そこのマジックを教えてほしい。

田村「でもそのマジックがわかったら、俺がプロデューサーになってる（笑）」

三輪「丸儲けだよ。それはわかんねえなあ」

田村「でも、そうだねえ、今まで20年やってきて、スタッフとかいろんな人から、いじられたこともなかったね。『こうやれ』とかってあんまりなかった」

三輪「あとマサムネが作る歌詞の中で『うわっ、恥ずかしいっ』て思ったことが一回もなかった。最初に聴いた時から。それはすごいと思う」

田村「そう、俺らが聴いてきた日本の音楽って、そんなのばっかりだったから、それが嫌で洋楽を聴いてたから。あとで訳詞を読んだら、『なんでこんな歌詞の曲好きだったんだろう?』っていうの、いまだにいっぱいあるんだけど、洋楽ってわかんないじゃない、聴いてても。だから許せた部分があるけど、邦楽は許せなかったの。草野はね、別に——俺、オリジナル曲をやるバンド、草野とが初めてなんだけど——普通に、当然のように、聞こえてたね。恥ずかしくなく」

三輪「それはあるね、うん。話がズレたけど。なんで飽きられないのかってことだよね?」

——うん。マジで、他のバンドがいちばん訊きたいとこは、そこだと思うんですけど。

三輪「まあ、ラッキーだったことは大きいよ」

——(笑)運かよ!

三輪「や、でもほんと、運もでかいと思うよ。すげえいいバンドで、売れてないのいっぱいいるじゃん。『なんで売れないんだろう?』と思うじゃん」

——っていうか、俺は誰よりもスピッツに対してそう思ってましたけど、最初の数年間は(笑)。

三輪「まあ、運だよねえ」

田村「かっこつけるわけじゃないけど——」

三輪「ラッキーだったんだよ」

田村「草野以外の俺ら3人は、誰よりも草野が作ってる曲とか詞がすごい好きだよ。で、それはいまだに変わらない。どこの誰よりも。そういう思いで演奏してるし、そういう思いでレコーディングもライブもしてるからね。みんながどうかわかんないけど、20年間そういう思いのままやってるから、その積み重ねとしか言いようがないけどね。やっぱり中心には草野の曲と詞があって、それを好きなメンバーがいて、好きなスタッフがいて、それで動いてるからね。そういう意味でブレようがない」

——考えたら、長く休んだこともないもんね。

田村「そうだね」

三輪「20年間で、最長で2ヶ月休んだことがあるかないか」

田村「まあでも、俺から言わせると、俺は音楽が趣味でやってるので、長い間休みがあると趣味がなくなっちゃったりするんです。で、結構困ったりするんで、休みがなくてちょうどいいっていうか。取材とか撮影とかがすごい長いと困っちゃうけど、レコーディングとかライブがある分には、そこまでは。逆に長～く一年間とか休んだら、みんなどうするんだろうね。次に会った時とか、どんな顔するんだろう？って考えると、困るよね」

——たとえばね、これだけ長くやってるバンドってスピッツだけじゃないけど、スピッツみたいな組織論でこれだけ続いてる例って、珍しいと思うんですね。

田村「え？　珍しい？」

三輪「いないかなあ？　続いてるバンド。ピーズ」

——途中で4年半休んでる。あと、ドラムが何人も替わってる。

田村「ウルフルズとか」

——ジョン・B・チョッパーが一回やめてる。だから、スピッツってそういうの全然ないじゃないですか。
三輪「うん」
――これだけ長くやってると、他のバンドの――いろんな破綻のしかたとか、いろんな不幸になり方をいっぱい見てきてるでしょ？
田村「そうですねえ」
――よくあるのが、デビューぐらいまではみんなで仲よくやってるんだけど、デビューするといきなり環境がシビアになるじゃない？　それによってボーカルだけ鍛えられてバーッと成長しちゃって、メンバーがついていけなくなって破綻とかね。もしくは、メンバーっていうよりもバックミュージシャンみたいになっちゃうとか。
崎山「誰もいなくなるとかね」
――そう。あるいはボーカルがプロデューサー化していくとかね。だから珍しいんですよ、みんなが足並み揃ったまんま、学生時代の関係性のままで、こんなに続いてるのって。います？　自分たちみたいだなあと思えるバンドって。
田村「まあ、いないよね。いないっていうか、そこはきっとテツヤがさっき言った、運がいいっていう話で俺らはいっつも終わってんだけど」
――だから、もっと言うと、ロックバンドでメシを食っていくってこと自体がストレス満載なんだと思うんですよ。ヘンじゃん、男4人とかで、家族以上の長い時間顔をつき合わせて、何十年も生きていくのって。
全員「ははははは」

――しかもメジャーシーンと呼ばれる場所で。おまけに成功なんかした日には、メンバーの誰かが身体を壊しちゃうとか、心を病んでしまうとか、そういうほうがむしろ普通みたいなところあるでしょ？　何故スピッツは、そういうロックバンドの不幸と無縁でいられるのか。

田村「ロックバンドじゃねえんじゃねえ？（笑）」

――そんなことない。あんまピンとこない？

田村「まあその、消耗はしたこともあるけど――ハタから見てると、他のバンドほど――音楽制作以外のことってあるじゃないですか。そういうことでの消耗度は少なかった気がする。事務所が守ってくれたりとか。まあ、スピッツっていう音楽を、いかにメンバーを消耗させずに作っていけるかっていう作業は……ちょうど周りに、『音楽業界のそういうシステムみたいなのは、変えてかないといけないね』っていう人たちがいてくれて、その中で俺らは守られて、バンドに専念できたっていうのはあるね。事務所と契約する時に話したことが――高橋さん（社長）に、『草野の才能はすごい突出していて、きみたちは結構普通なんだよ？』っていう話をしてもらって。『でも、バンドとして契約したいから、一緒に成長していこうね』みたいな話をちゃんとしてくれたりとか。そういうプランはあったのかもしれないね、もしかしたら。草野ともそういう話したし。『俺はごめん、下手だよ』とかさ。それに……この間、フラカン（フラワーカンパニーズ）出てくれたじゃない？（※8月20日Zepp Tokyoのスピッツ20周年記念ライブと、8月24日Zepp Osakaの「ロックロックこんにちは！」にフラワーカンパニーズが出演した）

その時話したんだけど、『お互いこれだけ長いと、メンバー同士で一日ひとこととも話さなくてもラクだよね』って。ポツンと一部屋に閉じ込められて、一日ひとことともしゃべんなくても、この4人だったら困らない気がする」
三輪「それはすごい共感したねえ、フラカンと。超ラクだもん、しゃべんなくても。全然気になんない、気ぃ遣わないしね」
――あと、バンドがもめる時って、ボーカルが持ってるビジョンにバンドが追いついていないとか、合わないっていうことが多いんですけど。
三輪「マサムネの場合はね、我々がアレンジとかしてて、自分が思ってたのよりもいいのができた時は、なんにも言わないで受け入れる。自分が思ってたのよりもよくないなっていう時は、やっぱ言うよ」
﨑山「言うよねえ」
田村「だから、作詞作曲した人のエゴと、そのアレンジがいいかよくないかをジャッジする視点が、草野の場合離れてるの。自分が持ってたイメージと違っても、よかったらいいの。そういう判断ができるの。それはすごい、いまだに音楽いっぱい聴いてるし、そういう時はリスナーの耳になってるの」
三輪「全然意固地じゃなく受け入れる」
田村「これね、何回も話してるけど――〝青い車〟は、最初テンポが遅い曲だったの。で、草野が遅れてきたの、リハに。そしたらもう俺らがアレンジしちゃってて、速いテンポになってて、ああいう曲になってて。草野は『このアレンジ違うんだよなあ』って思ったけど、遅れてきたから何も言えなかったんだって（笑）。それでどんどん進んじゃって、レコーディングしてる時に『あっ、こっちのアレンジのほうがいいやあ』って思って、納得したっていう。だいぶ経ってから聞いたんだけど」
三輪「そういうのもある」
田村「『その時に言えよ』って思ったけど（笑）」
三輪「まあ、そういうとこメンバーみんな似てんだよね。やっぱ、音楽で会話する前に、人間関係を築くほうが大変だからさ。いろんな人ととっかえひっかえやるってことが苦手だからさ、社交的でもないし」
――でも、それでこんなに長く続いてる、しかも商業的にも成功してるっていうのは、かなり奇跡的なことだっていうのはわかるでしょ？
田村「そうだねえ。このやり方で、ずっとメンバーが抜けなかったりとか、大したトラブルもなくってっていうのは奇跡的だとは思う」
三輪「そういうバンドも、あるだろう」
――あんまりない。
三輪「（笑）そうですか」
田村「まあ、とりあえずさ、曲やってて楽しいからさ。他にもっと楽しいことがあったら飛びつくかもしれないけど、とりあえずスピッツやってくことがいちばん楽しいから。それにやっぱ、しがみついてくしか――自分が苦しい時はね？――なかったから」
――それぞれダウンな時期とかは、各自どうやって切り抜けたんですか？
田村「そういう時はちゃんとケアするし、ちゃんとみんな待ってくれるもんね」

三輪「待つね」

田村「『まあ、一時的なもんだろう』って。で、そんなに焦ってやってくバンドでもないし」

――待ってると、その時落っこってる奴も、ちゃんとはい上がってくる？

田村「うん。そこまで――俺とかもそうだけど――本人はどう思ってるか知らないけど、ハタから見たら、そこまで実際落ちてるわけではないからさ。足りないとこがあっても、それぞれできるとこもあって。その時は、自分の足りないとこに視点がいってるだけで」

三輪「あとなんか、いい助言をねえ、残してくれる人が結構多いよ、俺らに。いいタイミングで。たとえばね、あるバンドがマネージャーに対して『僕たちはヌイグルミを被るようなバンドだとは思いませんでした』っていう話をしてるのを聞いちゃったりとかさ（笑）。『そうだよねえ、やりたくねえよなあ』って話したりとかさ」

﨑山「極端な例だけどね」

三輪「あと、『今はバンドに意見を言ってくれる人はいっぱいいるけど、長くキャリアを積んでったら、言ってくれる人いなくなっちゃうからな。今のうちに努力しろよ』って言ってくれたりとかさ。『みんな一人ひとりいいとこあるから、そのいいところは伸ばさなくていい。他の足りないところを、そこと同じレベルにすればいいんだよ』とか。いいこと言ってくれるんだよ。社長にいちばん最初に言われた、『本当にこの4人でやっていくつもりなんだな？』っていう確認の言葉とかさ。まあ、そういうのがいっぱいあるんだよね。で、その時その言葉の意味がわかんなくても、結構覚えてるの。で、あとになって、『あっ、これあん時言われたことだ』って」

田村「あと、ある種こう――草野もそうだし俺もそうだけど――メンバーに対して、すごい期待もあるけど、諦めもあるのよ。『こいつにこういうプレイは無理だろう』とかさ。お互いにそういうことは思ってて、『こいつがこういうふうに弾けたら、アレンジは広がるだろうなあ』って思うけど、それはできないの。だから、そこはできないけど、じゃあ何ができるかっていうのもお互いわかってるから、そのできるとこの組み合わせでどんなもんを作ってこうかっていうのが、今のスピッツな気がする」

――でも、「音楽的方向性の違いにより脱退」とかいう時って、まさにそこにがまんができなくなってそうなるってこと、多いですよね。

田村「そうなのかねえ」

――あと、プレイ以外にも、バンドへの没入度に温度差があるとダメみたいですね。「俺は常にこのバンドのことを100考えてるのに、あいつは20しか考えていない」みたいなね。

田村「ああ、ああ。そういうのはないなあ」

三輪「そういう危機は一回脱したんだよな、売れない時期。『Crispy!』とかの時はね、きっとね、俺らはあまり気づかなかったんだけど、マサムネはすごい恐怖感持ってたでしょ」

﨑山「そうだったねえ」

三輪「『なんで売れないの？』って。そういう時はあったと思う、たぶん」

――ズレが？

三輪「うん、きっと」

田村「ただ別に、悩んでたとしても、俺らも考えてるっていうのもわかってるからね」

三輪「そん時俺ら、プレイのことで悩んでた」

田村「（笑）そうそう」

三輪「プレイヤーとしての。でもまあ、プロとしての自覚は、だからマサムネのほうが先に持ってたんじゃないかなあ」

――そこでよく追いつきましたね。

三輪「だから、そん時に乗り切ったから、バンドが続いたんだよ、きっと」

田村「だから、結局その、意識は違ったとしても、スピッツに対して自分がどうやんなくちゃいけないってベクトルの強さは同じだったの。草野は売れるにはどうしたらいいかってことで悩んでて、テツヤとか俺とか﨑ちゃんは、プレイをどうやって広げたらスピッツのためになるかっていうので悩んでたの。別にそん時に、チャラけて他のことをやってたわけではないから。で、だんだん、『あの時そういうことを考えてたのか』ってわかるようになってきたら、やっぱり納得いくじゃない？」

三輪「だから、アマチュアなのかプロなのかっていう意識の――俺はね？あのへんからやっぱ、プロとしての自覚を持ったのかなっていうのはあるよ。それまでは、やっぱりちょっと考え方がアマチュアっぽかったな。ちゃんと責任持たなくっちゃ、みたいな意識は持つようになった」

――なるほどね。ＯＫです。今日はありがとうございました。
全員「はい」
――まあでも確かに、今回の作品は語りづらいのはわかりますね、そういう制作方法だと。
田村「そうだね。もともとスピッツってさ、いつもそうなんだけどアルバムにすごいコンセプトがあるわけでもないし、ほんとに普通に、いい曲をいいふうに聴かせるにはどうしたらいいか、っていうことしか考えてないからさ」
三輪「そう」
田村「それだけで終わっちゃうからね」
三輪「次は『ジギー・スターダスト』みたいなアルバムを作ってみようかっていう話は、いつもアルバム作ったあとに話し合ったりするんだけど」
――あ、コンセプトアルバムってことね。
田村「うん。いつかはコンセプトアルバム作ってみたいねえ、って」
三輪「一回だけじゃないの。何回も出るんだけどね、そういう話は。アルバムを作り終える度に。でもそうなったためしがない（笑）」

インタビュー＝兵庫慎司
（ロッキング・オン・ジャパン／２００７年10月号）

やっぱロックっていう言葉には、
ずーっとこだわってはいたんですよね

『とげまる』

2010

ここまで来たら、死ぬまでやんねえと、っていうふうにも思うし。理想のロックじじいになる覚悟ですよね

「スピッツ史上最高のロック・アルバム」、『とげまる』。
現実を受け入れ、生身のロックスターとしての自分を正面から引き受けた草野マサムネの変化に迫る

『とげまる』は、スピッツ史上最高のロック・アルバムだ。歌詞がロック。メロディがロック。ここに溢れているのは「俺たちはこう行くんだ」という断定的で生々しいエネルギーである。スピッツがこういうアルバムを作ったのは、ちょうど10年前の『ハヤブサ』以来のことだ。しかし当時と異なっているのは、彼らがごく自然体のまま、この素晴らしい作品を作り上げたことである。そもそもスピッツのロックの過激さは、ごく日常の具体的な物事を歌いながら、「死」や「性」といった深いテーマを鮮やかに浮き上がらせるフェティシズムにあった。ロックシーンの中では浮いている、とさえ言えるそのスタンスを貫くことで、彼らはロックな存在であり続けてきた。

そんな彼らの言葉やメロディが、この3年ぶりのアルバムではっきりと変わった。なぜか。それはソングライターとしての草野マサムネが向き合い続

ける深い孤独、そしてロックへの愛情のベクトルが変わったからである。《変わってみせよう　孤独を食べて　開拓者に》（〝新月〟）かつての、孤独を内面に受け入れて密やかな快楽を歌う彼の姿はここにはない。

自分はどこまでも孤独だが、それに甘んじることなく孤独を武器に変えて、理想を掲げて前に進んでいくこと。つまり現実を受け入れて、残された時間の中で覚悟を決めた、生身のロックスター。これは、草野マサムネがついにそういう自分自身を正面から引き受けた作品でもあるのだ。しかし、インタビューを読んでもらえばわかるが、この変化は決して彼の中で意識的なものではなかった。逆に言えば、それほど大きな変革が起こっているということである。これからのスピッツを考える上でも、大きなターニングポイントになりうる作品だと思う。じっくりと話を聞いた。

――実は、ちゃんとしたアルバム・インタビューは、僕は10年ぶりなんですよ。

「あ、そうですか」

――対談とかはあったんですけど。

「そうか。10年前つったら、なんでしょうね？」

――『ハヤブサ』の時なんですよ。で、その時に、どんなインタビューしたのかなあと思って読み直したんですよ。そしたら、今回訊こうと思っていたことと、まったく一緒だったんです。

「あ、そうなんですか。ははは」

――で、びっくりしちゃったんですけれども。まず、『ハヤブサ』と似てますね、このニュー・アルバム『とげまる』って。

「あ、そうですか？　でも『ハヤブサ』は、わりと自分の中の……ロックが持ってるラジカルな部分というのを、わかりやすく出したいと思って作ったけど、今回はそういうのがあったわけでもなく」

――じゃあ今回は、自分としては、どんなつもりで作っていったんですか？

「いや、もう、アルバムを作っているというよりは、たとえば、1曲1曲単品でダウンロードしてもらってもいい、ぐらいな。それは、前々回ぐらいから、なんとなくそういう意識になってきてるんですけど。自分の音楽の買い方も、結構、iTunes Storeを使うことが多いんですけど。アルバムをつらーっと試聴して、『2曲目と8曲目がいいな』って、それだけダウンロードして、っていう買い方をすることが多いんですよ。自分がそうなので、そうやって、好きな曲だけ聴いてもらうっていう聴かれ方もあるのかもしれないっていう前提で、作ってるとこもあります。だから、1曲1曲あんまりヌキを作らないように、っていうふうにしちゃってます。昔は、ほんとに遊びの曲みたいのがあったんですけど。『ハヤブサ』だと〝宇宙虫〟とか、ありましたよね（笑）。そういう曲は、今はたぶん、入れないと思うんですよね」

――でも、面白いけどね、あの曲。アルバムトータルの中では、絶対あれ、必要な曲だけどね。

「うん、そうなんですよ。だから、アルバムトータルっていう考え方が、ちょっと希薄になってきてるような気がして。世の中的にもそうなのかもしんないけど、自分の中でもそうですね。たとえば、昔のもの、レッド・ツェッペリンとかジェスロ・タルのアルバムを聴く時には、やっぱり1曲もとばさずに聴きたいとか、そういう姿勢はあるんですけど。あの時代の人は、きっと、アルバムという大きな作品として作ってるじゃないですか。だけどまあ、今は、そうじゃないのかな、っていう」

——うん。それで、僕は10年ぶりなんで、『ハヤブサ』から現在までの10年間を、ざっとふり返りたいんだけれども。

「はい」

——『ハヤブサ』の次のアルバム、『三日月ロック』では、かなりテイストが変わった感じがしましたよね。

「ああ、プロデューサーが、亀田（誠治）さんに代わったのもあるんですけど。うーん……『ハヤブサ』まではまだ、自分の中の若さみたいなものを……信じてた（笑）。でも『三日月ロック』あたりから、『そこじゃないだろう』っていう感じになった、ような気がすんなあ。あと、9・11があったあたりが、ちょうど曲作り期間だったんで。気持ち的には、ネガティブ・モードではあったんですね。そのへんが、出てるかもしれないですね、『三日月ロック』には」

——僕は、『ハヤブサ』が出て、それ以降もあの方向で行くのかと思ったわけ。

「ああ、ラジカルな試みで？」

——そう。ところが『三日月ロック』が出て、「あれ？ 違うんだ」っていうので、当時、ちょっと戸惑いがあったんだけれども。

「ああ……うーん……そんなに意識的に変えたつもりはないんですけどね……ただね、基本的に、なんでもやりたいんですよね。ラジカルなものばかりに振れるとかいうんじゃなくて、わりと幕の内な感じでやりたいので。昔から聴く時も、雑食というか。イギー・ポップ聴いたあとにビリー・ジョエル聴くみたいな、そういうのが好きなんで。なので、パンク・ロック的なものをやったあとに、J-POP然としたバラードを歌ってみたくなったりとか。そういう、なんでもやってみたいっていうのは常に思ってますね」

――それはなんででしょうか？

「(笑) なんででしょうね？　や、楽しいからじゃないですか、そのほうが。その変化が好きなんだと思います。アイス食ったあとに熱いお茶飲むような変化が好きなのかな (笑)」

――たとえば、やっぱりバンドの記号性をはっきりさせるためにも、それなりにひとつの方向に進むのが、わりと自然な流れじゃないですか。

「はい」

――あるいは、意図的にそういうふうにしたほうがわかりやすいというところもあるし。そういうのは、マサムネくん的には、「違うんじゃない？」って感じ？

「いや、そういうふうにやってる人を否定するとかは、全然ないんですけど。ただ、自分たちのやり方としては、なんでもやってみたい、ということでしかないんですけど。あと、最初に好きになったバンドが、チープ・トリックだったっていうのも、あるのかもしれないですね。いろんなことをやってるじゃないですか。ハードな、リフだけの曲もあるけど、泣きメロのバラードもあるし。最初にそういうのが素敵だと思ってるんで。そのスタート地点とか、なのかなあ」

——たとえばそうやることによって、聴く側が混乱するというか、「このバンドの色って何色なんだろう？」っていうのがわかんなくなるという。それをネガティブなものとは考えませんか。

「考えてないですねえ。あと、まあ、よくも悪くも、俺の歌い方にそこまで表情がないので。草野マサムネのボーカルというところで、わりと統一感が出てるとも思うし。そのへんには、最近は自覚的になってますけど」

——いつ頃から自覚的になったの？

「そうですね……〝ロビンソン〟がヒットしたぐらいの頃からですかね。ライブでやった時の反応とか。ハードな曲をやってみても、お客さんの反応がそこまで変わらない、同じようにニコニコ聴いてくれてるな、とか、そういうので徐々に」

——マサムネくん自身は、自分のボーカルのスタイルが持っているキャラクターというのを、どういうものだと思う？

「どっちかといったらゆるい、淡々としたものだというふうには思ってて。んー、あとは、そうですね………こないだ出たＤＶＤとかを観て思ったのは、わりと、大きなホールとかだと、残響に乗りやすいというところがある（笑）」

――ははは。

「そういうところはわりと、武器にできんのかなあとは思いましたね。シャウトとかできない代わりに。シャウトできるボーカリストにすごい憧れてたんですけど、やっぱできないので」

――シャウトしたかったですか？

「そうですねえ」

――チープ・トリックのロビン・ザンダーは、シャウトするし。

「シャウトしますよね。シャウトもするし、甘い声も出せる、みたいなのがほんとは理想ですけど、ノドがつぶれやすいんで。よくイベントで（奥田）民生さんと一緒になるんですけど、1曲目の間奏とかで必ず『イェーッ！』って叫ぶんですよ。あれやってみたいんですけど、やると、もう2曲目でつぶれちゃうんじゃないかと思って、怖くてできないんですね」

――アマチュア時代、そういうシャウト系のスタイルに挑戦したことありますか？

「ああ、最初に田村とバンドやり始めた頃は、それっぽい歌い方をしたことありますけど、かっこ悪いですね、シャウトっぽく歌うと。あの頃、そういうバンド、いっぱいいたんだよな。いわゆるインディーズ・ブームの頃に、無理してシャウトしてるようなバンドがいっぱいいて。俺もそのひとりだったですね。でも、『こりゃ向いてないな』という。歌ってる時はそんなに思わないんですけど、録音したものを客観的に聴くと、ちょっとがっかりな感じだったんで（笑）。まあでも、20歳ぐらいまでは、なかなか自覚したくないじゃないですか。ブルーハーツに憧れてた時も、ヒロトさんと同じような恰好で歌いたいと思ったけど、あの身体のバランスだからかっこいいんじゃないですか、あれは。そういうのをね、だんだん自覚する作業が、20歳ぐらいの時に（笑）。自分は違うんだな、自分は自分なりの何かを探さないと、みたいな」

――たとえばシャウトできるボーカリストだったら、ずっとシャウトしてたと思います？

「ああ、してたと思いますね。緩急つけて、みたいのがいちばんかっこいいですよ。シャウトするとこはシャウトして、あとはちょっとやさしく歌って、っていうのが理想ですよね」

――へえー。でも、結果論だけど、今のこのボーカル・スタイルだからこそ、スピッツになり、草野マサムネになったという気がするけれども。

「ま、そうですね。シャウトできるボーカリストだったら、もっと短命に終わってるかもしれない」

――そうだよね。じゃあ、たとえば「俺がシャウトできたらもっとこういう曲を書けたのに」っていうような、作曲家・草野マサムネの寸止め感はあります？

「あ、シャウトできるボーカリストに歌わせたらすごいいい曲になりそうだ、って曲が出てくることはあります。でも、だいたいそういうのは、自分の中でボツにして（笑）。ちょっとマイナーチェンジしながら、スピッツ用に作り直すとか」

――へえ、面白い。で、そのあとに『スーベニア』が出るんだけども。まさにさっき言っていた、アルバムトータルというよりは1曲ごとを重視する、という意図が強くなってきたというのが、よくわかるよね、このアルバムね。

「うんうん」

――沖縄あり、レゲエあり、ストリングスあり、っていうね。

「そうですね、いろんなことやってますね。いろんなことをやりたいっていうのが、これに表れてますすね」

――で、曲もすっごいポップな。だから、いろんな方向に振れてるけど、遊び曲のないアルバムだよね、確かに。

「そうですね、ほんとにこれ、1曲1曲って感じですね。意識としては、昔風に言うと、どれでもシングルにしてもらっていい、ぐらいの気持ちで作るようになってきて、この頃から。だから、『スーベニア』と次の『さざなみCD』はわりと近いんですけど。でも、今回ちょっと、そういう、1曲1曲すべて全力投球みたいなのもちょっと重苦しいな、って思い始めた部分もあったので、セルフ・プロデュースの曲を2曲入れてみたっていう。ちょっとした息抜きみたいな感じですかね、それが」

――『スーベニア』は、確かに全力投球感が、異常なほど出てるよね。

「ああ、そうですね。音も結構、厚いんですよね。自分で今聴くと、ちょっと疲れる感じがあるんですね（笑）」

――たとえば『さざなみCD』はどういう感じなの？

「『さざなみ～』も『スーベニア』の流れで」

――ただ、音的にはアコースティック感が強いじゃない？　ある意味、『スーベニア』と裏表みたいな、サウンド的にはそういう感じがするんだけど。

「ああ、そうですね。そうだ、アコギ多いんだ。自分で意識してなかった」

――（笑）なんだそれ。

「アコギが多いんですね。そういうモードだったのかもしれないですね。ほんとだ、ずーっとアコギが続いてるわ、1、2、3と（笑）。ははは」

――だから、そういうバイオリズムの中で、今回のアルバムっていうのは、

「あ、また『ハヤブサ』が来た」っていう。

「こう、上がって下がって、上がって下がって、みたいな感じですね（笑）。じゃあ上がってんだ、今。今回」

――上がってるっていうか、このインタビューの結論を言ってしまうけど、これ、ものすごいロックなアルバムだよね。

「あ、そうですか。ああ……」

――『ハヤブサ』は、一生懸命ロックを作ろうと思って、ロックになったんだよね。それと同じかと思ったら、今回は、無意識的にロックになったってこと？

「うん。波があるんでしょうね。反動の反動、みたいになってるのかもしれない」

――じゃあ『ハヤブサ』を作った時とは全然気分は違う？

「気分は違いますね。もう、そんな若さはないですね（笑）」

――すごい若さ溢れるアルバムだと思います。

「あ、そうですか。じゃあそれは無意識ににじみ出る若さじゃないですか（笑）。でも、『ハヤブサ』の時はほんとに、若いもんには負けたくない！っていう」

――ははは。

「だけど、それも違うなって、作り終わったあとに思ったんですよ。『ハヤブサ』の頃、結構ね、面白いバンドがいっぱい出てきてて。くるりとか、ナンバーガールとか。そのへんを聴いて『うぅ～』という思いもあったので。でも今、そういうのもないですしねえ。さらに若い世代の、たとえばRADWIMPSみたいなの聴いても、かっこいいなあと思うんだけど、そこに触発されて『俺らもなんかやんなきゃ！』というふうにはならないんで。もう、世代が違いすぎて（笑）」

――ははは。じゃあ、僕が、「これはロックなアルバムだねえ！」って言っても、「いやぁ、そうですねえ！」って感じじゃないんだ？

「じゃないですねえ。意図的に作ったわけではないです」

――だって歌詞が全然違うじゃない。

「あ、そうですか！　え、どう違うんですかね？」

――いきなり全部ロックな歌詞になりましたよね。自分でわかりませんか。

「わかんないですね」

――ほお。じゃあ、ひとつひとつ、検証していきますか！

「（笑）ここまではイントロだったんですね？」

――違うよ。でも、じゃあ、いちばんわかりやすい例を挙げるとですね、たとえば、「ロックンロール」って言葉が歌詞の中に出てきますよね。

「ああ、そうですねえ」

――《走るんだどしゃ降りの中を　ロックンロールの微熱の中を／定まってる道などなく　雑草をふみしめて行く／これ以上は歌詞にできない》（〝恋する凡人〟）という。マサムネさん、そもそも、あんまりこういう歌詞、書かない人ですよね？

「そうですね。歌ってみたかったんですね（笑）」

――これはすごくロックな歌詞だと、僕が感想を述べたとしますね。それは唐突な感想ですかね？　それともまっとうな感想ですかね？

「うーん、ちょっと頑張ってる感じはありますよね、俺の歌詞としてはね」

――あははは！

「ちょっとコスプレしてるかな、っていう（笑）。ロックというコスチュームをまとってるかのような。でもそういうのをやってみたい気分だったんでしょうね。だから、結構わかりやすいロックのかけらをいっぱいちりばめた曲だと思うんです。サビのギターの繰り返しのフレーズが、ちょっとディープ・パープルみたいだったりとか」

――で、すごくいい曲じゃないですか。

「ああ、ありがとうございます。うん。そうですねえ。意外とお客さんの反応もよかった、ライブで」

――と思います。まず証拠1を出したんですけど、どうでしょうか？

「うーん、なんだろうねえ……。ま、でも、あえてそういうロックっぽいモードだったっていう記憶もないんで」

――だって、《走るんだどしゃ降りの中を》だよ？

「うん。ま、それ、メロディが呼んだ歌詞だと思うんですけど」

――であるとするなら、出てきたメロディがロックだってことですね。

「うん、そうですね……なんでしょう？　でもまあ、たまたまそういうバイオリズムだったとしか言えないですねえ」

――そんなことはないと思います。とりあえずこれ、マサムネくんの言うコスプレであったとしても、ロックですよね？

「うん、そういう感じですね」

――じゃあ証拠1は認められたと考えていいでしょうか（笑）。

「うん。あとね、じじいになんないとわかんないロック感みたいなのがあると思うんですよ。たとえば、俺は親はまだ健在ですけど、親の世代の人たちが死んでいく。で、俺は子どももいないんでわかんないんですけど、周りはほら、子ども生まれたりとか。生きてることの刹那感というか、その瞬間瞬間みたいな。ほんとに人生って短いのかもしんない、って思ったりすると、音楽って時間を切り取ったお楽しみっていうことで、瞬間っていうのに詰め込むロックの作り方みたいなのが、やっぱり40過ぎて、わかってくるところってあると思うんですよね。若い時に、生と死がどうとか歌ったって、死ぬのなんてすごい先だと思ってるわけだから。そのへんが40代、50代となるにつれて、わかってくる部分もあると思うんで。たぶん矢沢（永吉）さんが、すごいアグレッシブになってるのも、そういうこともあんのかなあ、と思ったりね。だから、ロックンロールって歌いたくなったのも、じじいになってきたから、っていうこともあると思うんですよね」

──なるほどね。じゃあ証拠2、〝ビギナー〟という、これも素晴らしい曲なんですけれども。

「はい」

──《同じこと叫ぶ　理想家の覚悟　つまずいた後のすり傷の痛み／懲りずに憧れ　練り上げた嘘が　いつかは形を持つと信じている》。これもロックですねえ。

「でも、じじいっぽくもありますねえ。ちょっと説教臭いというか（笑）」

──《同じこと叫ぶ　理想家の覚悟》。過去、書いたことありますか？

「うーん……そうっすねえ。実際の現実は、やっぱ理想って貫けないことのほうが多いから。歌の中ぐらいは、そういうことをはっきり歌いたいですよね」

──でも、今までわりと抽象的でしたよね、表現が。

「ああ、そうですね」

──抽象的というよりも、日常の具体性の中でそういうことを表現するっていう。それがものすごく上手で、素晴らしい歌詞が多いんだけれども。それがいきなりこんなに生々しく、欧米のロックの歌詞のような、具体的な形で出てきた。

「ああ……そうですねえ。これはＪＡＰＡＮのインタビューでも言ったんですけど、最近の政治家には、理想家の覚悟が足りないんじゃないかというような」

――いや、そうだよね。

「ですよね。第三者的なウォッチャーとしてですけど、そういうことを感じることも多かったので。そういうところにヒントを得た部分もありますね」

――たとえば《未来からの　無邪気なメッセージ　少なくなったなあ／あいまいじゃない　優しさも　記憶に遠く》《だけど追いかける　君に届くまで／慣れないフォームで走りつづけるよ／霞む視界に目を凝らせ》という。これもすごく、ロック的ですよね。《幼い頃の魔法　心で唱えたら／安らげることもあるけど／だけど追いかける　君に届くまで》という。「明日に向かって進もう」みたいな簡単な言葉ではなくて、いわゆるロックの理想主義みたいな、そういうものを正面から、生々しい言葉で歌っていて。結構、「え、マサムネ、どうしちゃったんだ？」っていうものだと思うんだけど。

「ははは。そうっすねえ。前、〝ルキンフォー〟がシングルで出た時かなあ。ネットで、なんかレビューとか書いてあるところ見てたら、『最近のスピッツは説教臭くって』って書いてる人がいて、『ああ、そっかあ』と。昔みたいに、もうちょいフェティッシュな感じのエロソングでも作るべきなのかなと思ったけど。今、そういうふうに向かってもリアルじゃないんですよね、自分の中で。なので、『まあいいよ、説教臭くても』と思って。そのへんは割り切って、自然体で作ると、こういうことになっちゃうんですね」

――全然説教臭くないですけど。すごいエモーショナルだと思う。

「ま、取り方によるんでしょうけど」

——だから……途中で唐突に言いますけれども、すごくいいアルバムですよね。

「(笑)あ、そうですか。ありがとうございます」

——すごくロックで、エモーショナルで。あと、もうひとつ大きな、このアルバムを覆っているテイストが、〝シロクマ〟みたいな——要約しちゃうのもあれだけども、つまり、それなりに歳をとった僕たちだけど、夢を失わないよというか。

「ああ、はい」

——そういう強いメッセージが、このアルバムの基本トーンになっているんですけれども。

「まあまさに、そうですね、あのー……うん、元気です、と(笑)。自分らなりの……なんだろうなあ、ロックの。そうですね、やっぱロックっていう言葉には、ずーっとこだわってはいたんですよね」

——ほら！　だから言ったでしょ？

「(笑)え？　ずっとこだわってて、でもここ何年かちょっと、『ロックってなんだったんだっけ？』『俺ら、ロックなんだっけ？』とか考えることもあって。それで、まあきっかけとしてはね、俺、初めて買ったギターってストラトキャスターだったんですけど、最近またストラトキャスター買ったんです、去年。それで、中学生ぐらいの、ロックにはまって、知らなかった世界がわーって広がったような感覚っていうのが、また蘇ってきた瞬間があって。でもなんか、その時に夢中になってた、心の高まり感みたいのは、実はずーっと燃え続けてはいたんだな、という感じは、最近すごく思いますね。一昨年かな、チープ・トリックのライブも観に行きましたしね（笑）」

――ははは。なんでストラトをまた買おうと思ったんだろう？

「えーとね、最初はねえ、アルバムには入んなかったんですけど、『若葉』のカップリングで〝まもるさん〟って曲があるんですけど。あれで、ちょっとディスコっぽいチャカチャカしたギターを入れようと思って、テツヤが持ってるストラトを借りて、俺が弾いて入れたんですけど。そん時に、『ストラトの音っていいかもしれないなあ』と思って、それで買いに行って。で、レコーディングとかライブで使いだしたら、結構しっくりきたんで。ずーっと、俺はレスポールが好きなんだって思ってたんですよね（笑）。でも、ストラト、意外といいのかも、と。ストラトを持った自分の姿を鏡に映した時の、ぐっとくる感じというか（笑）」

――「ロックじゃないかよ！」と。

「ま、よく考えたら、レスポールってクラシカルな形してるじゃないですか。バイオリンとかに遠くないような。でもフェンダーのギターって、ちょっと変な形ですよね。ちっちゃい時から見慣れてるから思わないけど、よく考えたら、楽器としてはちょっと異様な形なんで」

――そうだね。武器っぽいよね。

「うん、そうなんですよね。そのへんも、やっぱフェンダーのギターの持つロック感みたいなものが、それを持つことによって、かき起こされる部分はありますよ」

——でもほんとに、ことごとく、話はロックに向かっていますけど（笑）。

「そうですね。言われてみれば。一個一個つまびらかにしていけば」

——証拠3は〝つぐみ〟。《「愛してる」　それだけじゃ　足りないけど　言わなくちゃ》。これもストレートですね。

「うん。そうですねえ。メロディが呼んだんだと思います」

——（笑）そればっかしじゃない。

「いや、これはマジでそうですよ。他に思い浮かばなかったんですよね、この曲に関しては」

——《「愛してる」　この命　明日には　尽きるかも／言わなくちゃ　言わなくちゃ　できるだけまじめに》。過去、こんなこと歌いました？　あなた。

「はははは。そうですね。いや、でも、言いきらないと、今、逆にリアルじゃないような気分なんですね。『気がしたよ』とか、そういうんじゃダメなんですよ（笑）」

——そうなんですよ。なぜリアルじゃないんでしょう？

「うーん……だんだんこう、年齢を重ねるごとに、ちょっとの刺激じゃ物足りなくなってきてるのかもしれない」

——いや、ここまで直接的な言葉を言いたいと、思うようになってきているんだと思うんです、マサムネくんが。

「うん」

——まさにこの歌詞の通り、「今これを言わなくてどうするんだよ」っていう危機感の反映だと、僕は思うんですけどね。

「危機感。何に危機感を持ってるんでしょうね？」

――いや、時代でも、社会でも。あるいは自分でも、なんでもいいですけれども。

「うん……そうですね。なんかはっきりしたいんですね。ぼんやりしてるから、周りが」

――そう。そうなんですよ。

「それは感じますね。あの、ロックって、空気読んじゃダメだと思うんですよ（笑）。だから、空気読まないようなことを、なんか、歌いたいし。で、前の前のアルバムだっけな、《浮きまくる覚悟》っていう言葉を歌ったんですけど。そんなような気持ちが、さらにこうどんどん……もっとそういうことを歌わないと、っていうような気持ちはありますね」

――ねえ？　だから、スピッツって、そういうことを直接的に歌わないことによるラジカルさというのが、ひとつの立ち位置だったような気がするんですよ。それはそれですごく過激で、いい意味で浮きまくってたんだけど。

「でも逆に、今そういう、ぼんやりと歌う人は多いですから。そういう意味ではあまのじゃくなのかもしんないし。はっきりしてないと、自分じゃないような気が、今はしちゃうんでしょうね」

――うん。だから、完全にメロディとリンクしてますよね。

「うん」

――すごくエモーショナルで、はっきりしたメロディで。僕は『さざなみCD』というのは、どちらかというと、メロが断定的ではなかった気がするんですよ。

「ああ、ちょっと曖昧な部分がある？」

――うん。で、これからどうなるんだろうと思ったら、この、断定的なメロと断定的な言葉に溢れたアルバムができて。でもさ、そこで面白いのは、『ハヤブサ』は意図的にそういうものを作ったにもかかわらず、今回はそうじゃないと。

「うん」

――嘘かほんとか知らないけれども、こうやって一個一個証拠を並べていかないと、そういう作品だと、マサムネくん本人も思っていなかった。

「うん、そうですね」

――というぐらい、根深いんです。

「ああ。むしろなんとなく、前のアルバムの地続きにあるようなイメージだったですよ、自分の中では」

――全然違う。

「（笑）。ああ、そりゃよかった」

――じゃあ証拠4、〝新月〟。この、曲のプログレ感と――。

「ああ、プログレ。はい。ちょっとシューゲイザーな雰囲気もあり」

――これもかなりロックですよね。

「うん……そうですね。わりと、傾向はあるかもしんないですよね、《開拓者》とかね、言ってるし」

――ほら見ろ。

「ははは。そうですね。でも、言われてみればってとこです」

――この〝新月〟っていうのはどういう感じでできたの？

「うーん、最初はコード進行があったのかなあ、これは。サビのコード進行とメロディが浮かんできて、そっから作って……なんか、幻想的な曲を1曲ほしいなあ、と思ってたんで。幻想的にしたかったけど、歌詞はそこまで幻想的じゃないのかもしれないですね」

――ていうか、歌詞はものすごくクリアですね。だから、そこもすごくいいと思うんですよね。《それでも僕は　逆らっていける　新しい　バイオロジー／変わってみせよう　孤独を食べて　開拓者に》っていう。

「ロックっぽいですねえ。なるほど」

――ほんとに気づいてないんですね、こんなにクリアなことをやってるのに。

「（笑）。うん。ま、自然に出てきた」

――めちゃめちゃロックだと思います。

「ほんとですねえ。歌詞だけ見たら、曲調、ちょっと違うのが浮かぶかもしれないですね、知らない人が聴いたらね」

――たとえば、過去に《変わってみせよう　孤独を食べて》っていうフレーズができたとしても、マサムネくん的にはNGだったんじゃないかという気がするんですよね。

「ああ、ああ。うーん、まあ、孤独とかひとりとというシチュエーションを描くというのは、ずーっとあったんですけど」

――そう、その孤独とかひとりが、常に内に向かってたんだけど。

「そうですね。それを、曲によっては喜んで受け入れてみたりとか。うん、こういう強い感じの歌詞はなかったかもしれないですね」

——そうなんですよ。だから今言ったみたいに、それを喜んで受け入れてみたり、あるいはそれはしかたがないいんじゃないかって引き受けてみたり。ところがこれは、「いや、孤独だよ。でも俺は孤独を食べて変わってみせるんだよ。孤独こそが俺の武器なんだよ」っていう。

「うん」

——まさに、自分が孤独であるというその一点を、自己肯定に向かうのか、それとも攻撃に向かうのか。

「かっこいいですねえ、渋谷さんが言うと。はははは」

——俺の言葉よりも全然この曲のほうがかっこいいじゃないか（笑）。《変わってみせよう　孤独を食べて》って、かなり強い歌詞だよね。

「ああ……なるほどね。まあでも自然に出てきたんで、うん」

——だから、私は勝手に、スピッツ最高のロック・アルバムだとこれを位置付けているんですけれども。

「あ、そうですか。はい」

——作った本人に、それを最初に否定されたんですけど。

「（笑）いや、否定というか、実感がないだけで」

——だからそれをひっくり返そうと、今必死になってるわけですけれども。でも、もう8割方ひっくり返ったぞ、と（笑）。

「ああ、そうですね。確かに。ロックな感じかもしれない」

——次、証拠5。これもロックですよね、〝幻のドラゴン〟。

「これ、でもね、ちょっと古いんですよ。古いっていうか、アルバムの最初の頃に作った曲で。この頃はまだストラトじゃなくて、レスポールにこだわってる時期だったんで、音もちょっと、ハードロックめに」

――でも、《よみがえるのは　小さいけれど　強気なドラゴン》という、これも非常に断定的だよね。

「うん……そうですね。あれだ、これ作ってる時に――最近、オヤジロックバンドのコンテストとかあるじゃないですか」

――ははは。

「あれ観てて、『うわ、みんな、偉いなあ！』と思って（笑）」

――定年くらいのサラリーマンが、突然ディープ・パープルやってるみたいなパターンですよね。

「そうですね、うん。あと、ロックって、俺らの子どもの頃と、在り方がもう変わってきてるっていうか。たとえば、ジャズだとか演歌だと、ちょっとシニアが聴くようなものにだんだんなっちゃったけど、ロックって、結構オヤジも聴くんだけど、若い人にも聴かれる。っていうのが、ちょっと特殊な。特殊なっていうか、俺らがガキの頃には、若い人だけのものだったけど、今、まんべんなくなってきてて。そのへんも、すごい最近感じて。なんか、スピッツはスピッツなりに、スピッツでしかない、何か変なものっていうのは、出していきたいな、とはずーっと思ってて。そういうことを考えてた時期だったと思う、この曲を作ってた時は」

――うん。だから、前のアルバムとこのアルバムとでは、めちゃめちゃ断層があると俺は思うんです。

「ああ、そうですか？」

――そう思いませんか？

「いやぁ、言われてみればそういう気がしてきました（笑）。やっぱ普段、気にしない気にしないって言っていながら、40になる区切りっていうのは、大きかったのかもしれないですね。もう、開き直って、っていうか。あのー……なんだろう、空気読まないロックじじいになる気持ちを、新たに、という。『ハヤブサ』も、30になった頃ですもんね。やっぱり、普段は気にしてないように思ってるけど、30になる時は、めちゃめちゃ気にしてたんですよ。ロックは20代までのもんなんじゃないのか、っていう、自分の中での迷いがあって。もう、30過ぎたら座ってアコギで歌うぐらいでいいんじゃないの、っていう（笑）」

――はははは。

「そのほうがかっこいいじゃん、と思ってたけど……やっぱり、40過ぎてもスピッツのロックを聴いてくれてる人がいるっていうのが、すごい、自分の中ではびっくりというか。20代の時の自分が、まったく予想だにしていなかったことなので。でも、ここまで来たら、死ぬまでやんねえと、っていうふうにも思うし。だから……そうですね、理想のロックじじいになる、覚悟ですよね」

――40という年齢と向き合った時に、逆の結論を選ぶこともできたわけですよね。レイドバックしていくみたいな。

「ああ、ああ」

――でも、考えもしませんでしたよね？

「考えもしなかったですね。30代の時にちょっと考えたことありますけど。（エリック・）クラプトンみたいにメガネかけちゃおっかな、とか（笑）。でも、今は……うん、やっぱこう、整然としたくないんですよね。ぐちゃぐちゃした感じの……パワーみたいなのを出しつつ、やっていきたいし」

――だから草野マサムネって、限りなくディープで、ロックな人なんですよ。

「あ、そうですか」

――もう、DNAにそれが入ってるわけですよ。人間は孤独だけれども、孤独に甘んじてはいけないと思っているし。やっぱり、理想はしっかり掲げて前に進まなければいけないと思ってるし。

「うん。ま、生きてるからには、じたばたしないと、とは思いますよね」

――そして戦うべき相手がいたら、ちゃんと戦わなければいけないという。

「ああ……うん、そんな強いのかな？　わかんないですけど」

――戦うべき相手がいたら、やめます？

「難しいですね、それは。質問として」

――絶対やめないと思う。

「真っ先に死ぬタイプじゃないですか、それ（笑）」

――かもしれないね。でも、ロックスターって、真っ先に死ぬような人だよね。

「ああ、そうかもしれないですね。うん。ゴルゴ13にはなれないかもしれない」

——だから、ロックスターである自分も引き受けようという、そういうガッツも感じるし。ここに来てすごく大きなターニングポイントを、スピッツは、草野マサムネは迎えてる気がします。

「うん。まあ、メンバーもみんな同い歳だし、バンドとしてもそういう時期なのかなあとも思うし。たまたまそういう、40越えのタイミングで、こういう世の中の雰囲気とかいうのも、演奏とか楽曲にも影響してると思うんですけど」

——で、今回、事前にアンケートに答えてもらったんですけど。まず、「もし孤独に色があるとしたら、どんな色だと思いますか?」。答えは「うすい紫」と。

「これ、薄いグリーンとか薄いピンクとかでもいいんですけど。なんか、薄い色が乗ってるようなイメージですね。真っ白とか真っ黒じゃなくて」

——でも、いきなり「孤独に色があるとしたら」って言われても、普通なかなか思い浮かばないんですけども。でも、マサムネくんは、すぐ頭に浮かんだでしょ。

「そうですね」

——マサムネさんにとって、孤独って明確に、色と実体を持っているんだという。

「ああ。ほんとに寂しい時って、自分が自分でないような感覚に陥ったりすることが。ま、最近はないですけど、昔そういうことがあって。そういう時を思い出すと、薄〜い色が乗ってるような感じだったなあって。生活に。すべての色が薄く見えるような感覚だったんで」

――次、「もし人間に死がなかったとしたら、あなたは歌を歌いますか？」。これは「歌うんじゃないかな」という答えで。

「うん、死がなかったら、っていう状況を想像できないから、難しいですけど。でもまあ声が出てれば歌ってるんじゃないすかねえ。ちっちゃい時からもう、常に鼻唄歌ってる子どもだったんで」

――40を越えたっていうのがどういうことかっていえば、自分でも言ってたように、死が近づいたっていうことで。

「そうですね」

――それはあなたの中に強い自覚としてあると、僕は思うんですが。

「ああ……そうですね、うん……」

――で、それは何につながったかというと、強いエモーションにつながったんだと、僕は思うんですけど。

「ああ、それはあるでしょうね。あのー、特に……なんだろうな、音楽、1曲の中にはっきりと、表さないと、っていうような気持ちは強くなって」

――次は、「恋愛を始める時、いつも終わることを感じているように思うのですが、それは違いますか？」。答えは、「終わらないと思うほどすぐ終わるんです」。

「はい。でもまあ、恋愛を始めてる時は、終わることとか考えないので。あんま先のこと考えないタイプなんで」

——いいや、考えてますね。

「え、そうですか？　考えないですよ。だってスケジュールも把握してないし」

——でも、「終わらないと思うほどすぐ終わるんです」という答えは、考えているっていう答えだと僕は思った。

「そうですかねえ？　いや、『こんなはずじゃなかったのになあ』みたいなのを、終わってから思うことのが多いですよ」

——深く追及しません。

「(笑) はい」

——次、「生まれ変わるなら、次は男ですか？　女ですか？」。答えは「どちらでも」。僕は、マサムネくんって、女としての視点もちゃんと持てる、そこがすごいなあという気がしてたんだけども。

「ああ。でも、わかんないですけどね、女の人の視点はね。これ、10年前ぐらいまでだったら、男って書いてたんですけど、どっちも面白いのかな、って。『女の人に生まれてたら』って想像するのとかも、結構楽しいですしね」

——どんな人になってましたかね？

「それはまた、あのー、美人に生まれてたか、そうじゃないかっていうのでも、分かれるんですけど (笑)」

——ははは。じゃあ、美人パターンからいきましょうか。

「美人パターンはね、あのー、なんかアヴリル・ラヴィーンみたいな感じ」

——ははは！

「いや、わかんないけど、エレキギターを持つ女の人って、俺、すっごい憧れがあるんですよ。『かっこいいなあ！』って思うんですよね。オリアンティでもいいんですけど。うん、エレキギターを持って、こう、歌いたいですね」

――じゃあ、美人じゃなかったパターン。

「美人じゃなかったパターンはね、あのー、作家を目指したい！とかね（笑）」

――今、すべての女性作家を、敵に回しましたね（笑）。

「いや、きれいな方も多いんですけど。ま、想像の世界、妄想の世界ですよ。作家というか、女性にしか書けない世界って絶対あるので。そういうのを読むたびに、すごいなあと思うし。だから、女に生まれたら、自分もそういうのを書く人になってみたかったなと思うこともあるんですね。男が女の立場になって書いた文って、読むと、結構わかるじゃないですか。ちょっと興醒めするんですよね」

――次は、「今回のアルバムは42歳という年齢と向き合ったものという印象があります。60歳になったら歌うテーマは変わると思いますか？　変わらないと思いますか？」。答えは、「本人は変わらないつもりなんだけど」って、これについてはもう、ここまでのインタビューでがっちり答えていただきましたが。

「はい」

――逆に、42歳になったからこそ、俺はこれからもやり続けるなあ、という確信が、強くなってきていませんか？

「ああ、そうですね、うん。あのー、そうですね……あんまり言いたくないんですけど、30代の時は、すっげえ休みたいとか思ってたけど、そこまで思わなくなってきちゃった（笑）」

――ははは。

「って言うと、休みがなくなるんで、よくないんですけど（笑）。でも実際、昔ほどは、休みたいと思わなくなってきてる。たぶん、みなさんそうなんじゃないかと思うけど、じじいになるにつれて、現役感を求めたくなるじゃないですか。沖縄のおじい、おばあが長生きなのは、ずーっと現役でやってるから、っていうのも、そういうとこだと思うし。だからもっとね、30代の時、遊んどきゃよかったなと思うんだけど（笑）」

――次で最後なんだけど、これは最悪の質問で。「今までの恋愛で一番困難を感じたことは何ですか？」。で、答えは「過ぎたるは及ばざるが如し」。

「これ、いろいろねえ、記事にならないんだったらいっぱい話せるんですよ（笑）。記事になるって考えると、話せないことだらけなんですよね、こういう質問だとね。それを要約すると、こういうことになるっていう（笑）」

――ははは。で、このアルバムを作ったことによって、僕は、ライブも変わっていくような気がするんですけれども。

「そうですね……さっきの、ちょっと落ち着いてアコースティックな、っていう話にも通じるっていうか、同じようなことになっちゃうんですけど。40過ぎてバンドを続けてたら、わりと楽しげに、大御所感もちょっと持ちつつ、やれてたりすんのかな、って昔思ってた感じには、全然なれないんで。

よく言えば、全然向上心を持ててるし。悪く言えば、まあそんだけ、自分の中では『まだまだ』感っていうのがあって。その、まだやれるっていう感じなので。だから、まだまだ頑張れると思うんですけどね」

——というか、僕の分析だと、バンド史上、今最もロックなモードなわけで。

「ああ……そうなんですかね？」

——うん。

「うん……そうなんですかね…………うん、それは、どうだろ。確かに……ま、ずっとロックだったんですけどね（笑）」

——そう、だからスピッツって、ロックシーンの中において浮いていて、ロックだと思われないことによって、逆にロックであり続けてきた、そういうバンドで。

「ああ」

——そこに自分たちのプライドもあったし、アイデンティティもあったと思うんですよ。でも、この10年の間に、それがいつしか無意識の了解というか、あえて検証するまでもないことになってしまったような気がするんですよ、僕は。

「うんうん」

——「俺たちはそうだよね」って言いながらも、そこの検証がなかったような気がして。で、今回、無意識のうちに、もう一遍そこの検証がなされて。つまり、自分たちのロックのアイデンティティの確認が、されたんだと思うんです。ただ、それは、マサムネくんの話を聞くと意識的なものではなかったと。

「うん」

――だからこそ、すごい根深いものだったんだなあという。

「うん」

――で、一個一個検証していけばわかるように、ものすごく統一感のある、すごくはっきりとしたキャラクターのアルバムが、結果できていったという。

「ああ、なるほど（笑）」

――だからまさに、スピッツ＝ロックバンドの証明が、このアルバムではなされたという気がして。でも、それを証明するつもりもなく、自然にやっていたというところが、すごいなあと。

「うん」

――というのが僕の感想ですけどね。

「はい。いや、でも、統一感が……あってよかったです（笑）。いや、ほんとにばらばらな感じに聞こえてたらどうしよう、って。作った直後は、作り手は意外とわからないんで」

――いや、すごく統一感がある。しかも、すごくいい、かつ、コマーシャルなアルバムだと思います。

「うん。ま、そこを否定しても、逆にロックじゃない気もしてるんで。それこそ、アコースティックな方向に行くのと一緒で。自分がやりたいことだけやってればいいいや、みたいなのは、ある意味、老いぼれのバンドになっちゃうと思うので。ま、そういうアルバムも作ってみたいですけどね（笑）。『わかる人にしかわかんないよねー』みたいな（笑）」

インタビュー＝渋谷陽一（BRIDGE／2010年11月号）

もう、誰も触れない二人だけの国に
閉じ籠もれなくなったんです

『小さな生き物』

2013

俺はちゃんと見ないとダメかもしれないと思ったので、三陸の現場に行きました

スピッツ再生のドキュメントであり、ネクスト・ステージへと向かう希望の道――傑作ニューアルバム『小さな生き物』完成にいたる過程、そのすべて

一度聴いたら誰もが口ずさめるポップでキャッチーなメロディでありながら、そのサウンドには、ロックバンドとしての前衛や挑戦も盛り込まれている。その言葉は、日常の些細な出来事を描きながらも、常に「死」や「性」といった人間の根源的なテーマと結びついてしまう。今や「国民的バンド」のひとつになったスピッツだが、彼らにはポップミュージックの大衆性と同時に、ロックバンドとしての過激さがある、というのはファンにはよく認識されている事実だろう。そんなスピッツに大きな変化が生まれている。それが約3年ぶりとなるニューアルバム『小さな生き物』の中で瑞々しく表現されているのだ。

ポイントとなるのは、この「3年」という時間だろう。つまり多くのミュージシャン同様、やはり3・11はスピッツにも決定的な影響を及ぼしたのだ。実際に草野マサムネのストレス障害により、バンドはツアーの一部公演を見

送らなければならなくなった。幸いツアーそのものは再開し、約1年をかけてファイナルを迎えることができたが、スピッツは、そして草野マサムネは、震災以降の世界とどう向き合うのか?というシリアスな課題に直面したのである。

最終的に導き出された答え、それは新たな「スピッツ文体」を確立すること、そして自分たちが「スピッツであること」を真正面から引き受けることであった。新作『小さな生き物』は、メロディ、アンサンブル、アレンジにおいて、徹底してスピッツなポップアルバムである。つまり全編を通して、誰もが愛するあの王道スピッツ・サウンドが惜しげもなく披露されている。その一方で、このアルバムには従来のスピッツ文体にはなかった新たな言葉がちりばめられているのだ。ドリーミーでユーモラスと捉えられることの多いスピッツの歌詞だが、このアルバムには「自由」「正義」「犠牲」といった生々しいロック的な言葉が多く登場している。これらはまさしく3・11以降のリアルを捉えた草野マサムネの言葉だ。この新たな文体が確立された時、彼は再び曲を書き、そして歌えるようになったのだろう。つまり『小さな生き物』完成に至るまでの過程、それはスピッツ再生のドキュメントであるのと同時に、ネクスト・ステージへと向かう希望の道なのだ。

——前作のインタビューで、僕は「『とげまる』はロックなアルバムだ」っていう話をして。

「ですね、はい」

――で、あのロックなアルバムのあとにどういうアルバムが出るのかなと楽しみだったんですけど、すごく力強い瑞々しい作品ができて。

「ありがとうございます」

――まず、なぜこんないいアルバムができたんですか？

「なんでしょうね（笑）。いつも通りやったらそれがよかっただけという」

――違いますね。

「（笑）そうですか？」

――3年というインターバルがあったじゃないですか。これは重要ですよね。

「でも前作と前々作の間も3年ぐらいなんで。最近はわりとそれぐらいのタームではあるんですよね」

――でもこの3年いろんなことがあった。

「そうですね、はい」

――それがリアルに反映されてますよね。

「たぶん震災のあの日の前後で全然ものの見え方は変わったし、あれがなかったら全然違ったタイプの曲を作ってたと思うし。まあ、重要っていうと言い方はよくないかもしれないけど、大きなポイントですかね」

――最初に結論を言ってしまうと、このアルバムはマサムネくんが震災以後の世界をどう捉えるかっていうことがテーマになった作品だと、僕なんかはザックリ言ってしまうんですけれども。

「それは大きいですね、はい」

――結果的に震災後に作られた曲がほとんどっていう感じですか？

「全部そうです。メロディのアイデアに関してはそれ以前からあったものもいくつかありますけど、歌詞に関しては去年全部作ったので。2011年は1曲ぐらいしか作ってないですし、それもファンクラブの特典DVDだけにしか入ってないような曲なので。全部が2012年に作った曲ですね、今回は」

――どれぐらいの時期から歌詞って書けるようになりました？

「歌詞は『今から書くぞ』っていう気持ちにならないと作れないものなので、去年の後半、秋はもう創作期間になっていたんですね。それまでも、こういう言葉を使いたいなっていうネタ帳は溜まってたので。ネタ帳は常に、2011年、2012年ずっとつけていました。言葉の断片ですけどね。ただ創作期間ではなかったのもあるけど、2011年はもう心が弱っていたので。とりあえずツアーをやらなきゃっていうこともあったり、そっちに目一杯で。で、曲を作るっていう行為自体に対しても、当時はすごく呑気なことのように感じていたので。いつも気持ちに余裕がないと曲を作れないサイクルだったこともあって、2011年いっぱいは曲を作ろうという気持ちには向かわなかったですね」

――ツアーもなかなか大変だったじゃないですか。

「身体を壊しやすくって。それはたまたまなのか、気持ちが弱っていたかはわからないんですけども、ツアーも2回中断するような事態になったし。まあ、いろいろ迷惑もかけたし、迷惑をかけたことでまた心が弱ってきてまして（笑）」

——かなり大変な時期でしたね。

「でも実は、9・11の時にも同じように心が弱って大変だった記憶もあるんで。まあ、もともとヘタれなんですよね。すぐにこう出ちゃうというか。人がたくさん亡くなるような現場のことをいろいろ想像しちゃうともうダメで。ただ俺はちゃんと見ないとダメかもしれないと思ったので、2011年の5月に三陸のほうに行って、現場を見させてもらって。そこからは想像してヘタれてるような状況から脱することができたんですけど」

——見ようというのも強い気持ちがないとなかなかできないと思うんですけど、そういう気持ちになったというのは？

「ツアーに盛岡の公演が含まれていたので、そのあとスケジュール的にも空いてたこともあって、もしなんかできることがあればと思って行ったんですけど。2ヶ所ぐらいでちょっと歌も歌わしてもらったりして。ただ会場で歌って帰るだけだと、どうしても自分の中では、う～ん、なんだろうな、許されないような気がしたので。まだ震災から2ヶ月ぐらいしか経っていなかったんで、見ることによってまた余計おかしくなったりするかもなとも思ったんだけど、結果的には、目の当たりにすることでヨロヨロしていた心をピシッと直すことができたというか。『生きている人間で、しかも直接被災してないのにヨロヨロしててどうすんだ』っていうような気持ちにはなったんで。でもやっぱり、当時はそういうことがあっても、曲を作ろうという気持ちにはなってなかったかな。そういうことがあると途端に創作意欲が湧くミュージシャンの人もいるんだろうけど」

――曲を作れるようになったのはどれぐらいですか。

「う～ん、でも2012年に入ってからですかねえ。やっぱり自分の持ち味というか、スピッツの持ち味でもあるんですけど、シリアスな歌ではないので。わりと夢見がちな歌だったり、ちょっと諧謔的であったり、そういうのが持ち味なので。2011年の段階では、そういう持ち味のまま、また作ろうっていう気にはなかなかなれなかったですから。そうだ、2012年、去年にファンクラブの会員の人向けのツアーをやった時に、新曲を披露して。そのために作った曲が久々かな。今回入ってる〝潮騒ちゃん〟っていうのがそうなんですけど」

――ユニークな曲ですよね。

「そうですね（笑）。あと特典のDVDに入ってる〝あかさたな〟っていう曲もそうなんですけど。そのへんからまた作ろうかなっていう気持ちにはなっていました。心がちょっと復帰してきたというか。まあ、怠けようと思えば怠けられるんですけど、でもそれだと生きてる意味もないので。生き残った人間として何かやらなきゃなっていう」

――歌えないんじゃないかみたいなことは考えた？

「9・11の時も、この時もそうだったんですけど、俺が歌うことに何か意味があるのかなみたいな、無力感みたいなものに襲われて。そこからの復帰がやっぱり大きいですかね。音楽を求めてる人がいるんだったらちょっと頑張んなきゃなという、まあ、真っ当な気持ちというか」

――ほんとに力強く、なおかつ瑞々しいアルバムなんですけど、特に歌詞に関しては、今まで使っていない言葉をたくさん使うようになってる。それは意図的なものなのか、自然に出てきたものなのか。

「意図はしてないですけどね。たまたまこういう言葉を使いたいってネタ帳に書いていたっていう。ただ今の世の中から感じ取ってるものが、昔と違うものになっているのかもしれないですけど」

——これは今までの俺の芸風と違うからやめようじゃなくて。

「歌詞に関してはないです。曲が短くなったっていうのは意図してますけど」

——で、本当にこれは非常に、新しいスピッツ、新しいマサムネ世界観が明確に出ている。すごく極端なことを言うと、音楽評論家がよく使う言葉だけども、「第2のデビュー作」的な。

「ああ、そうすか（笑）」

——そういう手応えはあります？

「いや、よくできたなっていう手応えはあるし、前作もそうなんですけど、今回のほうが、より手を抜かずに作りましたよね（笑）。この曲はちょっと入れても入れなくてもよかったかなみたいな遊びの曲はないと思うし。強いて言えばボーナストラックで入れた曲はちょっと遊びが入ってるんですけど、でもこの13曲に関しては、余裕をもった大人の遊びみたいなものはないと思います」

——ないですね。非常に切迫している。だから曲はすごく新しく、でもメロディは実に王道なスピッツメロディなんです。

「そうですね」

――いろんなものを引き受けたアルバムだっていう感じが非常にしましたね。

俺は草野マサムネだし、俺たちはスピッツだしっていう。

「うん」

――だから結果、ポップなものになった。

「そうだと思います、ポップに」

――で、今回はですね、作った本人を前に渋谷陽一が曲目解説をするという。いちばんファンが激怒する（笑）企画でやろうかなという。

「興味深いですね（笑）」

――まず〝未来コオロギ〟なんですけれども、この「未来コオロギ」っていう言葉ですよね。

「ああ、スピッツ節な感じですか？」

――スピッツ節でありながら3・11以降をちゃんと言葉にするっていう。

「そうなんですかね」

――変な言葉じゃないですか、「未来コオロギ」って。

「そう。だからね、ここ10年ぐらい必ずやるんですけど、『未来コオロギ』っていう言葉が浮かんだ時にグーグル検索してみるんです。『今まで使った人がいない言葉だったらしめた！』っていう感じで。『三日月ロック』はいたんですよねえ、でもひとりだったんで。その時は、ひとりだったらちょっと許してくれって感じで。『未来コオロギ』はいなかったんですよ。これはしめたと思って」

――この「未来コオロギ」っていう言葉が生み出されたことによって、まさに3・11以降のスピッツ文体が獲得されたんだなという気がするんですよ。

「そうですね。『コオロギ』っていう言葉はずっと使いたかったんですよ。キリギリスでもいいんですけど、バンドマンの比喩としての鳴く虫っていうのは昔から常に頭にあったんで。それに『未来』をくっつけて面白い言葉になったなって思って。なので、言ってみれば未来コオロギっていうのはスピッツの別名みたいなことなんですけど」

――そうです。

「昔〝ミカンズ（のテーマ）〟っていうのもやってましたけど、今回はより役割がはっきりしたスピッツの別名のような」

――だから「あっ、俺たちって未来コオロギなんだよね」って、自分の中でストンと落ちたんですよね。

「そうですね」

――だから歌えると思ったという。

「うん、より目標が見えるというか」

――要するに未来コオロギというのは自分たちで、だから僕たちは歌を歌う。そして歌を歌うことによって、消したい心の傷や現実を違う形で輝く証に変えてくことができるかもしれないっていう。ここでは、スピッツ的なスウィートネスと3・11以降のリアルが見事な言葉で表現されている。

「はい」

――素晴らしい。しかもアルバム全曲このクオリティなんですよね（笑）。ほんとにすごいと思いました。

「ありがとうございます」

――次の〝小さな生き物〟っていう曲、ここでいちばん素敵な歌詞が《臆病な背中にも　等しく雨が降る／それでも進む　とにかく先へ　有っても無くても》っていうところで。草野マサムネは《有っても無くても》と言葉をつけることによって、より一層この歌をタフなものにしている。まず、〝小さな生き物〟という曲のタイトルをアルバムタイトルにしたっていうのはなんででしょうか？

「いちばんわかりやすい言葉だったからっていうことです。たとえば『未来コオロギ』でも、『オパビニア』でもよかったんです。まあ、昔のスピッツだったら、そういうのをタイトルにして摑みにしてたかもしれないんですけど、今はそういうギミックをタイトルに持っていきたくない気持ちがあって。『とげまる』も言ってみればギミックじゃないですか。でも今回は、そういう変な技はなしで素直にいきたいなと思って。で、この曲はいちばん最初に録った曲でもあったし。なので、アルバムの仮タイトルとして『小さな生き物』にしていて、アルバムの全体像とかアートワークを考えていたんですね。で、最終的にも、まあこれでいいんじゃないっていうことにもなって。素直だし」

――なるほどね。次の曲は〝りありてぃ〟。要するに今回のアルバムの特徴は、「社会」そのものを描こうというわけではないんだけれども、人やあなたと僕を描くことによって、結果社会が歌の中に浮かび上がってくる。《あの娘が生まれ育った　街は今日も晴れ予報／まったく興味なかった　ドアノブの冷たさにびびった》、この《ドアノブの冷たさ》っていうのは、要するに社会ですよね。

「ああ、なるほど」

――そして《びびった》っていう言葉。最初にも言いましたけど、かつてなかったような表現が出てくるわけですよね。

「これは使ってないかもしれないですね。わりと口語に近い表現を使いたいっていうのはあるかな。今までだったら口語に近すぎるからって引いてた言葉も、逆にそれがリアルに感じられたから使ってるし。あとこの曲で言うと、《求めつづけてるのさ》っていうのもすごく歌詞的な言葉遣いですよね。こういう『なんとかなのさ』っていうのはあまり好きじゃなかったんですよ。歌謡曲とかロックの歌詞に多いんですけど、《ハチのムサシは死んだのさ》みたいな（笑）」

――（笑）古い。

「（笑）そういう言葉遣いって普段しないので。でもそこにも、あまりこだわらなくていいじゃんとも思うし。歌い放ってそれがリアルに感じられるんだったら、それはそう歌ったほうがいいんだろうっていうことで、今回は使ってますね」

――評論家的なことを言うならば、現実のリアルと歌のリアルを対抗させたいっていうことですよね。

「そうですねえ。ただスピッツが本来持っている妄想な感じも失いたくないので、そのへんのバランスですよね。ただこの曲は今回のアルバムの中でも特に真面目な歌詞かもしれないです。自分で作りながらちょっと真面目になっちゃったかなあって思った曲ではあったんですけど」

――そうですね。わりとシリアスなものがシリアスなまま出てますよね。

「曲がアップテンポなんで、もう少し砕けてもいいかなあと思いながらも、できあがったものは砕けてなかったという。あと、あのメロディに《りありてぃ》っていう言葉を乗せちゃったばっかりに（笑）、残りの歌詞も全部そっちに寄っていっちゃったんですね」

――でもこれを平仮名にしたところが。

「はい（笑）。せめてもの逸らしてるところですかね。カタカナにすると逆にリアリティがなくなるような気がして」

――そうです。一般的なリアリティではなく、スピッツ的なるリアリティですよね。そして続いての〝ランプ〟。これは非常にロック的な歌詞で、ここでは《自由》という言葉が出てくるわけですけど、これもあまり使わないですよね。

「そうですねえ。なくはないかもしれないけど、あんまり使わないですねえ」

――でも、もう「自由」と言わざるを得ないっていう、そういう切迫感が感じられますよね。

「逆に今、みんな使わなくないですか？　自由って。自由ってみんな言ってる時は自由があったのかなという。自由ってみんな言ってる時は未来があったんだろうし、という逆説的に感じますよね」

――さすが、いいことを言いますねえ。

「そうですか？（笑）」

――この曲に限らずそういう社会状況とか時代の空気が、曲のテーマとして今回のアルバムには圧倒的な多さで登場してますね。それはかつてスピッツの作品にはなかったことなので。

「たとえば90年代とかはバンドをやる上では気楽な時代だったんだろうし、その時代はその時代で、作っていた作品がつまらなかったとは絶対に思わないんです。ただ今のスピッツはこれだっていうようなことでしかないんですけどね」

――しかもスピッツの芸風や世界観が変わったかっていうと、それは変わってないよね。

「そうですね」

――変わらずにどう変わった時代と向き合うかっていう、そのハードルは高かったなあという気がするんですよ。

「そうですね。90年代にやっていたようなことをそのまま踏襲してやれなくはないと思うんですけど、それだとバンドをやっている意味もないし、やり甲斐もないというか。せっかくこれだけ長くバンドをやっているのなら、何かを引き受けないとなっていうような気持ちもあるし。いわゆる芸能としてのスピッツっていうのをやっていても、お代はいただけるかもしれないけど、そうじゃないんでしょうね」

――芸能としてやり続けるのはすごく大切なんですよ。だから倒錯した表現かもしれないけれども、より正しい芸能をやるためには、よりリアルでなければいけないっていう。

「そうですよね、そうですよね」

――ということだと思うんですね。だから歌詞はこうなったけれども、メロディはより一層芸能になっている。

「まあ、芸風は変わらずにということですね（笑）」

――より純化されていますよね。ものすごく正しいポップミュージシャンとしての生体反応が感じられてすごいと思いましたね。

「ありがとうございます」

――そして次は、この謎の〝オパビニア〟という曲なんですけれども。そもそも、この「オパビニア」ってなんですか？

「これは恐竜などが出現するさらに大昔に存在した海中生物で。今のどの生物にも似てない、もう絶滅してしまったものなんですけど、学会で発表された時にあまりの奇っ怪な形に爆笑の渦に包まれたという生き物で（笑）。本で読んだ時にすごく興味深いなと思っていつかこの言葉を使ってやろうと。何か誰にも似ていないものの象徴というか」

――なぜマサムネくんの中で「オパビニア」はそんなに引っかかったの？

「いろんな生き物がいるけど、必ず何かとつながってるんですよね。ただ、この種として孤立してるっていうのにものすごく惹かれたんですね。なぜかはわからないですけども」

――何がそんなに素敵なの？

「単純に異様な形っていうのもあるんですけど、どこかユーモラスで。そういうものにすごく惹かれちゃうんですね。動物とか生き物がもともと好きで、上野動物園にハシビロコウを見に行ったりしてましたし。すごくクチバシのデッカい鳥がいるんですけど。ペリカンの仲間らしいんですけど。で、顔がいつも不機嫌そうな怒った顔してて。それを見に行ったりもしてたんですよね。いろんなことを忘れて夢中になれる、生き物です（笑）」

――誰もが考えるつまらない関連づけで申し訳ないんですけれども、何にも似てないものへの共感だよね。

「共感っていうか、憧れですかね。自分はそこまで独自の存在だと思ってないので。そういう個性的な人には常に憧れていたし、自分はどっちかというと凡庸なほうだと。いわゆる小市民だと思うので」

――（笑）生活形態は確かに孤独なロックスターのように、ドラッグやって毎日女をはべらせてっていうものではないけど、精神的な有り様としては独りぼっちな感じですよね。

「ああ〜、そうかもしれないですね。独りぼっちの凡人です（笑）」

――どこにも属してないっていうのは、マサムネくんの皮膚感覚だよね。「なんで俺はどこにも属せないんだろう?」っていう。

「ああ、ああ、そういうことですね。それは社会不適合っていうことじゃないですか（笑）」

――というか類型化できない。だからスピッツって言わざるを得ないし、コオロギって言わざるを得ない。

「ああ……そうですねえ」

――そういう感覚は、ずっとあります？

「特に音楽を始めてからかな。クラスメートとかに訊くとなんて言うかわかんないんですけど、小中ぐらいまではわりと目立たない存在で、目立とうともしてなかったし。目立ってる人は素敵だなと思ったり、自分にはそういうの向いてないんだろうなという感じでしたから」

――もし自分に類型を求めようとするなら何かある？　「俺ってストーンズっぽいよなあ」とか。

「ああ、カテゴライズすることですか？　いろいろなものがミックスされてるんだなとは思いますよ。たとえば筒美京平さんのメロディとかブルーハーツとか、そういうようなものがミックスされて、歌とか声質とかから言うと、財津（和夫／チューリップ）さんとかと遠くないのかなと思ったり。ガッツリ、80％はストーンズっていう感じではなくて、3％ずつで、100％が構成されてるような」

――ただその3％もあくまで要素にしか過ぎなくて。だからチューリップの世界観、あるいはブルーハーツの世界観が自分の強固なDNAとしてあるのかっていうと、そうではないですよね。

「そうですね」

――これは一遍しゃべってもらったことがあるんだけれども、桜井（和寿）くんやミスチルと自分は近いのかなあと一瞬思っていて、ただ聴いてみると、全然違うっていうことを言っていて。それは、すごくよくわかるよね。

「でも桜井くんとかミスチルの曲を聴いていて、同時代感は感じますよ。同じ時代にやってきたバンドという意識は聴いててすごく感じます」

――ただ世界観はむしろ真逆だよね。

「ああ〜。でも気持ちが疲れている時に聴くと、ミスチル入ってくるんです。元気がない時に聴くと『ああ〜、こういうことを歌ってたんだ』っていうのがわかったりもするんです」

――あとスピッツは、エレカシなんかもカバーしてるしね。

「そうですね」

――でも違うんだよね。

「うん。まあ、それはその状態で長くやらしてもらってますし」

――だからこそ、このアルバムができたんだと思うんですよ。他のバンドやミュージシャンは3・11以降、チャリティや、イベントをやっているけど、

「いや、俺たちはオリジナルな形でこの現実と向き合わないと絶対嘘になる」という。そういうオパビニアな（笑）、ことだったんだなって、このアルバムを聴いて思いました。

「ああ、なるほど」

――次の〝さらさら〟。これは究極の王道感があるメロディでできているんだけど、やっぱり3・11以降のラブソングであり、重い。《眠りにつくまでそばにいて欲しいだけさ／見てない時は自由でいい》。ここでもまた「自由」って言葉が出てきて。

「ああ、ほんとだ。使ってる（笑）」

――だから君と僕との関係だけではなくて、時代と社会がラブソングの中に

も出現している。

「はい」

――この〝さらさら〟っていうタイトルはどこで思いつきました？

「これは歌詞ができる前、もう曲の雰囲気でサラッとしてる感じだったから〝さらさら〟ってつけた気がしますね。なので確か仮タイトルのまんま、だったんじゃないのかな？」

――他は思い浮かばなかった？

「浮かばなかったですね。アルバムもそうですけど曲のタイトルも、考えるといつも難航するんですよね。タイトルから考えることってほとんどないので。曲ができあがって最後、『タイトル、どうしようかなあ』ってなることが多くて。なので、これもすごい迷って、仮タイトルのままでいっかあというまあ〝ロビンソン〟パターンですけど」

――王道なスピッツのラブソングを作るんだけども、やはり現実の重さや時代の困難さが歌詞の中に反映されてくるというのは、必然なんですかね？

「うん、そうですね。ただ意図的にやってるわけではないので、自然にそうなっているということですかね」

――これまでマサムネくんのラブソングを支えていたリアルっていうのは、愛は永遠ではなく、君と僕との関係というのも、始まった時から既に終わることを内包してるっていうものだったんです。ただ今回は、その世界観にプラス、僕たちの生きている世界、僕たちの生きている現実の困難さが乗っかってきている。

「あ〜、どうだろう。言い方が適切かはわかんないけれども、もう《誰も触われない　二人だけの国》に閉じ籠もれなくなったというか。そのへんは変化ですよね。閉じ籠もらせてくれない。でも閉じ籠もれないことが、必ずしもネガティブじゃなかったりもするので」

――そうそうそう。

「そのへんですねえ」

――それが歌の肯定性につながっていくんですよ。そして次の〝野生のポルカ〟。

「これも生き物系ですね。生き物っぽい歌が多いんだな」

――自分が生き物であることを自覚せざるを得ないからなんだよね。

「はい。まあ特に、こういう発言もあまりしないようにしているんですけど、40過ぎると、ここが痛いとかあそこが痛いとか（笑）。そうなると『ああ、生き物なんだな』って。若い時は生きてることを自覚することが、よっぽど大病でもしない限りはないと思うんですよ（笑）。たとえば周りの同い年ぐらいの知り合いがおっきな病気とかしたりすると、自分のことではないけれども、たまたま自分じゃなかったって思うんですよね――さっきのとダブっちゃいますけど――そういうことを考えると、また生き物だということを自覚しちゃいます」

――これも〝未来コオロギ〟と同じようにスピッツの今の心境を表現していて。もう一遍、野生種として生きていこうぜっていう、すごく力強いメッセージだと僕は聴きました。

「はい、新たなスタートな感じで」

――《細道駆ける最高の野生種に》なんて、今までだったら絶対に書かなかった歌詞だよね。「野生種って何よ」みたいな。

「野生って、憧れるもののひとつですね。人間ってもう、絶対に野生じゃないでしょ。ただ、どこかにそういうものが残ってるだろうっていうのはロマンだし」

――で、インタールードがあって〝エンドロールには早すぎる〟。

「わりとポップなディスコソング（笑）」

――とにかくベタなメロディが出てくる。歌詞も歌謡的な歌詞で。

「そうですねえ。この曲はちょっと異色かもしれないですね、今回の中ではね」

――これはどういうモードで作ったんでしょう。

「意外と音楽を聴く時は打ち込みのものは少なくないので、ちょっと打ち込みっぽい曲を作ってみたいなっていうのは常々あって。だけどかっこいい打ち込みの曲っていうのは逆にかっこ悪いなというか（笑）。クールなものだと、スピッツがやるにはあんまりかっこよくないんじゃないかっていうのもあったので、思いっ切りディスコに振っちゃって。今YouTubeで昔のCMとか観ちゃって、懐かしモードに入ったりするんですけど、JRのシンデレラ・エクスプレスとか、ああいうバブリーなカップルのイメージとかも浮かべたり。昔のものとかにすぐアクセスできるのはもう時代といえば時代なんですけど。そんな感じですかねえ」

――このアルバムの中にある、あえて言うなら唯一の遊びの楽曲なんですけど。

「そうですね、はい」

――でもその遊びが、より一層大衆的になっているのがすごいよね。

「そうですねえ。楽しんでやっていたんですけど、作品として隙は見せたくないという。ちゃんとこれ1曲で成立させたいというか、遊びなんだけど小手先じゃないっていう気持ちはありました」

――これ、歌ってると楽しいでしょ。

「でも結構難しいんですよね。これ、バンドの時は人力でリズムをやっていたんですけど、普段ディスコやり慣れてないんで（笑）」

――このグルーヴを出すのは難しいね。

「うん。やり慣れてないバンドにとっては。気持ちとしてはシックみたいにいきたいんだけど、なれない。アメリカ人と日本人では、もう食ってきたもんが違うだろうぐらいに大変。楽しくやるには、もうちょっと頑張んないと無理かもしれない」

――そして次の曲は〝遠吠えシャッフル〟、ここでは「正義」っていう言葉が出てくる。他にもロック的なすごく固い言葉が出てきていて。これは、かなりロックですね。

「（笑）そうですか。これ、曲調もかなりロックで、それでソウル・フラワー・ユニオンの奥野（真哉）くんにオルガンも弾いてもらって気分もロックになって。ちょっと反体制な感じになって（笑）」

――《正義は信じないよずっと／鳴らす遠吠えのシャッフル／逆さにしたり裏がえしたり／あげく涙がちょっと》っていう、すごくロックな言葉の中に、非常にスピッツ的な展開も盛り込まれていて。

「ただ、ここでたとえば、逆さにして裏返して『破り捨てる』みたいなことだったら普通のロックなんですけど、涙が出るところがスピッツなんですね」

――そう。すごく面白い。こんな歌詞は見たことないなあという。

「はい」

――《正義は信じないよずっと》、この最初の歌い出しだよね。

「正義はネガティブな言葉として使ったことは何度かあると思うんです。だから正義っていう言葉に対してのネガティブイメージは昔から変わらずあります」

――正義嫌いですか？

「あの～、正義っていう言葉を使う人があんまり好きじゃないですね。なんだろう、お遊びの部分で仮面ライダーとかに対して言う分にはいいんですけど。真面目に使う人は怖いですよね。それはアメリカの大統領とかもそうですけど」

――だからそんな現実に対して〝遠吠えシャッフル〟っていう。

「まあ、結局は遠吠えだという」

――一方で、次の〝スワン〟という曲は、従来型のマサムネくんの暗黒が歌われていて。

「でもこれが、いちばん最初に今回のアルバムのために作った曲かな。〝潮騒ちゃん〟がファンクラブツアーのための曲でしたのでいちばん古くはあるけど､アルバムのために作ったっていう意味ではこれがいちばん最初ですね」

——ああ、なるほど。そうすると「ここから始まったんだなあ」というのは今の一言でわかりますね。

「いちばん暗いかもしれない」

——暗いと同時に、ここから一生懸命に扉を開け始めたっていう感じですよね。

「はい」

——そしてマサムネくんがずっとテーマにしている「死」というテーマも内包している。

「はい」

——それがもうメインの音としてこの〝スワン〟では鳴っていますよね。

「そうですねえ、はい。ただ歌詞は何回も作り直して、完成するまでに時間がかかった。なんか歌っていても『これは違うな』っていう試行錯誤があって。メロディラインが遊びの言葉を拒むメロディなので、時間はかかったんですけど、これが作れたことでその後がわりとポンポンと、メロディも言葉も出てくるようになったという曲ですね」

——ここがスタートだったんだ。だからスピッツのヘビーユーザーからすると、いちばんスッと入る曲かもしれないね。

「ああ、そうですね、はい」

——すごくいい曲ですね。

「ありがとうございます」

――そして〝潮騒ちゃん〟という（笑）、博多弁が登場する謎の曲があるんですけれども、これはどういう勢いで作っちゃったんですか？

「これはファンクラブツアー用なんで、コアなお客さんに喜んでもらう曲っていう意識で作ったんですよね。だからノリノリで、ある程度メロディアスなところもありつつ、ライブ向けの曲として作ったんですけど、これ、もう2011年に作っていたのかなあ。なんか世の中で、同調圧力みたいな言葉がすごく言われてた時期なので、そのへんの影響が出てますよね。もともと団体行動が苦手だったんですけど、よりそれを歌詞にしたいなという気持ちが強くあって」

――「冗談じゃねえよ」感がすごく出ている。

「（笑）そうですね。だから俺の場合、自分と同じ主張の人たちだとしても、デモとかには参加できないタイプというか。あと、ライブを観に行ってもみんなと同じ動きをしたりするのが苦手なんですよ（笑）。ライブで振りつけを与えられてみんなで同じことしましょうっていうのは苦手で。特に非常時になると、みんなで同じ動きをしなきゃいけなくなる場面が多くなって、そこにものすごくストレス感じるし。そういう鬱憤がちょっと表れてるかもしれないですね、歌詞には」

――それはロックですよねえ。

「言われてみれば。ロックとはそういうものだと思いますんで」

――そしてアルバム最後の曲です。〝僕はきっと旅に出る〟。今回の作品は〝未来コオロギ〟で始めて〝僕はきっと旅に出る〟で終わるしかないアルバムですよ。

「そうですかね、はい」

――《僕はきっと旅に出る　今はまだ難しいけど／初夏の虫のように　刹那の命はずませ／小さな雲のすき間に　ひとつだけ星が光る／たぶんそれは叶うよ　願い続けてれば／愚かだろうか？　想像じゃなくなるそん時まで》。つまり希望を歌うところまで来たわけですよね。

「ああ、そうですね。まだ旅には出てないんですけどね」

――自分は未来コオロギなんだっていう役割をしっかり自覚し、そしてアルバムを作った。で、最終的にこのアルバム全体の中で、ちゃんと希望と未来を歌い、《僕はきっと旅に出る》というところまで言った。そういう結論が見事に歌われている曲ですよね。

「最後っぽい曲ですよね。でもほんとに、役割があってこうやって続けていられるっていうのはものすごくラッキーなことだし、そのできる範囲の中で最高のものを作らないとっていうのは常々思っていたので。そういう意味では納得のいくものができたかなあとは思います」

――最終的に前へ向かう人になり、希望を歌えるところまできた。だから〝スワン〟と〝僕はきっと旅に出る〟には結構な距離がありますよね。

「そうですね。でも〝僕はきっと旅に出る〟もわりと早い時期にはできてた曲ですね。最初のセッションで合わせた曲は〝スワン〟と〝僕はきっと旅に出る〟と〝小さな生き物〟と、〝さらさら〟かな？」

――ということは同時に、そういう気持ちがあったんだね。

「まあ、〝スワン〟以降に出てきた曲ではあるんですけどね。これも意外と暗いんですよ。廃虚の中にまだいるんで」

――そうだね。自分は3・11と向き合って、で、その中でいろんな現実と戦いながら、自分には生きてく役割があるんだ、やるべきことがあるんだっていうことを発見し、それをちゃんと作品化できたことっていうのは、マサムネくんの中では手応えのあることではないですか？

「そうですねえ。あとひとつ発見があって。ほんとに心が弱っていてヤバいなっていう時は、音楽を聴くのも億劫になったりしてたんですけど、ビリー・ジョエルだけ聴けたんですよ。それでずっとビリー・ジョエルを聴いていて、徐々にいろんなものも聴けるようになってきたんだけど、心が弱っている時に自分が聴きたい音楽っていうのはきちんとプロデュースされた音楽だっていうのがわかってきて。なんかやりっ放しのインディーズロックみたいなラフなものは、ほんとに気持ちに余裕がないと聴けねえなあって思ってきて。それはそれで、ものすごく好きなバンドとか音楽はいっぱいあったんだけど。だから心が弱ってる自分でも聴きたくなるものを、ひとまず目指そうと思ってたんですよね。それはビリー・ジョエルみたいなものを作ろうというだけではなく、自分にとってのビリー・ジョエル的なものが誰かにとってのスピッツになればいいかなという想像をしながら。なので、今回はあえてラフにしたところとかがあんまりない。そういう意味ではロック的ではないのかもしれないんですけど、ただスピッツなりのロックということで今回は納得いくようには作り上げれたと思いますね」

——ロックは何百時間もスタジオに入って作るものですよ。

「(笑) ああ、そうですか」

——ピンク・フロイドだってスティーリー・ダンだってそうなわけで。

「ああ〜、そうですね。ビリー・ジョエルはロックとは思ってなかったんですけど、まあでもビリー・ジョエルもいろいろ心の病で苦しんでたような人だから、そういう何かがあるのかもしれないですけど」

——人の心を打つポップミュージックはどこかで病んでないと絶対に成立しない。それはサーフィンをしないでサーフィンソングを歌っていたブライアン・ウィルソンが何よりも象徴してますよ。サーフィンが大嫌いだったわけですから。

「ですよねえ、はい」

——そうした意味では似てるかもしれない、草野マサムネ(笑)。

「バイクに乗らないけどダブルのライダースジャケットを着てるとか(笑)」

——でもすごく手応えのある作品だし、アーティストとして現実と向き合う、そのスタンスをつかんだなっていう感じがします。

「そうですね。このアルバムが出て、ツアーに出ることで、新しいステージに移行できたらいいなあと」

——手応えはあるんじゃないですか。

「スタジオで合わせていても、早くライブで聴いてもらいたいなと思うし。1曲1曲は、今まで以上に思い入れが強いですね」

――そういうテンションがすべての曲から感じられるし、こんなに全曲を曲目解説ができるっていうのが、それを象徴しているし。

「ああ、そうですか。正直今までのアルバムだと――聴いた人は、『この曲いいじゃない』って言ってくれるかもしれないけど――1曲2曲は『この曲、ちょっとどうだったかな?』っていうのはなくはないんですよ（笑）。それがのちのち定番曲になったりもするんで、なんとも言えないんですけど。ただ今回はそういう曲がまったくないので。作り手側からは、ほんとに全曲1曲1曲が愛おしいアルバムですね」

インタビュー＝渋谷陽一（BRIDGE／2013年10月号）

SPITZ PHOTO MEMORIAL 2

2007-2023

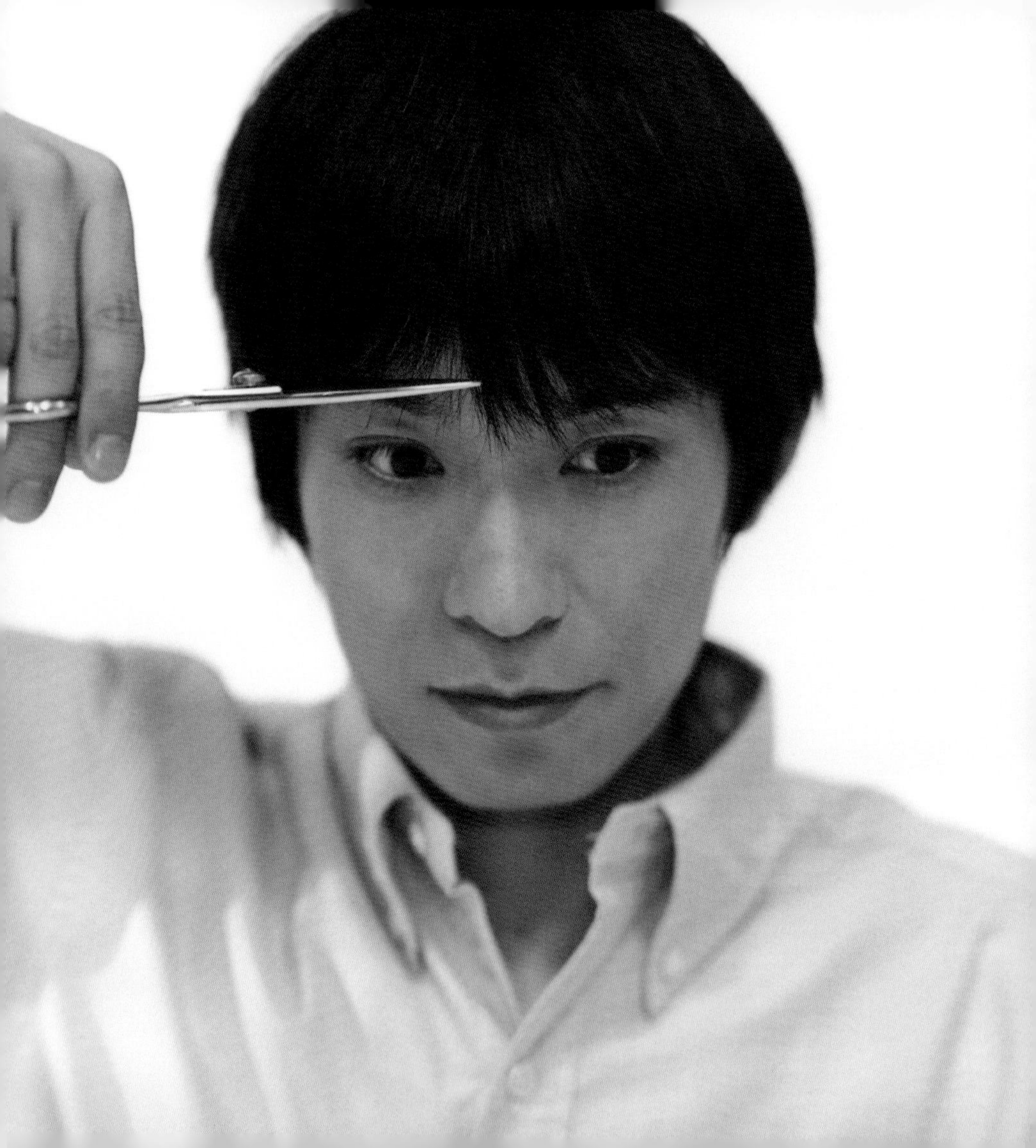

盛り上がったまんま、醒めないまんま、
やれてることの喜びがあらわれているといいな

『醒めない』

2016

「夢の領域の音楽を作る」っていうことは、それこそスピッツの原点かもしれない(田村)

スピッツはスピッツを肯定し、ここから新たな夢路を辿る――

終わらない物語を描く

ニューアルバム『醒めない』をメンバー全員で語る!

『醒めない』。このアルバムタイトルがすべてを表していると言っても、今回は過言ではないと思う。スピッツにとって音楽とは何か? スピッツにとってバンドを続けることとは何か? スピッツにとって歴史を重ねて歳をとるということはどういうことか? スピッツの今回のアルバムとはなんなのか? そしてスピッツはこれからどこへ向かうのか? そのすべての答えが『醒めない』というこのタイトルで言い表されていると思う。

スピッツのアルバムタイトルは毎回どれも上手いなあと思うが、今回は特にセカンドの『名前をつけてやる』と5作目の『空の飛び方』に匹敵するぐらい、スピッツの音楽の本質そのものを言葉に変換し得た、見事なタイトルだと思う。そう、「醒めない」のだ。スピッツというバンドは、草野マサムネというアーティストは、ひたすら「醒めない」のだ。

スピッツは昔から、特別に大きなドラマを音楽シーンに投げかけるわけでもなく、大きな事件を巻き起こすわけでもなく、リスナーを戸惑わせるような大変化を遂げるわけでもなく、でも常にその音楽はまっさらのような、褪せない、新鮮な感触があり、そのイメージのまま30年近くも続いている。

なぜそんなことが起こり得るのか。それは、スピッツにとって、マサムネにとって、音楽は「夢の領域」にあるもので、音楽を作る時も音楽を聴く時も人はその「夢の領域」にいるんだ、ということが絶対の大前提になっているからだ。音楽は夢であり、その夢はアーティストとリスナーによって育てられていくものなんだ、というスピッツ・イズム。それはマサムネが書く歌詞からも、独自のアレンジや音色からも感じられる。だからスピッツには現実的な壮大なドラマはいらないし、大きな事件も、衝撃的な変化も必要ない。ただ「醒めない」でいること。それだけでいい。そういうスピッツの本質を、自分たちが初めて自覚的にイメージし、肯定し、受け入れたのがこのアルバムだと僕は感じた。

1曲目〝醒めない〟の《任せろ　醒めないままで君に　切なくて楽しい時をあげたい》という歌詞にもはっきりと歌われているし、究極のスピッツ的癒しソング〝モニャモニャ〟、究極のスピッツ的青春パンク〝こんにちは〟、究極のスピッツ流・人力EDM〝ヒビスクス〟など、すべて思いっきりやり切っている。スピッツがスピッツのあり方を初めて全肯定したアルバム、それがこのアルバムだと思う。『醒めない』というタイトルは、これまでのスピッツの結論でもあり、今のスピッツそのものでもあり、そしてスピッツのこれからへの宣言の言葉でもあるのだと思う。

――表紙巻頭ということで、かなりページ数あるので、皆さん頑張ってしゃべってください！

草野「はーい」

――頑張らないと埋まりません！

草野「どうでもいいことまでしゃべる（笑）」

――約3年ぶり、15枚目のアルバム『醒めない』ですが。

草野「すごいですね、15枚っていうのは」

――そうなんですよ。しかもスピッツの場合、毎回「いいアルバムですねえ」って言われて、ほんとに毎回いいアルバムだし――。

草野「いやいやいやいやいやいや」

――そしてそんなに――。

田村「変わらない？（笑）」

草野「（笑）ラモーンズ状態ですか」

――変わることが変わらないというか、変わらないことが変わっていくというか、そういう、すごく普遍的で本質的な存在感のバンドなので。作品ごとにしっちゃかめっちゃかなストーリーを、七転八倒しながら行くっていう感じでもないので。

草野「たまに実験作みたいなのもやりたいって思いながら、やれないまま死んでいくのか、っていう感じですね（笑）」

――ははははは。でもね、さすがにそれでも、この『醒めない』という15枚目のアルバムは、とってもエポックメイキングというか。

草野「あ、そうですか」

――うん。明確に、スピッツの物語にとって重要なアルバムなので。そこを今日は解き明かしたいなと思っております。よろしくお願いします。

草野「はい、よろしくお願いしまーす」

――まずは、それぞれに、自分にとってこういうアルバムだなあみたいな部分を話していただければと思うんですけど。じゃあ田村くんから。

田村「まあ、自分ができることをすべてやりきろうと思って臨んで、結果、やりきった感はあるかな。それ以上でもそれ以下でもないというか………」

――この調子でいくと8ページぐらいまでしかもたない。

草野「あはは」

――頑張ろう！

田村「(笑) あのー、アルバムを作るのも、もう15枚目になると当たり前のようになっちゃうのが、すごく危険だなあと思っていたので。この歳になってアルバムを作れる、作れてるんだっていう喜びとか幸せとか、そういうのは常に考えておこうとか。もしかしたら、極端なこと言うと次はないかもしれないぐらいのつもりで作ってはいた。この状況は自分にとってすごく恵まれている状況で、だけどその状況に甘えちゃうのはもったいないなって。こういう状況だからこそ、自分ができることを最大限やろうと思ったし。楽観的な中にそういう危機感を持って臨んでいたというか、だからいいものを作らないといけないなと思ったし。草野の曲があって、その中で自分たちが最大限、その曲を活かしきれるところまで持っていけるかなあ、とか」

三輪「リーダーだからさ。リーダー的な感じだね」
崎山「ははは」
田村「今ね、考えながらしゃべってるから、まとまんないんだよね」
三輪「いやいや、リーダーだからこその発言だから」
田村「真似しちゃだめよ?」
――じゃあテツヤはどうですか。
三輪「いやもう、田村がリーダーなんでね。俺はもう全然みんなにいつもの通り、任せて。その上で、やりたいようにやらしてもらっている感じは、いつもと一緒かな。ただまあ、いつも言うけど、毎回みんな、メンバー4人とも、いちばん新しいアルバムがいちばんいい、好きって言ってるから。そういうアルバムが今回もできた、と思う」
――それは素晴らしいね。
三輪「うん、自信作ではあるね。あとは、きっとね、亀田(誠治)さんとの関係はこれまでと違うかな。だいぶやってきて、亀田さんとやる上でのひとつのベストなものができたような気はする。それはある側面から見たら面白くないかもしれないけど、それが完成された形ではあるのかな」
――亀田期としての成熟のアルバム、円熟のアルバムという見方もできるということ?
三輪「うん。それはでも反省点にもなるのかもしれない」
――なるほど。どうですか、崎ちゃん。
崎山「シンプルなロックバンドのアルバム、みたいに個人的には思ってて。

そういうのを作りたいなっていうか。それで、ロックドラムというのを自分なりに意識して、結構やってましたね。シンプルなビートを叩いて、みんなで喜ぶみたいな感じがすごい楽しくて。それは十分にできたかなと。シンプルに強くっていうのは、ここ最近ずっと思ってて。それの今の自分での解釈が、こういう形で出たかなという。アルバムとしては、マサムネの曲とか詞の素晴らしさみたいなのを感じながら、それを十分に引き立てる演奏をしたいなと思って」

——それ毎回じゃない（笑）。

﨑山「（笑）。でも、今の自分なりの感じでやったのはありますね」

——やっぱ言葉にできないんだなあ。

草野「ははは」

三輪「難しいねえ（笑）。だからまあ、バンドやってんのかもしんないし」

——そうだよね。俺も、もしミュージシャンやってたとしたら、絶対にインタビューなんかに応えるのヤだよ。

草野「関係ない話をしたらいいのかもしれないね（笑）」

田村「大体ね、劇的なことがあったりとか、レコード会社との軋轢とかさ」

草野「移籍したとかね」

三輪「解散の危機とかね？」

田村「事務所なくなったとか——」

田村「メンバーが抜けたとかさ。そういうのがあればいいけど、ないもんね。『ハヤブサ』の時ぐらいだもん」

草野「ないねえ」

田村「あの時はインタビュー、比較的こう、劇的なことだったり、盛り上がったことを言えたけど」

草野「アイドルと一緒にいるとこフライデーに撮られたとか、そういうのもないしね（笑）」

――でもね、やっぱりアルバムっていうのは不思議なもので。バンドの変遷にしたがって変化していくし、本人たちが自覚したりしていなくても、物語を作っていくものだから。そういうのをこういう場で、第三者の意見を聞きながら確認していくっていうのは、ありっちゃありなんだよね。特に今回のアルバムはその必然がすごくあるなあと。

草野「今まで毎回おんなじようなことばっかり言ってると思うんですけど、アルバム出るたんび。今回違うっていうのを探すならば、きちんとした『おっさん』のアルバムかな、と思います（笑）。今までわりと若いバンドとかを、意識じゃないけど、わりとチェックして聴いて。『KEYTALK面白いな』とか『KANA-BOONはイケてるな』とか、いろいろ聴いてたけど、今回は本当に、そういうのをあんまり意識せずに、むしろ先祖返りじゃないけど、退行してもいいぐらいいな感じで。だからKANA-BOONとかKEYTALK聴いてるような人が聴くと、なんかタルいなって思うかもしれないんですけど、ま、それが俺らの音なので。そのへんはもうあんまり考えず、素直に『おっさんぽくてもいいじゃん』っていう気持ちでやれたんじゃないかなあ」

――（笑）なるほどね。今草野くんは「ちゃんとしたおっさんのアルバム」

とか「退行」とか、かっこ悪い言葉を敢えて使ったんだけど、それをかっこいい言い方に言い直してあげましょう。

草野「はあ」

――これは俺、画期的だと思うんだけど。初めて自分たちを全肯定したアルバムだなあと思ったんですよ。

草野「ああ」

――それは、すべてに出ている。サウンドにも出ているし、このアルバムに収められている曲のバランス感にも出ているし、歌詞にも出ているし。何より出ているのがアルバムタイトル。『醒めない』って素晴らしいなあと思って。

草野「あ、そうですか？　タイトル、なんでもいいと思ってたんですけどね（笑）」

――いや、このアルバムタイトルは素晴らしいですよ。

草野「『15』でもいいかなっていうぐらいな感じだったんですけど」

――『醒めない』って、「これでしょう！」って感じしない？　「スピッツって何？」「醒めない」って。

草野「毎回、『とげまる』、これスピッツでしょう！みたいな、コピーライター気分でつけてはいたんですけど」

――最も本質に迫ったタイトルがつけられたっていう気が、非常にしますけど。

草野「ああ、ありがとうございます」

田村「醒めてたら、やってないわな、30年」

草野「まあね。そうですよ」

崎山「今回、メンバーみんな、40代最後のアルバムなんですね」
草野「そうなんです」
崎山「それでもなんか、メンバーの演奏の感じが、まだ進化してるっていうか、楽しみが増してる感じがしてて。まだ全然、発展途中というか。また次の50代も楽しみだなという感じがしますね」
草野「50代だね。バンドは来年、30年なんですよ」
田村「そんなおっさんがロックやる時代になったんだね」
三輪「まだ上はいるけどね（笑）」
――マサムネくんは、さっき的確にこのアルバムを説明してくれたけど、そもそも、なんでそういうアルバムに向かおうと思ったの？　思ったところから始まったの？　それとも作っている最中にそう思ったの？
草野「作っていくうちに、ですかねえ。でもなんとなく……昔の、60年代、70年代のロックとかで、すごくいいのに、聴き逃してるものがあるんじゃないかって思って。今、どんどん、iTunes Storeとかで買えるじゃないですか。探して、『こういうのもあったんだ！』とか、いろいろ聴いて。で、そういう、1970年前後ぐらいのロックって、音がすごくシンプルで、『こういうのが好きだな』って思ったので。そのへんに感化されてる部分はあるかな。やっぱ4人でバンド始めた頃――その時はブルーハーツにすごく影響受けてたけど、4人なり、3人なりのバンドが出してる音でライブハウスが満たされるような音楽が好きだったはずで。今もそういうのは残ってたんだって思ったし。それで、よけいおじさんっぽい音像になってる可能性はありますね」

――さっきマサムネくんが言ってた――「真っ当なおじさん」？
草野「ちゃんとしたおじさん（笑）。きちんとおじさんしてるバンド」
――「きちんとおじさんしてるバンド」のアルバムっていうさ。その言葉って、ただ単に、表面的に70年代のシンプルなバンドサウンドっていうことだけではないような気がするんだよね。
草野「うん」
――自分たちをどう受け入れるかとか、自分たちがやってきたこととか、できなかったこととか、そういういろんなことにどう向き合うか、っていうようなことも含んでるんじゃないかなって思ったんですよ。
草野「うん。難しいですねえ。これで言葉が詰まるんだね（笑）」
田村「ははははは」
草野「ま、そういうの全部、無意識なところだし、だからなんか難しいですけど。なんでしょうねえ……毎年、スピッツ仕切りのイベントをやってて。気になるミュージシャンの人に出演してもらってるんですけど、若い世代のミュージシャンと話をすると、俺らが頑張って表現しようとしてたことが、意外と普通になってたり、っていうこともあるんですよね。昔のＪＡＰＡＮ読むとわかると思うんですけど、男がかわいいものを表現したいっていうのが、ちょっと奇異な時代っていうのが20世紀、続いてたんだけど、今別に全然そういうのあたりまえになっちゃってて。あと、ＣＤジャケットにバンドと関係ない女の子の写真を使うとかいうのも、当時は『こんなの今までいなかったんだ、どうだ！』みたいな気持ちがあって出したけど、今は別に普通になっちゃってて。それに対して、さらにじゃあ俺らはまだこういう新しいことやれる！っていうのを提示していくのには、もう疲れたので（笑）。なのでもう、より本質の、メロディとか、歌詞とか、演奏とかで、出していくしかないなっていう――開き直りというか達観というか」

――なるほどね。

草野「ただ、今、ロック自体がすごく、ものわかりいい感じになってきてるような。インディーズでやってる人たちはいまだにラジカルに鳴らしてる人も多いんだとは思うんだけど、今、ロックとしてラジオとかで普通に流れてる人の音楽は、すごくものわかりのいい感じがするので。そのへんにはちょっと、おじさんとして抗いたいなっていう。そういう、ラジカルさみたいなものを求めるのも、たぶんおじさん世代のロック感覚なのかもしれないね。そのへんはもうおじさんとして、ちゃんと出そうという気分ではありますね。新しいものの提示はできてないかもしれないけど、ちょっとでもラジカルな部分を残して、続けたいという」

――昔は、スピッツってちょっとストレンジなことをやっているとか、オルタナティブなことをやっているとか、摑みどころがないとか、そういうふうに言われてきてて。でもスピッツがそれをやってきたおかげで、ほんとに若い世代とかは、そういうことをごく普通にやれてるし、そういう感性が、もう普通になっていて。

草野「まあ、おかげっつっちゃうとなんか、おじさんの自慢話みたいになっちゃうけどね（笑）。そういうことはないと思うんですけどね」

――あると思うんだよ。

草野「そうですか？　ま、変なことはやりたいんですよねえ。今回、アルバムの曲のタイトルがずらーっと、カタカナが多いんですけど」

――そうだね。

草野「それが、反論で、『なんだこのスピッツのアルバムは、カタカナのタイトルばっかりで！』って言われるけど、俺から言わせると、『日本のロックバンドなのに、アルファベットの曲が並んでるほうがおかしいじゃん！』って言いたい。そういう姿勢です（笑）」

――うん。だから、今回のアルバムはスピッツが今までやってきたことを全部受け入れて、シンプルに、ストレートに、思うがままやったアルバムだと思うし、そうやったアルバムが、おじさんなりにすごくオルタナティブなものになっている、ということも証明しているアルバムだと思うんですよ。

草野「はい」

――それは、『醒めない』っていうアルバムタイトルにものすごく象徴されているなあと思うんだけど。「醒めない」って、ただ単に醒めないっていう状態を表している言葉であると同時に、「醒めない！」っていう意志としても取れるじゃない。

草野「ああ、うんうん」

――「俺、目が醒めない」ってただの状態を表す言葉であると同時に、「俺は醒めないよ？」っていう。だからこれはすごく――スピッツな言葉だよね。

草野「そうですね。ロックミュージシャンみんな、続けてる人は、そうだと思いますよ。だって、〝醒めない〟って曲の歌詞みたいになっちゃうけど、若い時にロックミュージックに酔っちゃって、いまだに醒めないまんまで」
田村「実際、醒めてたら解散してるよ」
草野「そうそう。で、これは、俺の考え方だけど、ロックミュージックって自己流でやるからいいと思うんです。自己流でやるから醒めないでいられるのかなっていう。ごっこのままっていうか。だから醒めないまんまでいられるし。聴く人も、それによって、夢から醒めずにいられるというか。そういう部分はあると思うので」
——あと、この「醒めない」という言葉が孕んでいるニュアンスは、決していいことではないじゃん。
草野「いいことだけではないんですよ」
——夢の中にまだいる、ちょっとうしろめたいっていう、それも含んでいるじゃない？　音楽の世界にずっとい続けることって、決して正義だとは言えない、みたいな。
草野「そうですね。あの、『草野さんちの馬鹿息子はいまだに醒めてないらしいよ』みたいな（笑）」
——（笑）そう。だからほんと素晴らしいタイトルだと思うんだけど。これ、1曲目の曲名でもあるじゃない。
草野「うん。『醒めない』って言葉、アルバムのタイトルにいいかもって思ったけど、全体を象徴するよりは、曲があったほうがいいだろうと思って。それで作りました、曲は」

――この曲って、結構アルバムの最後のほうにできたんじゃないかなって思うんだけど。

草野「そうです、最後のセッションで」

――『醒めない』っていうタイトルをもとに曲を作って、それを1曲目にしたっていうことは、もう明らかすぎるぐらい、このアルバムってテーマを持ってるんだと思うんですよ。珍しいよね、それって。

草野「うん、あんまりないかもしんないですね」

――しかも、〝醒めない〟で始まる『醒めない』というアルバムの最後から2曲目の〝雪風〟では、《お願い夢醒めたら　少しでいいから／無敵の微笑み　見せてくれ》って――。

草野「そう。あとからねえ、矛盾してるなと思ったんだよね（笑）」

――でもちゃんとストーリーのある曲になっているし。その次のラスト曲はなんと、〝こんにちは〟っていう曲でさ。それがなんかもう、ブルーハーツかと思うような――。

草野「そう（笑）。それは敢えて、最後に持ってくる曲として作ったんですよ。なんかかね、1曲目と最後で、なんとなくストーリーは作りたいと思ってたの」

――だから、こうやって話聞いてると、ちょっと珍しいアルバムだなと思いません？　スピッツの中でも。テーマがあって、意味があって、物語があって。

草野「わりとストーリー、今までの中では考えたほうかもしれないですね」

――スピッツといえば、夢の世界を描いているバンドとか、よく形容されると思うし。ロックバンドだけど、叫んだり、現実と闘うみたいな、そういうんじゃなくて、もうちょっと夢の中を漂うような音楽というふうに言われがちだと思うんだけど。そんなふうに言われることに対して、いいって思う部分もあれば、「それでいいのか？」と思う部分もあったと思うんですよ。

草野「うん」

――もっと、大人になってきたらだんだん、ちゃんと現実とも向き合わなきゃいけないんじゃないか、って思う時もきっとあっただろうし。前作、3・11のあとに出たアルバムは、そんな中でも――こういう言い方すると安易だけど、夢から離れたというか。

草野「ほう」

――もう少し大人として、日常で力を持つような言葉は何かとか、そういうふうに向かったアルバムのような気がして。でもそれを経て、このアルバムは、「醒めない」という言葉を使うことによって、夢も肯定するし、夢の中で夢を作り続ける、そんな自分たちもOKだし、そんな自分たちでい続けることが、現実としてもちゃんと意味があることなんだっていう境地に立った気がするんだけど、どうでしょう？（笑）。

田村「『どうでしょう？』って（笑）」

草野「いや、そうなんでしょう！（笑）」

――ははははは。

草野「まあ年齢的なものもあるかもしんないけど……創作の上では、気分的には昔より楽かもしんない。迷うことが少なくなってきたというか。今聴くと、『フェイクファー』とか『ハヤブサ』ぐらいの時がいちばんかな。結構無理して歌詞とか作ってたなっていうところもあって。ほんとに、最初に作った歌詞を推敲する時に『ああこれは、10人いたらひとり、わかるかわかんないかかもしんない』って思うと、書き直したりとかもあったけど、今は別に『それでもまあ、いっかな』っていう。当時は売れたことからのプレッシャーはないって言ってたけど、やっぱあったのかなと、今振り返れば思うし。よりマスに届けなきゃっていう意識、今もないとは言わないけど、そういう気持ちと、自分はこういうことを表現したいんだっていうののバランスは、今すごく、よくなっていると思う」

――なるほど。それはどういうふうに解決したの？

草野「うーん……まあツアーをすごいやったこととか。こっちが届かないと思ってることでも、意外とお客さん見透かしてんなとかいうのが。意外と俺のほうが幼かったりするんだっていう。長くレコーディングとか、ライブをやったことで、わかってきたところ、見えてきたところもあるし。大概のことは受け入れてくれるんじゃないかなっていう、期待も込めてですけど。精神としてはもっと自由に作っていいのかも、っていうことを学んだという」

――なるほどね。今の話の流れでいうと、この『醒めない』というタイトルから伝わってくるのは、明らかに「音楽は夢の領域にあるものなんだ」と。それから、スピッツっていうバンドは、その夢の領域にある音楽を作っていくバンドなんだっていう、そういう自分たちをもう1回受け入れ直す、正しく認識し直す、みたいな意味がすごく強いと思うんですけど。

田村「うん。でも『夢の領域の音楽を作る』っていうことは、それこそほんとにスピッツの原点かもしれない。核となってる、草野の曲がそういうものを含んでいるので」

三輪「だから、スピッツってバンドとして、いい歳の取り方してるんじゃないかな。ひとりひとりというか、バンド自体が。その取り巻く環境も含めて」

田村「〝醒めない〟の草野の歌詞って、比較的、人それぞれのとらえ方で違ってくるし、それこそ、それぞれの夢とかそういうのも違うからさ、『どうぞ』って聴き手に委ねる部分はあるけど。〝醒めない〟に関しては、そういう意味での決意表明って取られるよね。っていうか実際取ってもらってかまわないっていうつもりで出してるんだけど。確かに、草野の歌入れの時に、俺ら歌詞見て『おおお！　これ、くるな！』って亀田さんとも話したもんね」

﨑山「話した（笑）」

田村「『この歌詞、くるじゃん！』」

﨑山「『すごいな！』」

――「決意を表明してるじゃねえか！」って感じだよね（笑）。

田村「そうそう」

三輪「《ガーン》がすべてだった、俺」

田村「確かにそういうことは、これまであんまりなかったね。歌入れの時に」

草野「あとね、前回から意識してるんだけど、こういうこと言いたいんだっていうのももちろんあるけど、こういうことを歌ってほしいなっていうのもちょっと考えて。俺の実力からすると、ちょっと、身に余ることだったりするんだけど、たとえば《任せろ》って言葉は、普段絶対吐かないんだけど、『任せろ』って言ってほしいなって普段から思うので。ステージに立つ人間としては、それは言わなきゃだめなのかもって、ちょっと気負って、書いてます（笑）。俺が客として観に行って、そういうことを歌ってる人がいたら嬉しいだろうなと思って」

――音楽性も、わりと今回、まんまというか。あんまり自制しないでやってるなと。たとえば〝モニャモニャ〟って、まあ、スピッツファンからすると究極の、癒される歌じゃないですか。タイトル〝モニャモニャ〟で、あの音で、あのギターの音色で、あの曲で、あの歌詞の内容ですよ。

草野「うん、ちょっと気持ち悪いぐらいの世界（笑）」

――うん、でもそこを自制しないでそのまんまやっちゃう感じ？　〝ガラクタ〟の音作りの遊び心もそうだし。

草野「うん。あの、キモさもおじさんの持ち味ですから（笑）。それをね、よりまた素直に。でも〝ガラクタ〟みたいなね、ああいういろいろガチャガチャ音が入ってるのは、やりたかった手法でもあったので」

――でも、いかにもスピッツの楽しい遊び心のロック、みたいな感じの曲じゃない、音聴いてるとさ。

草野「うん。はい」

――楽しい音しか入ってないし、聴いた人が微笑みながら聴いてくれればいいなっていう感じがすごい伝わってくるから。そこになんか、「いやいや、でもちょっとここに、少しひんやりしたメッセージを」っていうのがないじゃん。
草野「ああ……うん、そのへんはバランス感覚なんでしょうねえ。ほんとはもっとね……『ほんとはもっと』っつうとあれだけど、〝ロビンソン〟より前だったらもっといろいろ、きちゃないものを入れたりしてたけど（笑）」
――〝モニャモニャ〟は素直に、一直線にこの世界に来た感じ？
草野「うん。そうですね」
田村「〝モニャモニャ〟と、〝醒めない〟と、〝こんにちは〟は、結構、草野が曲を作ってきた時点で明確なビジョンがあったよ」
草野「ああ」
田村「〝こんにちは〟も、最後の曲だからこんな曲、〝醒めない〟も1曲目だからこんな曲、って。〝モニャモニャ〟は、表紙（アルバムジャケット）のこのモニャモニャとの歌っていう」
草野「あ、そうそうそう。モニャモニャっていう、毛がモニャモニャした、なんかよくわかんない、生きものなのか、妖怪なのかわかんないのがいて。それは主人公の妄想かもしれないんだけど、それをずっと友達って思ってる歌っていう世界がもう、あって」
田村「うん。このジャケットとかも早かったでしょ、イメージするの」
草野「ああ、そうだね。イメージしてた。〝モニャモニャ〟はジャケットのテーマソングみたいな感じで作ったの」
――なるほど。評論家的な深読みになるかもしれないけども、〝ガラクタ〟がすごく素直な、遊びの多い音になったのも、〝モニャモニャ〟が、いっくらでも癒されてくださいって、現実逃避してくださいっていうアレンジになったのも、それでいいんだと思える心境でこのアルバムは作られていったのかなと。

草野「セカンド・アルバムの『名前をつけてやる』で、いろんなパーカッションを試しに入れてみたり、あの頃。床叩いた音入れてみたりとか、そういうことやってたんだけど。今回もそのへんの感覚は取り戻そうとはしてたんですよね。〝ナサケモノ〟に入ってるギリギリギリっていうネジの音みたいなのは、田村が持ってきたムーミンのキッチンタイマーを回す音だったんですけど（笑）、それもちゃんとマイクで録ったらそれっぽい音になるし。そういう、レコーディングスタジオで遊ぶと楽しいなっていう。ま、退行ですよね、それも。退行っていうか、そういうのは取り戻せたアルバムだと思います」

――そうだと思うんだよね。取り戻せたというか、それもよしとできるようになったというか。

草野「うん、うん」

――どの曲も全部、すごく素直な感じがする、今回。自分たちがやっていることもすべて受け入れられて。だから素直にやっていいんだという、全体にそういう感じがあったのかなという気もするんですが、どうでしょう？

草野「そうですね、『醒めない』というタイトルはいちばん最初にあったわけではないんだけど、たぶん録っているうちに、『ああ、このタイトル、今回みんなが出してる音とかも含めてぴったりかもな』っていう空気ではあったと思うんで。だから、わりと同じように、4人で退行してたんじゃないですかね（笑）」
――ねえ？「退行できた」っていうか。
草野「うん、うん」
――「退行」っていうより、俺は「肯定」って言いたいんだけどね。
田村「レコーディングしていて、それも長く続けているせいなのか、それとも、そういう4人が集まったのかわかんないけど、俺らが持ってるこういう音で録りたいっていうのは、一致してることがすごいよかった。昔は『自分たちって下手で』とか、『なんのテクニックもなくて、草野の曲だけよくて』っていうところに縛られた部分があるけど、『あ、俺らが目指してるものは、同じようなとこに向かってるんだな』っていう瞬間が今回、何回もあったな」
――ああ、非常に納得する。
草野「ぼーっとして聞いてなかった（笑）」
﨑山「はははは！」
田村「それこそミックスの時とかに亀田さんにさ、『ドラムの感じ、こんなふうに録りたいんだよ！』って言ってもなかなか伝わりにくいけど。俺らの中で、そこまで深く会話しなくても」
草野「ああ、共有できてる？」
﨑山「うん」
田村「共通言語というか、ロック体験というか、スピッツ体験っていうのは役立った」

――なるほどね。そういうものがほんとに長い間で積み重なって、スピッツってこういうもんだよってやっと呑み込めるようになったのかなあという気もした。
草野「うん」
――だってついこないだまでさ、「いやいややっぱり俺たち、こうはなれないし、ああはなれないし」。若いバンド見てもやっぱり、「これできないし」とか。
草野「ああ、ネガティブな?」
――できない、ない、ない、ないで自分を取り囲む癖があったけど（笑）、今回はね、肯定感がある。
草野「ああ、『俺ら、これだから』っていうね」
――そう。これは俺の説だから、押しつけるわけじゃないけど、このアルバムの特色ってそうだなと。
田村「でも、確かに若い子たちってかっこいいバンドたくさんあるけど、できないことだらけだし。違いすぎて。だったらもう俺らはこのテリトリーで勝負するしかないっていう（笑）」
草野「若いミュージシャン、上手い奴はめちゃめちゃ上手いもんねえ」
――（笑）。あと、この〝子グマ！子グマ！〟っていう曲はすごい、なんの歌だろうって思うんだけど。結構ダンサブルな、わりとポップな曲調で。
草野「うんうん」
――途中でいきなり《子グマ！子グマ！》ってフレーズが始まるという。で、

《バイバイ僕の分身》って歌ってるという、謎な曲なんだけど。
草野「これ、種明かししたほうがいいのかな？　しないほうがいいのかな？　いや、なんとなくね、ストーリーがあったんです、全部の、アルバムの。ジャケットに象徴されてるんですけど、自分がいて、モンスターみたいな、よくわかんないけど、対象がいて。立場はいろいろ入れ替わりながら歌うんですけど、最終的に離れればなれになっちゃうようなストーリーを作ろうと思って。そん中の1曲だったんですよね」
――ワンシーンなんだね。
草野「ワンシーン。離れていく相手へのエールみたいな。そこだけ切り取っても自分から離れていくなにものかへのエールの曲とも取れるし。子どもの巣立ちみたいに聴いてくれてもいいわけだし（笑）」
――あと〝SJ〟という曲も、1曲目の〝醒めない〟と同じように、このアルバムのテーマを担っている曲で。《夢のかけらは　もう拾わない　これからは　僕が作り出すから》。
草野「うんうん」
――これもストーリーアルバムでいうと、テーマが浮上してくる部分だよね。
草野「うん。1回終わって再生、みたいな――場面ですかね。わかんない（笑）。どういうふうに組み立てようかっていうのを途中で放棄しちゃったんで」
――〝SJ〟ってどういう意味？
草野「それはね、種明かししないほうがいいと思うんですよね、がっかりされるから（笑）」

田村「そうだね（笑）」

草野「仮タイトルだったんです、ほんとに。どうでもいいような仮タイトルで。でも他に思い浮かばなかったんで『もういっか、このまんまで』って」

――アルバムを聴いてると、《夢のかけらは　もう拾わない　これからは　僕が作り出すから》《夢のかけらは　もう拾わない　君と見よう　ザラついた未来》っていう、この『醒めない』というアルバムのテーマが、またはっきりあらわれるシーンだけどね。

草野「うん」

――〝醒めない〟というのは、まさに夢から醒めないということなんだけども、〝SJ〟は、《夢のかけらは　もう拾わない　これからは　僕が作り出すから》《君と見よう　ザラついた未来》って言ってるわけで。要するに逆のことを言ってるじゃん。

草野「ああ、でもこれねえ、説明していいのかなあ……ここなんですよ。《高みから　もたらされ　幸せなフリができるような》夢のかけらだから、その夢のかけらは、与えられた、ほんとに夢のかけらかわかんないものだから。自分なりの夢のかけらを見つけるなり作るなりすりゃあいいだろ、っていう」

――説明するとダサいですけど。だから、ここが結構キーになってる。先生から教えられたことではなくって、なんかもっとあるだろうっていうような、非常にブルーハーツ的な」

――じゃあこのアルバムのテーマを力強く歌っている歌ではあるんだ。

草野「うん。ロック的な歌詞にしたい、っていうところで、そういうことになったんですね」
――なるほど。今回、制作に関して何かこれまでと違うプロセスはあったんですか?
田村「たとえば草野が使ってるギターのサウンドとかを、曲に合わせてサウンドメイクとかしてたんだけど。でも、ライブで使ってる音をもうそのまま使っちゃえばいいじゃんって。後半部分はほとんど同じ感じだったよね」
草野「ああ、そうね。ライブと同じ音でやっちゃってます」
――それ大きな変化だね、ものすごい。
草野「うん。それがいい音だからね。いい音っていうか、好きな音だから。ラモーンズに近いんじゃないですかねえ、わかんないけど。たとえば、一時期、デジロックっぽくなった人がいっぱいいた時期とかあったじゃないですか。そういうことにも興味持てなかったし。何かが、今トレンドこれだからちょっとやってみようかとかいうのも、まあ歳取ったからかな、30過ぎてからはあんまないんですよね」
田村「あと、思い出した。草野が、アコギよりもエレキを弾きたがる」
草野「ああ、そう!　アコギはあんまり使ってないんですね。もともとエレキギターが好きなので。他のバンドと違うことやろうというアイデアでアコギを持ち始めたんですけど。まあ、今は、アコギを持ってる、ボーカルがアコギで歌ってるバンドなんてもう、普通にいるので。だったらエレキ弾こうっていう感じですよね」
――俺なんか、つい前作、『小さな生き物』とか『とげまる』とか、そのへんのアルバムですら、「あ、なんか新しいサウンドをちょっと採り入れようとしてるな」とか、そういう感じはすごいしたんだけど。
草野「新しいの好きなので、影響は受けてますけどね。最近、四分音符でキックがずーっと入ってるバンドが多いじゃないですか。KANA-BOONとかもそうだけど。それの影響はちょっとあるよ」
――それは俺思ったの。あなたEDMやってると思うんだよ。
草野「〝ヒビスクス〟とか、〝子グマ！～〟もそうだけど、わりと四分でキックが入る曲っていうのは。でも俺ら、〝スパイダー〟とか、わりと四分大好きだよね。昔からやってはいる」
――〝ヒビスクス〟という曲は、EDMです、スピッツの。
草野「EDMってなんだっけ？」
――エレクトリック・ダンス・ミュージック。
草野「あ！　EDM。KANA-BOONがそうだよね」
――違う違う！（笑）。
草野「KEYTALK？」
――バンドじゃなくて、DJの。
田村「セカオワ（SEKAI NO OWARI）とかそういうの」
草野「ああー、なるほど！」
――アヴィーチーとかいるじゃん。
草野「よくわかんないわ俺、興味ないから……そっちからの影響は受けてないんですけど、たぶん」

――ＥＤＭって今、街でどこでもかかってるからね。〝ヒビスクス〟のあの独特の高揚感っていうのは、ＥＤＭだよね。
草野「でも、〝ヒビスクス〟で踊る人いないと思うけど（笑）。ああ……もしかしたらディスコ――意識的にはディスコですけどね。『ＤＭ』ではあるな（笑）。〝Y.M.C.A.〟だ！（笑）」
田村「なかなかね、客観的に面白いトークになってる、ふたり（笑）
――こういうとこね、たぶんカットだと思う（笑）。
草野「でもさあ、また戻っちゃうけど、KANA-BOONとかKEYTALKとかの、ずーっとトン、トン、トンって入ってる、で、結構テンポも速いじゃないですか。これ問答無用で踊るよなあと思って、そういうの羨ましいなと思うこともありますよ（笑）」
――〝ヒビスクス〟、やってみればいいじゃん。ちょっとキック入れて。
草野「あはははは。できなかないよ。でもたぶん、俺らだったら〝Y.M.C.A.〟になると思うんだ（笑）」
﨑山「はっはっは！」
草野「〝セプテンバー〟とかね、アース（・ウィンド&ファイアー）の」
――ちょっとどっこいしょ、っていう感じが入るかもね。
三輪「ははは」
――そこは﨑ちゃん、頑張って。
﨑山「頑張ります（笑）」
――つんのめった、食い気味の四つ打ちで。

草野「〝ガッツだぜ!!〟とか〝渚にまつわるエトセトラ〟になっちゃう」

――﨑ちゃん次第だ。

﨑山「ははは」

――でも、まあほんとに素晴らしいアルバムだと思います!

草野「(笑)強引に締める!」

――いやほんと、『醒めない』というタイトルとそのテーマというのは、今までのスピッツのやってきたこと、やってきた音楽というのをほんとに言い表していると思う。

草野「うん」

――それが、これまでのアルバムとの大きな違いというか。これまでのアルバムはどこかしら「前作じゃないものを」とか「他の人じゃないものを」、みたいな意識がちょっとあった気がするんだけど、今度はほんとに純な感じがするんです。

田村「でも、肯定感の中で進んでたよ。それぞれがそれぞれの。スタッフ含めて、メンバー、亀田さん、エンジニアとかも含めて、お互いを認め合って、じゃあ何をやっていこうかっていう手順を踏んでたから。そういうのはちゃんとあったと思う、今までいちばん」

――だから、このアルバムを機に、スピッツはまた新しい季節に入るなという予感すらする。俺たちはこうだからっていうのを受け入れた上で、肯定的に歩を進めていくというか、音楽を育てていくというか。

草野「年くったらもっと落ち着くかと思ってたんですけど、全然そんなことないし。新しいものに対して興味がなくなっていくのかなと思ってたけど、そういうことにもなってないので。そうならなかったことへの、喜びとか安心感というのは、今ちょうどある時期かもしれない」

――うん、大きいと思います、そういうのって。

草野「うん、まあ取り巻く環境が変わっちゃって、音楽自体が興味持たれなくなってるんじゃないかっていう話を耳にすることもあって。でも俺は絶対そんなことはないと思ってて。だって、ゲームとかやってるでしょ？　ゲームの後ろに音楽ついてるじゃん。テレビ観てても、コマーシャルでも音楽ついてるし。だから、たぶんみんな今も音楽好きだから。CDが売れなくなった＝音楽に興味がなくなってるって書いてるバカなオヤジもいるんだなと思って。そんなバカにはならないように（笑）。いろいろな環境は変わっても、盛り上がったまんま、醒めないまんま、やれてることの喜びっていうのがあらわれているといいなと」

――音楽もいろんな種類があって、ライブハウスでみんなと、仲間と会うためのロックみたいなものもあったりするし、フェスで大勢の人と共有するための音楽みたいなものもあったりするけど。スピッツはあくまでも、醒めない。夢の領域。それは、「音楽ってそうでしょ？」っていう、すごく力強い宣言がされた感じがした。「現実逃避とか夢への逃避とか、あたりまえじゃん！　音楽って夢の領域でしょ？」っていうさ、そのスピッツの力強さって、素晴らしいと思いました。

草野「ありがとうございます」

――俺ばっかしゃべった気もしますけど、大丈夫でしょうか？
草野「結構頑張ったと思うけど」
――だね。ありがとうございました！
全員「ありがとうございました！」

インタビュー＝山崎洋一郎
（ロッキング・オン・ジャパン／2016年9月号）

何を「見っけ」たんでしょうね（笑）。
まあでも、そうねえ、ありきたりな言葉でいうと、
愛すべきものを見つけたっていうようなことじゃないですか

『見っけ』

2019

もうリハーサルからライブから、レコーディングの本番の時も含めて、4人で音出すのが楽しくなるのがどんどん増してる(﨑山)

スピッツの音楽があれば生きていける、それさえあれば幸せでいられる、それが何年も続く——そんな魔法の密度がさらに増した、16作目の大傑作アルバム『見っけ』。4人は何を「見っけ」たのか

スピッツの3年ぶりのニューアルバムのタイトルは『見っけ』。もう絶対いいアルバムに決まってる、そう予感させてやまないタイトルである。

そもそもスピッツのアルバムタイトルはこれまでのどれもが「名コピー」と言えるものばかりだが、特に前作の『醒めない』から今作の『見っけ』の流れはヤバすぎると思う。

『醒めない』からの『見っけ』。『醒めない』のに『見っけ』。『醒めない』どころか『見っけ』。どう解釈したとしても、前作からスピッツはなんだか強い確信に満ちている。

そしてタイトルだけではなくその内容も、スピッツが新たな季節を本格的に迎えていることが伝わる傑作に仕上がっている。初々しいのに安心感があって、聴き馴染んだかのようでいて新鮮で、曲がっているのに普遍的な――スピッツがスピッツであることの本質をあらためて両手を広げて受け入れて、それを新たな気持ちで楽しみながら音にしているのが伝わってくる。

あえて言うまでもないが、一曲残らずすべての曲のクオリティは国宝級に素晴らしい。そして歌詞に込められた意味や物語の濃さと純度は、完全に文学だ。

スピッツの音楽があれば生きていける、それさえあれば幸せでいられる、それが何年も続く――そんな、スピッツだけが生み出せる魔法の密度がさらに増した最新作『見っけ』。『醒めない』と宣言した前作から3年後の『見っけ』で、4人は何を「見っけ」たのだろうか。

――本当に素晴らしいアルバムで。そしていろんな意味でかなりヤバいアルバムだね。

草野「そうなの？」

――ええ（笑）。

三輪「ヤバいよ」

田村「いい意味でヤバいんだったらいいけどね。悪い意味でヤバい可能性もあるからね」

――いろんな意味でヤバい。

三輪「今、稲川淳二さん風じゃないだろうね」

草野「ヤバいなーって」

三輪「ヤバいな、ヤバいなー」
草野「怖いな、怖いなー」
――(笑)。まず、3年ぶり、それで50代初のアルバムだったりとか。
草野「あ、そっか。50代になったのか」
三輪「前回ギリギリだったんだよ」
――サウンド的にも新鮮な部分がいろいろあって。まずこのアルバムに関してそれぞれ率直な言葉で語ってもらえますか? じゃあテツヤさん。
三輪「また新しい一歩になんのかな。『醒めない』でやっぱひとつ完成形ができたと思ったんで。そのスタート地点からまた一歩進んだアルバムだとは思うかな」
――まさに。
草野「(笑)」
三輪「言っちゃった」
――どうですか。
﨑山「うん、やっぱり『醒めない』からまた進化した感じもあると思うし、最近の俺たちの感じが十分に出てるアルバムかなと思いますね」
田村「『醒めない』ってアルバムがあって、ツアーがあって、そのあと『THIRTY30FIFTY50』っていう、初めてというか、たぶんもうないであろうアリーナツアーをやったんですけど。『醒めない』からの楽曲もちょっとやって、昔の曲をいっぱいやったんですけど、全然飽きていない自分を発見できたし、俺以外もみんな新鮮な気持ちでやってたと思うし。昔できなかったことがまたできるとか、昔できたことができなかったとか、すごい新鮮で。『あ、全然スピッツに飽きてないな』っていうのを発見できて。その気持ちのまま俺はレコーディングに突入しました。でも3年経つと、レコーディングが始まった時に結構忘れてるんだよね。レコーディングってどんな感じでやってたっけとか。みんなどんな音像を目指してたっけっていう。忘れてたことも逆に新鮮でいられたんで。普通もうこんな長くやってたら惰性だったりがありそうなもんなんだけど。そういうのはまったくなく、楽しくレコーディングできました」

――なるほどね。どうですか。

草野「『醒めない』と、一昨年（2017年）に出した30周年のアルバムに3曲新曲が入ったりして。そのへんで結構手応えがあって。『醒めない』からその30周年に向かってって、すごい特別感というか、ハレの日感があったんだけど。今回は、自分の中では通常運転でニューアルバムが出たというようなイメージですかね」

――なるほどね。俺が最初に感じた印象なんだけど、すごく初々しさがあると同時に、すごく安心感が持てる、相反するようなことが同居しているアルバムで。それって『醒めない』から始まった独特の感覚だなという感じがあったんですよね。だから『醒めない』が出た時も俺大騒ぎして、4人には「そんなに深読みします？」的なこと言われたけど。やっぱあれは新たな季節を迎えたアルバムだったなと思うんだけどね。で、今回は本格的にその季節が到来しているっていう手応えを感じたんだけど、どうでしょうかね。

田村「それって自分たちが変わったっていうよりも、周りが変わったのかも。俺ら、変わった？」

三輪「基本的には何も変わってない。さっき田村も言ったけど、リハ入るととにかくいつも新鮮なんだよね。久々のレコーディングのリハも、ライブのリハも、４人で合わせるととにかく新鮮。で、マサムネが今年も夏カバーやろうって曲持ってくるじゃん。で、形ができるとすごい嬉しかったりするの。『それってなんだろうね』って話をそんな真剣に話してなかったけど、誰かが、『俺らきっと忘れっぽいんだよ』みたいな。あ、いい意味で忘れっぽいからいつも新鮮でいられるんだなっていう。その繰り返しが今まで続いてるっていう。だからまあ、毎回アルバム作る時はきっとそうで。で、すでにもうなんとなく忘れて次に向かってるから。だからまたツアーのリハーサルの時、新鮮な感じで演奏もできるし。ほんとその繰り返しだからね」

草野「最近よく言うのが、音楽が好きというよりはバンドが好きっていうことで」

三輪「そうだね」

草野「だから、それでこんな30年以上も続けられてるってめちゃめちゃラッキーなことだから。それを楽しまないとっていう感じかな」

――その自覚がやっぱり強まってないですか？

草野「そうですね」

――前作ぐらいの季節から、外に向いて新たな音楽、新たな何かに刺激やワクワクを求めるというよりも、自分たちが出している音の中にそれがあるじゃんっていうかさ。

草野「それで、作ったものが結果的に周りから浮くといいなっていうか。昔、たとえば、小室（哲哉）系とかビーイング系がワーッて売れてる時とかにバンドものをやってると、ちょっと浮いたりした時代があったと思うんですけど。今またラジオで流れてるような曲もバンドの音って少なくて。そういう意味ではちょっと浮く音楽になりつつあるのかなっていうのは、むしろこれ幸いという感じで」

――なるほどね。自分たちがやってることをより肯定的に感じられる、これでいいんだっていう。

草野「そうですね。特殊でいたいというのはもう思春期からずっと変わっていないので」

田村「ただ、無理やり取り込もうとはしないけど、今自分たちが好きなバンドとか好きなミュージシャンを感じていたいっていうのは常に4人とも思ってるので。自分たちでやってるイベントに、そういう人たちも出てもらって、常に肌で感じていようとは思う」

草野「勉強するみたいな」

田村「それで音楽性が変わるとかではないけど。精神性っていったら変だけどね」

草野「まあ（Official）髭男（dism）は観ておこうと（笑）」

三輪「でも気づくことはあるよね」

崎山「あるね」

田村「あるある」

草野「最近の若い子たち、ちゃんとしてるから。ちゃんとしなきゃって思いますね（笑）」

田村「でもそういう人たちを見て、『すごい自分たちができないことやってるし、かっこいい音楽やってるな』って思う反面、自分たちにしかできないこともあるんだなって。案外普通の8ビートっぽいバンドって少ないんだなって」

草野「ああ、今ね。まあ、流行り廃りはあるけどね。Suchmosみたいな音楽が、アンダーグラウンドじゃなくて流行る時代がまた来るって思ってなかったし」

——そういうサイクルはあるよね。それこそ渋谷系みたいな時代も昔あったわけでね。

田村「だから俺らは、常にその渋谷系にしても意識はしてたけど」

草野「あとWANIMAとかもそうだよね。ああいうサウンドがまた人気者になるなんてっていうのも。古い時代から見てる老人なだけに（笑）」

田村「俺ら、すごい器用だったら取り入れてたかもしれない」

草野「そうだね。器用じゃないから。逆にいろいろ取り入れられる人はすごいなって尊敬しちゃうっていうか。毎回アルバムで風合いがまったく変わる人とかいるじゃないですか。自分ができないので、そういう人はむしろすごいと思っちゃいますね」

——なるほどね。そうやって自分たちのやっていることを肯定的に感じ取れて、ちゃんと浮いてるぞって実感が持てて。で、外からの刺激もちゃんとあって。そのある種スピッツを認めるっていう感じって『醒めない』っていうタイトルにも出てたと思うし、今回さらに一歩進んでると思うし。『見っけ』っていうタイトルがついたっていうのが実にまたヤバくて。マサムネくんはそんな大した意味は込めてませんって言うかもしれないけど。

草野「後づけでいろいろ考えてるもん（笑）。〝見っけ〟って『エウレカ(eureka)』じゃないですか。そういう哲学的な意味に無理やり持ってったりもできるし。気づきとか悟りみたいな言葉でもあるし。醒めないんだけど、現状にずっとぼんやりと身を置いてるだけではなくって、新たな何かを見つけようとしてるところもある言葉でもあるかなと思いますけど」

三輪「曲録って、〝見っけ〟って曲名聞いた時に、もう俺は誤解して、今回のアルバムタイトルは『見っけ』だと思ってたの。だから別になんか、そこに理由はないんだけど、きっとマサムネはそうつけるんだろうなと思ってたから。だから全然何も疑問も感じなかった」

草野「なかなか昔、タイトルが決まらなくて大変だったけどね」

三輪「今回すんなりだったもんね。『見っけ』じゃなかったっけ？っつったら、いやあ、『見っけ』でいいんじゃねえのみたいな。トントン拍子で」

草野「俺、『まがった僕のしっぽ』っていうのもおいしいかなと思ったんだけど。自分の異端性を認めようみたいな。でもちょっとくどいから」

田村「ジャケットのデザインってもう決まってた？」

草野「ああ、なんとなくね。ジャケットと関連づけやすい言葉でもあると思った」

田村「マサムネって、曲を俺らに提示する前に、アルバムデザインをいつも毎回考える」

三輪「そこは嬉しそうにすぐ言うからね」

草野「中学生の頃から、自分の想像の中のロックバンドのジャケットとかのイラスト描いたりするのがすごい好きで。その延長線上、今ほんとのジャケットを考えられるから、あの……幸せです。ははは」

――じゃあこれまでのアルバム、全部マサムネくんの草案が元になってるの？

草野「ほとんどそうですね。シングルは違うこともあるけど。アルバムはそうかな。今回も、こういう驚きの表情をしてるアップの写真っていうのを使いたいなっていうのは元からあったんで」

三輪「スタジオで雑談みたいな中で、もうジャケット決まってるの？　みたいな話になったら、生き生きとその説明をし始めたから」

草野「（笑）」

三輪「そん中でもうみんなの中にインプットされてたんだろうね。そのあとに〝見っけ〟って曲持ってきたんでね。で、『見っけ』じゃん、みたいな感じだったよな」

草野「そうね。『まがった僕のしっぽ』だと、いろいろまた変わってきちゃう。この蓑虫くんにしっぽがついてる（笑）」

三輪「とにかくジャケットの話はいつも生き生きするんだよ」

草野「LP世代なんでね。部屋に飾りたいLPのジャケットみたいな」
――このびっくりした女の子のビジュアルと、見つけられてるこの――。
草野「得体の知れない何者か」
――これもあったんだ。
草野「でもね、びっくりしてる女性と、それが何を見てびっくりしてるのかっていうのはわりと最近で。何を見てびっくりしてるのかっていうのはあとから考えようと思ってたから」
――〝見っけ〟っていう曲は、すごくアルバムを象徴してる曲でもあるんだけど。単純に訊くけど、何を見っけたんでしょう。
草野「何を『見っけ』たんでしょうね(笑)。まあでも、そうねえ、ありきたりな言葉でいうと、愛すべきものを見つけたっていうようなことじゃないですか」
――〝見っけ〟の歌詞って相当すごくて。《再会へ!》っていう言葉で始まって、《人間になんないで　くり返す物語／ついに場外へ》。この世界観はちょっとこれまでなかった。
草野「でもね、〝初恋クレイジー〟とかもそうなんですけど、なんか、恋愛中のちょっとイッちゃってる人の心情を歌詞にするのって結構楽しいんですよね。そういう1曲だと思います」
――気持ちのあり方としてはそれに近いのかもしれないね。これオープニング曲じゃないですか。で、『醒めない』も、あのオープニング曲に今の自分たちの世界観をすごく描いてたけど。これもちょっと近くないですか?

草野「そうですね。あと、ロックミュージックとの出会いっていうのに遡るんですけど。思春期の入口ぐらいだったっていうのもあるけど、ものすごい誇大妄想的に憧れるものだったので。そのへんの気持ちっていうのはいつもキープしつつ、ロックミュージシャンでありたいなという気持ちはあるので、そういう曲になってますね。今思えば大したことないものにも、ものすごくカリスマ性を見出したりとか。そういうのってロック以外でもあるのかもしれないけど。ミュージシャンのちょっとした動きだけで、『キャーかっこい』みたいな。それが自分にとってはロックミュージックだったので。だから、どの曲にも少しずつはそういうエッセンスが入ってると思うんですけど、この曲は顕著に入ってるのかな」

——1曲目から叩きつけてる感あるよね。『醒めない』って、音楽と出会ってからの自分たちとか、草野マサムネが表現者としてどういう世界にいるのかっていうのを、〝醒めない〟って言葉ですごく言い表してたと思うんですよ。でも、それがさらに悪化してるっていうかさ（笑）。その確信がさらに。

草野「ああ、うん」

——もう〝醒めない〟どころか、もっとすごい妄想〝見っけ〟っていう。

草野「ミュージシャンとしてそれは嬉しいことだと思います」

——《場外へ》って、スピッツのヤバさをこれからも力強く走り抜けていくぞっていう感じがしますけどね。

草野「そうですね。常識にとらわれんなよっていうメッセージを、俺はずっとロックミュージックから受け取ってきたので。それを踏襲してるんですけど」

——サウンドの話を聞きたいんですけど、アレンジとかが、『醒めない』でもそれまでの路線とは少しテイストが変わったんだけど、今回のアルバムはさらにそれが明確に打ち出されてる感じがして。俺たちのサウンドはこれだっていう明快さが増した気がする。

三輪「まあ、積み重ねだけどね。かゆいとこに手が届きやすくもなったし、あと俺個人としては、最近なんか弾いてる感覚がすごいあるんだよね。今までそういう感じはなかったんだけど、『ああ、ギター弾いてるな』っていう充実感っていうか。ちょっとそれしか言えないんだけど。今までの中でそれが今はいちばんあるかな」

——それって結構全員に共通する感じじゃないですか？　今回のアルバムを聴いててそう感じる。

草野「古典芸能とかと違って、ロックって自己流じゃないですか。その奥義にたどり着くとかそういうのはないとは思うんですけどね。だけど、自分なりの奥義にたどり着きつつあるのかもしれないけど。まあでもスピッツのスタート地点は、特に俺がサウンドとかに対する意識がめちゃめちゃ低かったから、やっと人並みになってきたのかも（笑）。録音したのを家に帰ってサウンドチェックとか、カセットでやってたからね」

三輪「でもね、昔からギターの音にはうるさかったよ」

草野「ああ、そっか」

三輪「マサムネはギターの音に対するこだわりは最初からあったと思う」

﨑山「さっきテツヤも言ったけど、もうリハーサルからライブから、レコーディングの本番の時も含めて、音出すのが楽しくなるのがどんどん増してるっていうか。４人で音出すっていう時は基本的には楽しいっていう感じでやってますよね」

――音の存在感っていうか音の意味っていうか、圧倒的に増してますよ。

草野「あのね、最近すごい感じるのはね、クソみたいな曲でも、音がいいからつい聴いちゃう曲ってあるんです（笑）。だからね、音作り大事だなっていうのは昔よりもすごい感じちゃいますね。鳴ってる音とか、タイミングもあるんですよね。すごく上手なミュージシャンが集まって録っても、たぶん録った時のスタジオとかミュージシャンたちの体調とか、そういうので変わったりもするから、まあほとんど運なんですけど」

田村「どのバンドもそうかもしれないけど、４人でレコーディングして、一発目の音がいちばんいい時あるもんね。ジャンって弾いた時に、いちばん広がりのある」

草野「なんだっけ。１テイクマジックだっけ」

三輪「テイク２だよ、今回」

草野「テイク２マジックか」

三輪「テイク２が選ばれることが多いっていう」

草野「一回肩慣らしして、本番行きますって録った一発目が大体いちばんいい感じの音で録れてるみたいな。あと面白がって演奏してるかどうかって音に出るなと思って」

――今回俺は、﨑ちゃんのドラムにもそれをすごい感じましたけどね。前は、歌をいちばんよく聴かせる役割ありきっていうところがあったと思うんですよね。でも今回はロックドラマーとしてまず前に立って叩いてるって感じがして。でもちゃんと歌の支えになってるっていう。

田村「そこはそれこそ俺らも見せたかったとこで。﨑ちゃんって合わせるドラムって思われがちだけど、すごいテクニックがあって、歌心があって。なんか、ドラムが出てくるとすごいバンド感増すので」

草野「そうだね」

――今までスピッツって、「今回この音にすべてがあるんですよ」みたいなこと意外とあまり言わなかったよね。

草野「そっか」

三輪「昔はほんとにどうしていいかわかんなかったもんね（笑）、単純に」

草野「言われるがまま、これがいいと思うよって言われたらそれに従うみたいな」

田村「でもここ数年のことだけど、録った音に対してのこだわりとかは、たぶん4人とももどのバンドよりも強いと思うよ。ミックスとかマスタリングは実はすごい時間かけてやってる」

三輪「いちばんそこに時間かけてる」

草野「若いバンドってどうなんだろうね。俺ら世代の人のほうが結構うるさそうだよね。民生さんとか吉井くんとか。LPを聴いてた世代っていうのはあるかもしれない」

——今回もプロデュースは亀田（誠治）さんだけど、彼もいつもとアプローチが少し違う感じがしたんですね。出てきた音を生かすっていう感じに徹してる気がすごくする。

草野「若いシンガーソングライターの人のプロデュースとかしてる時は、わりとしっかりプロデュース・アレンジを亀田さんがやってる作品も多いと思うんですけど。俺らと作る時は、わりとバンドのひとりとして作っていくような立場に徹してくれてると思います」

田村「亀田さんって亀田さん色が出やすいんだけど、そうじゃなくて、自分たちが出したい音とか行きたいところを感じ取ってくれて、そこに導いてくれたっていうか、その方法論をときどき示してくれたって感じ」

草野「亀田さんに亀田さんカラーを期待してお願いした曲も昔はあって。〝魔法のコトバ〟とか。今は、ストリングスももう入れなくなっちゃったし」

——でもやっぱり〝ありがとさん〟みたいな曲が、あそこまでのサウンドスケープになるっていうのは、彼のエッジーなサウンドセンスっていうか、それありきだよね。

草野「うん。俺が思ってる以上にバンドサウンドで攻めたほうがいいんじゃないって言ってくれる時もあるし」

田村「不思議なもので、4人が行こうとする方向性って今まであんまりブレたことがなくて。その行こうとするところはいつも明確なんだけど、そこにたどり着く方法を俺ら4人ともわかんなくて。で、俺らまっすぐ行きたいのに、人に委ねるとなんか曲がっちゃったりとか。俺ら4人はわかってるのになんでわかってくんないんだろうっていうことは、今まですごいあったんだけど。そういうことは少なくなってきたような気がする」

――なるほどね。サウンドもさることながら、歌詞に関しても、これまでの作品とは変わってきているって感じていて。さっきのサウンドの話と一緒なんだけど、より明快に、本質的になってきてるなっていう感じがしますね。

こうで、こうで、こういう曲調だからこういうストーリーっていう発想ではなくて、もう「これはこれ」っていうのが並んでる。メロディにしても、歌詞にしてもそういう印象があるんだよ。

草野「年齢もあると思いますけどね。あのー、若い時よりエロに執着なくなってきて（笑）。あと、官能的な歌詞の世界とか思い浮かんでも、俺が歌ったらキモいかもなと思ったら引っ込めちゃうしね。ほんとは引っ込めないほうがいいのかもしれないけど。あとは、年寄りの頑固さじゃないけど、ロックとは何かみたいなのを自分の中に制約として課して作ってる部分もありますね」

――それは歌詞で？

草野「うん。特に今年、朝ドラの曲（〝優しいあの子〟）もやったんで、優等生なイメージがつくかもって恐れがあって。優等生方向に振れないように気をつけてっていうのは、歌詞を作る時にいつも以上に考えたり」

――確かに〝見っけ〟もある意味、すごいロックな歌詞だし。〝ラジオデイズ〟は、具体的なテーマとしてもロック少年なものだし。〝花と虫〟〝はぐれ狼〟〝まがった僕のしっぽ〟もまさにそうだし。〝初夏の日〟もすごくムーディな歌詞に聞こえるけど、実はバリバリ本質的なことを歌っているっていう、テーマ的に〝醒めない〟〝見っけ〟に近い歌詞だよね。
草野「うん。なんか流行歌っていうか、幸せはきみのすぐそばにあるよみたいな歌詞が人気だったりするじゃないですか。『いや、幸せは遠くに求めようよ』って言いたいんですよ。ちょっとでも遠くに行こうよみたいなことを歌いたいっていうのがロックかなと俺なりに思っていて。もちろん、実生活では近くにあるものも大事にすべきだと思うんですけど、歌の世界では(笑)」
田村「そんなことみんなが歌ってたら、また違うこと歌ってる」
草野「そうかもね」
――確かにね、スピッツの歌詞ってほんとに心地いいファンタジーみたいなことを歌っているのか、それともそういうロック的な衝動を込めて歌っているのか、区別がつきづらい、曖昧なところがあったけども。今作に関してはかなり後者寄りだよね。
草野「なんかシュールな感じはちょっと少なくなったかもしれないですね。まあその、支離滅裂感というのは変わらないかもしれないですけど」
――曲調に関して、懐かしさと新鮮さみたいなもののバランスってすごく難しいと思うんだけど、そのへんはテーマになったりしましたか?
草野「たぶん無意識に判断してるんだろうと思うんだけど。録りながら、ちょっとこれ行きすぎだねとかいうのはわかるもんね」
田村「うん」
草野「音の作り方とか。これあまりにもビートルズだよねとか、そういうほうに行っちゃったりすると、ちょっと変えようかとか、そういうバランス感覚があると思うので。それがいい意味で現役感なのかもしれないし。昔のヒット曲だけで営業してるようなバンドでも、ひょっとしたら食えるかもしれないけど、一応そうはなってないんで。でもこないだフジロックの中継で（ザ・）キュアー観てたけど、昔の代表曲をずらっと並べてやってて。で、新譜も出てないんですね。だから、『ああそういうことなんだ』と思って。素晴らしいライブではあったけど、飽きないのかなってちょっと思っちゃったんですよね。俺ら〝ロビンソン〟と〝チェリー〟と〝空も飛べるはず〟ばっかり全ライブでやれって言われたら、ちょっと飽きそうな気がするよね」

田村「たぶん俺ら、そういうのを感じ取ってるから、常にやってないんだ」

草野「まあ1曲小出しにしてやるみたいな感じですけど」

――『醒めない』よりさらにエスカレートしてる部分があるなと思ったのは、いわゆるロックの原点だったりポップの原点だったり、クラシックなスタイルだったりリフだったりリズムパターンだったり、そういうのをわりと恐れずに、もう一回現代にやろうとしてるなって感じがあって。そのへんはどうだろう？

草野「まあでもそのへんも、長くやってるから、そういうのに乗っかってもまあスピッツっていうことになるのかなっていう確信でやってる」

田村「それこそ新鮮にやってるじゃん」

――そうそう。

田村「俺らが歳くって物覚えが悪くなったせいかもしれないけど、手癖みたいなフレーズでも、たとえば1枚目出て、3枚目、4枚目だと、同じことやったからやめようとか思うんだけど、最近は、その曲を聴いて出てきたフレーズだからいいやってことのほうが優先されるようになった。それが結果的に昔やったような手法でも、自分は全然新鮮な気持ちで向き合ってるからいいかなって気持ちが強くなってきたし。草野のメロディがあって歌詞があれば全然成り立つんだなっていうのは、より思うようになった」

三輪「さっき山崎さんが言ったように、古さと新鮮さっていうのもまさにそういうところなのかなって今聞いてて思ったりもした。だからほんとに、とにかく飽きないというか。バンドが好きで、4人が音出す時、常に新鮮だよね。それはずっと変わらないから。普通の会話も同じことの繰り返しだけど、いつも新鮮だしね（笑）。そのへんに尽きるんじゃない？」

田村「俺らボケてるのかって」

三輪「ツアー中に疲れた時に話す内容も同じ話だったりするんだけどね。それでもやっぱ盛り上がれるからね」

——たとえば10年前に〝ラジオデイズ〟みたいな感じの曲調やってたら、「これちょっと変えない？」って言ってない？

草野「ああ、ストレートすぎるかなっていうふうには思ったかもしれない」

田村「でもそれも今回思ったよ。それと〝まがった僕のしっぽ〟は結構ストレートだったから。やめない？っていうよりも新鮮だったね」

——そう、その変化なんだよね。

田村「これストレートすぎるじゃんって思ったから、それだけ単独で出すと、なんか誤解されたら嫌だなって思うけど、このアルバムの中に入った時に、〝ラジオデイズ〟はもっと意味があるだろうし、前回の流れからして絶対意味があるんだろうなと思って。だから結構曲順はね、もうちょっと前に出す、出さないっていうのはあったりして」

草野「ラジオ番組（『SPITZ 草野マサムネのロック大陸漫遊記』）を始めたことも結構大きくて。それで、自分が中学ぐらいの時に夢中で聴いてたラジオ番組っていうのをいろいろ思い出して、どういう曲が流れてきた時に盛り上がってたかなっていうのは、やっぱそういうストレートなロックだったので。それこそキッスとかチープ・トリックとか（ザ・）クラッシュとか、そのへんがかかってた時に盛り上がってたから。素直にそういうイメージに従って作った感じですけどね」

――その素直さが半端なく出てるなって感じが、結構ちりばめられてて。

草野「オヤジにはわかるみたいな（笑）。若い人はまた新しいものとして取っていただければ」

田村「ね。そういう曲出すことによって世界が広がればいいじゃん。出して狭まってく人たちもいるけど、自分たちは今までそういうことなかったから。可能性も見えてくるし、新鮮だし」

――〝はぐれ狼〟もそういう感じしたね。初期の頃にはあったけど、中期以降のスピッツにはなくなった感じが。

草野「ああ、そうですね。わりとストレートな感じ。ロックの、よくある決めのフレーズとか。ロックっぽい定番の手法っていっても、今ロック自体がそんなにもてはやされてない時代だから、何やってもちょっと珍しいものってなるんじゃないかなと思いますけど」
――何より自分たちがそれに対してすごく楽しめてるっていうかさ、新鮮だって言ってたけど、それがやっぱりすべてだよね。
三輪「うん。だと思うけどな」
――改めて訊くけど、それはなんでなの？
三輪「それはわかんないよねえ」
田村「でも、今そういう境地にいるって感じではないんだよね。変わらないんだよね」
三輪「ほんとに、最初にもうギター持ってバンドやりたいっていう時の気持ちのままで。この4人も、ライブやりたい、バンドやりたいって集まったその時のまんまで。そん時の曲、初めてやった時もすごい楽しかったし。そのまま続いてる。ほんとにすごい幸せなことだけどね」
――前作もあったんだけど、その楽しさプラス、やってることへの確信っていうか、肯定性みたいなものって最近かなっていう気が俺はするんだけどね。
草野「バンドをずっとやらせてもらってて。だけど、曲作ったりリハしてる時に自分がステージに立ってるイメージっていうのはいまだに新宿ロフトだったりするんですよ。東京ドームとか武道館に立ってる自分をイメージしながら作ることがあんまりないんで。なんかそこで止まってる感覚もあるかもしんない。もともと最初、新宿ロフトに立つのが夢で結成したから」
三輪「そう。最終目標だからね」

草野「武道館もやらせてもらったけど、イメージとしてはそこに立つ夢見てっていうのはなかったし。まあ、スタンディングの会場でかっこよく演奏できる曲っていうイメージだったりもするかな」

田村「とはいえ、まだまだできそうな感は常にある」

草野「あ、バンドとしてのね」

田村「バンドとして。だから今回、現時点では自分たちを出し尽くしたけど、たぶんツアーしてみんなの前で演奏したら、もうちょっと俺らできるかもって思う気がするんで」

草野「大きい会場でやるからにはそういうライブやってる他のロックバンドに負けないというか、他のバンドが持ってないものを出せるように頑張るんですけど。だからね、『ミュージックステーション』とかに出るじゃないですか。いまだにものすごい場違いな気がするんですよ。すごい回数出さしてもらってるけど、毎回なんか場違いというか。ほんとに、鳥の世界に迷い込んだコウモリですよね。ずーっとコウモリのまんまで（笑）。『いいのかな、ここにいて』みたいな。みなさん鳥ですけど、俺ら鳥じゃないんですけどみたいな」

――50過ぎて〝まがった僕のしっぽ〟って言ってるんだからね（笑）。この曲は聴いて笑っちゃった。

田村「笑ってもらえてよかったよね」

草野「うん」

三輪「うん」

――これ10代の書く歌詞だよね。
草野「いろんなこと言う人いそうですね。チンチンのことですよねとか(笑)」
三輪「ああ、いるね」
――たとえば、〝ありがとさん〟も結構へビーなロックの部類ではあるんだけど、歌詞見ると、すごいかわいいラブソングというか。
草野「ちょっと〝神田川〟的な感じですよね」
――そうそう。こういう恋愛ソングって珍しいなと思って。
草野「前からちょこちょこはあるんだと思いますけどね。でも本来、ロックサウンドに乗せるような曲じゃなかったんだろうけど。盛り上がってっちゃって曲はロックサウンドになって。そのアンバランスさが面白いかなと思って」
――詞が素直すぎるから、照れ隠しにロックサウンドにしたのかなと思ってたんだけど、違うんだ。
草野「あー。最初はね、ポール・ウェラーの2枚目のアルバムの『Wild Wood』、ああいう世界のイメージだったんだけど、どんどん自分の中で変わってってちゃって」
――なるほど。じゃあここまで――。
草野「ガンガンは思ってなかったですけど」
――あと〝ラジオデイズ〟。これも80年代出身のロックバンドがラジオに対する愛情をストレートに歌うっていうのはある種ベタなテーマではあるけど、それをちゃんとベタにやっている。なんかきっかけがあったの?

草野「ラジオ始めたっていうのが大きいですよね。それで基本、クルマの中でもずっとラジオ聴いてて。いまだにラジオから得る情報って大きくて。たとえば、うちらが仕切ってやってる『新木場サンセット』ってイベントに今年出てもらったT字路sもラジオで聴いて、『あ、この人たち面白い』と思ってオファーしたりとか。ずっといろんなものをもらってきたので、ここらでちょっと感謝の気持ちを込めるような曲があってもいいのかなという。今までスピッツ、あんまりラジオのこと歌った曲ないんで」

──確かにね。でも、マサムネくんのロックに対するイメージとラジオのイメージって、すごく通じるよね。

草野「そうですね」

──オルタナティブなものというか、王道じゃない世界っていう。

草野「〝見っけ〟っていう言葉にも通じるけど、ラジオの中に無限に広がる世界みたいのを妄想して、そっから何かを見つけてやろうみたいな、そういう若い時の感覚っていう。ラジオ放送の仕組みとかを裏から見るような立場になっても、いまだにそういう気持ちっていうか。若い時に聴いてたラジオに対するイメージっていうのはなくなってないし。まあでも、聴く人少なくなって残念だ」

──ネットの時代だからね。

草野「実際ラジコで聴いてる人も多いんだろうけど、〝ラジコデイズ〟だとちょっとね(笑)、かっこよくないしね。あと、普段すごい聴いてる曲でも、家の自分でレコードかけてるスピーカーから流れてくるのとラジオのスピーカーから出てくるのとでは盛り上がりが違うんですよ。ラジオ、1対1でありながら、リスナー、大勢で一緒に共有してるみたいな気持ちもあるのかな」
田村「ライブもそうだもんね」
草野「誰かが俺の好きな曲を流してくれて、それをいろんな人と一緒に聴いているっていう。そう、ライブに近いのかもしれないけど」
——コミュニケーションツールなんだよね。
草野「特に生放送はそうなりますよね」
——いろいろ話してもらったんだけど、それを踏まえて、改めてこのアルバムは自分たちにとってどういうアルバムだと思いますか？
崎山「やっぱり、今の俺たちの感じが詰まった感じかなあという。別に50過ぎとかそういうの全然関係なく。バンド始めた頃の衝動みたいなのが出てるかなという感じもちょっとしてて。演奏する感じとかもね、なかなか若いアルバムができたかなって感じもしますけどね」
田村「今回12曲なんですけど、まず最初にアルバムを制作する時にメンバーとスタッフと話した時に、ライブではしょられる曲が出るのは嫌だなと思って。アルバムで4人で合わせることも楽しいけど、やっぱりライブを前提にして新曲が生まれてくるので。そう考えると俺はじめ10曲って言ったんだけど、草野に『それはちょっと聴く人に対して失礼だろ』って」
草野「ちょっと物足んないとこもあるから」
田村「そう。それで12曲になったんだけど。そういう流れでいくとやっぱり、この12曲をライブで演奏するのが今の俺にとってすごい楽しみです。なので、今この記事を見てる人たちがCDを聴いてどう感じたかっていうのと、ライブで観てどう感じるのかなっていうのがすごい楽しみ」

草野「正直、今リリース前なんで、よくわかんないとこもあって。〃優しいあの子〃を作った時に、いろいろ曲のヒントを得るために、北海道、十勝のほうとかちょこちょこ行ったりしてたんですけど。そんで曲ができてきて、その時って、まあ言ってみりゃ俺しか知らない十勝のテーマソングみたいな感じでどんどん盛り上がってきて。でも自分しか知らないから、盛り上がれるところもあったりして。それがテレビで流してもらえて、いろんな人の反応を聞いて。それでまたその〃優しいあの子〃に対する自分のイメージもちょっと変わってきたりとか。意外と年配の人とか小さい子どもにも受け入れてもらえて。より曲が立体的に——十勝まで行って膨らませた曲のイメージって、正しかったって言うとあれだけど、自分で盛り上がって作ったっていうことが空振りになんなくてよかったなとか。いろいろ曲に対する印象も変わってくるので。たぶん、『見っけ』の曲も今、自分の中だけとかメンバー、スタッフの中だけで盛り上がってる状態なので、このあとツアーとかに行ってお客さんに聴いてもらうとまた見え方変わってくるかなと思いますけど。なので今はなんとなくわかんないっていうか。でも、今の感覚ってジャケットの色に意外と表れてたりするんですよ。今回ね、茶色っぽいイメージだったんですよ。だから、みんなに聴いてもらう今自分が持ってるこのアルバムのイメージは——前回ピンクでちょっとふわっとしたイメージで打ち出したんですけど、今回ちょっとチョコレートみたいな、ちょっと濃厚な感じのものをどうぞって思ってるけど、受け取る側はそんなふうには取らないかもしれないし。そのへんは楽しみではありますけど。意外と濃厚なスピッツとして届けたいんだけどどうかなっていう」

――スピッツっていわゆる「音楽が好きでーす、いろんなバンドを聴いてまーす、スピッツとかも好きでーす」っていう人たちももちろんいるんだけども、でもやっぱり、「スピッツがあれば私は生きていけます」「スピッツは最高で、俺は音楽を聴くというよりスピッツを聴いてここまで生きてきたんです」っていうような人もすごいっぱいいるバンドだと思うんだよね。『醒めない』から今回のこの2作っていうのは、メンバーのほうも、そういうふうにスピッツと向き合ってきた人の意識に寄り添うような心境というかさ。

草野「あからさまにその期待を裏切ろうとか、そういうことはないですね」

――そうそう。だからさっきからいろいろ感想を聞いてても、ほんとにストレートなシンプルな感想しか出てこないんだけども。なぜなら、もうこれがすべてなんだっていう。もうやってるだけで楽しいし、飽きないし、理由はよくわかんないんですみたいな。それは、そうやって真剣に向き合ってるファンと同じ気持ちなんだよね。スピッツの何がいいのって言われてもわかりませんみたいな。

草野「でも毎回ね、変なこともやりたいなと思うんだけど、なかなか勇気がないですね」

――今までやってきたじゃん。

草野「いやいや、もっともっとなんかね。まあでもそれも自分らしさだったりするんだろうし」
――なるほどね。それで、すごい長いツアーが発表されてますけど。
草野「まあでも、大丈夫でしょう」
田村「幸い、聴いてくれる人がいるから」
草野「そうですね。もう今だって、還暦越えの元気なミュージシャンがいっぱいいて、困りますよね」
三輪「そうだよ。すげえ元気だ」
草野「加山（雄三）さんだってやってんだから」
崎山「80越え」
三輪「ほんとだよね」
草野「まあでもね、ほんとに、自分の子どもだったとしてもおかしくない世代のさらに若い世代の人が、スピッツ聴いてましたとかって言ってくれるから。すごい不思議な感じですよね」
田村「自分たちのイベントに出てもらった人たちと打ち上げで話すと、お父さん、お母さんの歳と俺らが同じだったりするからね」
草野「そうそう。お父さん、お母さんのほうが若かったりするもんね。でもそこでなんか、先輩風を吹かせるようにはなりたくないっていうか。同じステージに立つっていう意味では、ライバルとは言いたくないんですけども、ミュージシャンとしては仲間みたいなものなので。どんなに若い相手でも、目線は同じにしていきたいなと思いますね」
田村「新しいこともやりたいんだけどできないっていう、なんらかのコンプレックスとか劣等感は常にあるよね」
草野「ああ、そうだね」
田村「だからもう、52歳の俺たちができるのはこれしかないっていうのもあるんだけど、そういう劣等感があるからこそできてる」
――なるほどね。どこかでやっぱり、そういう想いがあるんだね。
田村「そういうのがないとロックバンドじゃない気がしてしょうがないんだよね」
草野「すごいなと思うミュージシャンいっぱいいるもんね」
――でもさ、アルバムの最後さ、〝はぐれ狼〟〝まがった僕のしっぽ〟〝初夏の日〟〝ヤマブキ〟、この4連打でアルバム終えてんだよ。十分若気の至りっつうか（笑）。十分やんちゃだと思うけど、このアルバム。かっこいいです。
草野「ありがとうございます。頑張ります」
インタビュー＝山崎洋一郎
（ロッキング・オン・ジャパン／2019年11月号）

今回、「優しい」とか「かわいい」が多いんですよね。
そういうモードなんだなっていう。
かわいいものを愛でて、優しい人になりたい(笑)

『ひみつスタジオ』

2023

初期衝動的なもの、それに近いものは今回あったような気がするな、ずーっと。弾くのが楽しい、バンドをやるのが楽しい、4人で合わせるのが楽しい、新曲をやるのが楽しい、っていう(田村)

素顔にして究極のスピッツが詰まった17枚目のニューアルバム『ひみつスタジオ』をメンバー全員でひもとく

スピッツのアルバムが名作じゃないわけはないのはファンどころか全国民がわかっていることではあると思うが、この新作はその思いをさらに大きく上書き更新するほどの、最高のアルバムである。

3年半ぶりの17作目のアルバム『ひみつスタジオ』。このタイトル通り、メンバーがスタジオの中で長い時間を共にしながら純度高く磨き上げられた珠玉の13曲が収められた「究極のスピッツ」と言える1枚で、それほど濃密なのに驚くほどストレートで解放的で、優しくて温かい。まるでファースト・アルバムであるかのような飾らない素朴なバンドサウンドに回帰していて、楽しそうに歌って演奏しているメンバーの心がそのまま伝わってくるような素顔のアルバムになっている。なんと4人それぞれが歌を担当する〝オバケのロックバンド〟という曲や、自分たち自身とファンやリスナーのことを歌ったラスト曲〝めぐりめぐって〟など、今までやったことないことをあっけらかんとやっていて、聴いていてどこまでも楽しくなってくる。かと思えば、数々のスピッツの名曲の中でもこれほどの普遍性を持った神聖な曲が果たしてあったかと思わざるをえない超名曲〝讃歌〟に心をどこまでも深く震わせられる。コロナ禍や戦争で傷ついた世界を癒すかのような〝i-O（修理のうた）〟も、その世界で生きる僕らに勇気をくれる〝跳べ〟も、かわいい〝手鞠〟も、胸がざわつく〝未来未来〟も、もちろん既に聴くことのできる〝紫の夜を越えて〟も〝大好物〟も〝美しい鰭〟も、その1曲1曲の素晴らしさとクオリティについて書けばきりがない。数々のスピッツの名作を超えた名作、そう呼びたくなる気持ちはこれを聴けばわかってもらえると思う。そんな『ひみつスタジオ』について、メンバー4人でわいわいと語ってもらった。

――『ひみつスタジオ』、ちょっとびっくりするぐらい素晴らしいアルバムで。

草野「毎回言ってくれますよね（笑）」

――（笑）『醒めない』『見っけ』も素晴らしい作品だったんだけど、それとはまたちょっと違う季節というか、違うモードを感じさせる、新鮮さのあるアルバムだなあと思います。

草野「スピッツだけじゃないんでしょうけど、コロナ禍でライブもなかったので、創作における時間的余裕はあったんですよね。今回久々に出るシングルも、カップリングはアルバムに入らない曲が2曲入ってるくらい、数的にたくさんの曲を録音できて。だから、いつもみたいに3年ごとのタームで作るよりも、より曲作りの時間は長くかけてると思います。だからひょっとしたら、普段の6年分ぐらいの曲が入ってる感じ、なのかもしんない……です」

――なるほどね。確かに、ゆっくり時間をかけて、いい曲がたくさんできたっていう充実感はもちろん感じるんだけど、でもそれだけじゃない感じがするっていうか。

草野「あ、そうですか？」

――うん。進んでいる、歩んでいるスピッツを明らかに感じられる作品になっていると思います。サウンドも変わったし、全体から感じられるメッセージの矢印の向きや強さみたいなものが、すごく大きく変わったなというふうに感じました。今日はそのあたりをじっくり聞かせてもらえたらと思ってます。

草野「はい」

――まず、それぞれのこのアルバムの手応えや感想を聞かせてもらえますか？　田村さんからいいですか？

田村「まずとにかく、レコーディングする場所があったことが、俺としてはすごいよかったというか、救われたというか。コロナでライブもあんまりできない中、レコーディングスタジオ行くのがほんと楽しかったんで。そういう意味では、まあ、よく言ってるかもしれないけど、初期衝動的なもの――初期ではないんだけど、それに近いものは、今回あったような気がするな、ずーっと。単純に、弾くのが楽しい、バンドをやるのが楽しい、4人で合わせるのが楽しい、新曲をやるのが楽しい、っていう」
三輪「田村はそうだもんね。ここ最近は田村がいちばん、レコーディング楽しんでんじゃねえかな。音決めもいちばん時間かかるし。持ってるベースを全部試したがるから（笑）」
――時間があるから、っつって？（笑）。
三輪「そうそう（笑）。でも、『あのベースやっぱいいな』とか、そこに新しい発見もあったりして。バイオリンベースがあんなに音太かったんだ、とかに改めて気づいたり。新しい発見がまだまだあるっていうね」
草野「カクテル作りみたいな感じで、テツヤがこのギターだと田村のこのベースが意外と合うなとか、そういう調合に近いような作業を、より時間かけてやれたかもしんないですね」
田村「あと、俺らってスロースターター的なとこもあるんで、今まではレコーディングの最後のほうになって『あっ！　ドラムの音、いいねえ！』っていうパターンが多かったんですよ。でも今回はそれが比較的早かった。真ん中ぐらいにきたよね？」
三輪「まあね。まあそうだけどね」
田村「でも結果としては、最後がいちばんよかったんだけど」
草野「〝紫の夜を越えて〟を録ったのがもう、3年ぐらい前？　それぐらい時間をかけてますからね、今回」
――でも、長くかけて作った感じはしなかったよ。むしろ逆かと思った。
草野「あ、ほんと？」

三輪「まあ俺らとしても、長くかけたって意識はあんまないけどねえ」
崎山「ないない」
草野「レッド・ツェッペリンのファーストみたいな感じっすかね？　短い期間で、っていう」
——そう。そんな感じに聞こえる。
草野「はははは。だったら、それは嬉しいですね」
田村「でも確かに、期間のわりにダラけはしなかったよね」
三輪「他にやることもちゃんとあったからね。前は向いてたから、みんな」
草野「集中するコツとかはね、若い時より摑んでるので」
崎山「うん」
——テツヤさん、どうですか？
三輪「アルバムとしては、ここ3枚くらい、1曲ずつ録ることが多くて。だんだん全体像が見えてくるってパターンになってきてるのね。そのわりにはいつもまとまりがよかったかなと思うんだけど、今回もそういう延長線上にあるかな。一曲一曲が強いだけじゃなく、アルバムとしてまとまりがあるし、成長も見られるし。胸張って出せるかな。まあ、俺は既にライブモードだけどね。ツアー行きたい、演奏したい」
——崎山さんはどうですか？
崎山「最近、4人で演奏するのが楽しくて。レコーディングの前のリハから楽しいし、基本的にはずーっと楽しい。その楽しい感じを演奏に盛り込むっていう作業がすごく、充実してましたね。個人的には、ドラマーとしてまだまだ若い奴には負けねえぞみたいな感じも盛り込んであったり（笑）。そういう、ある意味挑戦するような気持ちもあって、楽しかったですね。あとはやっぱり、マサムネから出てくるアイデアが新鮮だし、刺激的で。これだけやってきた中でもみずみずしさを感じられたから、それを自分なりにもっとかっこよくしよう、みたいなことを、どの曲もやったっていう。そういうの、いつも楽しいですよね」

田村「草野がデモテープを持ってきて、メンバー全員で聴いて、そのあと亀田（誠治）さんのところに行ってアレンジしてもらったりもするんだけど……その曲の、原点というか」

三輪「そう、最初に聴いた時に俺たちが感じたことは大事にしたいから」

崎山「そうそう」

田村「迷ったら草野のデモテープ聴いてアイデア膨らませることが多いよね」

崎山「その世界観というかね」

——最初のデモで感じた曲の良さの原形みたいなものをなるべく残すというか、生かすというか。

三輪「そうだね。それぞれが最初に思ったいいところを消したくないから。それがなかなか難しいんだけど。でも結果的に全部その気持ちでできたよね」

——いやあ、やっぱり尊いバンドだなあ。

草野「ありがとうございまーす（笑）」

——じゃあマサムネさん、いかがですか？

草野「いきなり総括かあ（笑）。これは『小さな生き物』あたりからテーマにしてる部分なんですけど、最終的なアレンジではオルガンの音とかホーンが入ったりしても、作るうえではあくまで4人だけでやってる音をイメージしながら作ってて。極力シンプルに録れたらいいなっていう。『スーベニア』とか『さざなみCD』あたりは、そういう時代っていうのもあるんですけど、ちょっとオーバーアレンジなんですよね。あの頃はそういうものが欲しかったから、別に後悔とかはしてないんですけど。でも、そこからの反動がずっとあって。バンドをやってるんだから、4人だけで、いきなり新宿JAMでやってくださいって言われてもやれるような曲がいいよなあと思ってるんです。今回もわりとそういう曲が並んでんのかな。バンドサウンド、ですよね」

――ほんっとにそうです。

草野「今、ドラムが打ち込みだったりとか、大袈裟な曲が世界的にも多いじゃないですか。だから、そうじゃないのをやりたいなと思ってて――そのほうがいい意味でも浮くかもと思ってたんだけど、Saucy（Dog）とかマカロニえんぴつもバンドサウンドだし、意外と若い人も普通にバンドサウンドを求めてるんですよね。それでちょっと安心したりもするんですけど。だから、このままバンドが続いていく間は、そういう考えでやっていこうかなと思ってます。もともとそういうことがやりたくて始めてるし。原点、チープ・トリックなんで（笑）」

――（笑）。

草野「特にここ何年か、コロナ禍で音を合わせたりする機会も少なくなってたから、よりバンドを始めた10代の時の楽しい感じが蘇ってくるきっかけにはなったのかなと思いますね。あとここ最近は、アルバム作ってツアーやって、インプットする時間をもらって、また曲作ってレコーディングして……っていうルーティーンだったんですけど、今回はそれがちょっと狂っちゃったので、ライブでやってるイメージばっかりを浮かべてないかも。スタジオでとりあえず合わせたいっていう気持ちで作った曲が多いかもしれないです」

——なるほど！

草野「そういう意味でも、ファーストとかの頃に近いところもあるかもしれないです。あの時はライブでやることをまったく考えてなかったから（笑）」

——じゃあかなりプリミティブ化したというか、素朴化したというか。

草野「うん。あえてそうしたというよりは、流れ的にそうなったっていう」

——だから『ひみつスタジオ』っていうタイトルなんだね。

草野「そうですね。秘密のスタジオでずーっとやってたっていうことで」

——サウンド的な部分以外で、今回のアルバムに関して何かトピックはある？

田村「これまでは、アルバムのレコーディングをする時はある程度リリースの時期が見えてたけど、今回は決まってなかったよね」

三輪・﨑山「決まってない」

草野「うん」

田村「今は自分たちがやるべきことをやろうって思ったら、レコーディングだったたっていう感じで。それが俺としては大きかったけどね」

三輪「そうだね。今回の始まりは……」

田村「タイアップの〝紫の夜を越えて〟があって、そのあと『NEW MIKKE』のツアーがあったから、流れが全然違ったんだよね、今回」

三輪「確かにいつもはレコーディングやってる時はライブは入んないからねえ。レコーディングやって、ライブやって、レコーディングやってっていうのは、初めてに近いのかな？　だから止まってないよね。ずーっと前向いてる。そういうのもあんのかなあ。スピッツって、すごいわかりにくいけど、1回のライブ、1回のレコーディングごとに確実にアップデートしてるから、それがとってもいい感じになってたんじゃないかな」

田村「レコーディングの作業もしつつ、ライブをやって、ライブしたプレイのチェックもして。自分たちの音をすんげえいっぱい聴いたよね」

三輪「ああ、すんごい聴いた。それもあると思う。そのままの耳でレコーディングに入ってたから、音もいちばん好きな音で録れてきてんだと思う」

田村「プリミティブという意味では、そういうことも少なからず影響してる気がしますよね」

――アルバムっていう表現物を組み立てるのに没頭した結果できたものではなくて、ライブをやったり、新しい曲をやってみようってスタジオ入ったり、そういう日々の営みみたいなものがそのまま、この一種の素朴さみたいなものにつながっているのかもしれないね。

三輪「うん。ま、意識はしてなかったけどね。今話してて、確かにこういうやり方はあんまりやってこなかったかもって思った」

――これが若手バンドだったら、自分たちのバンドサウンドをストレートに出して「はい、これが音源です」ってやれるのもわかるんだけどさ。キャリアを重ねると、どうしても慎重になる部分もあるじゃん。「この音、いいのかな?」「もうちょっと緻密にアレンジとかしなくていいのかな?」って。そういうことでだんだん円くなっていくバンドも多いけど、今のスピッツがこうやって素肌感覚でいけるのはすごいよね。

草野「まあでもそんなに、失うものもないしね(笑)。どっちかって言うと若い頃のほうが、『これ出していいのかな』って、こわごわしてた」

三輪「今のほうが結構、さらけ出せるようになってきたよね。昔のほうが隠してた気がする」

草野「大きく見せようとしてた」

――(笑)それは何か、精神的な目覚めみたいなものがあったの?

草野「うーん……今回の制作期間に、自分の昔のこととかもいろいろ振り返ったんですよ。で、昔俺は『スピッツの歌はセックスと死のことを歌ってる』って言ってたんだけど、あれはなんか、頑張ってイキって発言してたなと思って(笑)。そのことについてはファンクラブでも表明したんですけど。当時、90年代ぐらいまでって、男らしさ、女らしさみたいなものの束縛が今よりも強くて、男らしくないとされているもの――たとえばかわいいものを歌詞の世界に入れようとしてたっても、あんまりメディアとかで取り上げられなかったんですよね。それよりもっとイキった発言ちょうだいよ、みたいな、そういう風潮があって。でも今は時代も変わって、世の中が結構スピッツ化してきてるなと思うんですよ。俺としては、昔から出したいなと思ってたものを、思いっきり出せるようになってきた！と。だから、ちょっと気持ち悪いって思われてもいいから、かわいいものとかを入れていこうってのは、ここ10年ぐらい思ってますね。『還暦近いおっさんがこんなかわいいことやってんのかよ』みたいに思われたら、それはそれで本望かなと（笑）。『死とセックスじゃなく、かわいいものが好きなんです』っていうのがテーマになっているというか。それに、かわいいものが好きっていうのも、逆に生命力につながると、無理やり思ってるんですよね」

――かわいいもの、スピッツ的なるものを前面に出すことって、ある意味何かをひっくり返すことでもあるもんね。

草野「ああ、そうですね、うん」

――でも、スピッツって昔から十分そのイメージあるよ。

草野「そう。だからなんでセックスと死なんて言っちゃったんだろうな。当時はそこばかりをクローズアップされて、今でも訊かれたりしますからね。いや、それは、あの時ちょっとイキって言っただけですっていう（笑）」

――だって、『ヒバリのこころ』から始まってるもんね。

草野「うん。だから今は、より、気持ち悪いぐらいそれを出せてるかなとは思いますね」

――確かに今マサムネくんが言ったように、世の中がスピッツ化してる部分っていうのは本当にあって。特に――無理やり結びつけんなよって言われるかもしれないけども、コロナを経て傷ついた世界の状況、空気の中では、そういった感性が持つ救いや癒し、先が見えない暗闇の中での明るいものとして、以前よりもさらに有効なんだと思う。
草野「あと、コンプライアンスが厳しくなって、つまんなくなったって言う人もいるけど、俺とかは今の世の中のほうが全然、過ごしやすいんですよ。今まで声を上げられなかった小さな存在の人たちが声を上げやすくなってるっていうのは、俺とかの価値観からすると、よくなってるなあって思う。そういう意味でも、スピッツ化してきてるなと。逆に、だからこそ昔はちょっと異質で、いい意味で浮いて見えたんだろうから、今は今で時代に埋没しないで、さらに色を出していけたらなとは考えてますけど。まあでも、教科書載っちゃうってことはもう、埋没しちゃってるのかもしれないね（笑）」
――違うよ！
草野「ははは」
――自分たちが表現してきたもの、信じてきたものが間違ってなかったっていう自信があるからこそ、今回のサウンドはストレートに、よりすっぴんになってきてるんだと俺は思うけどね。
草野「まあ、できることしかやってないんですけどね」
﨑山「うん」
田村「それで言うと、自分たちのイベントで――やっぱり自分たちが観たいバンドに出てもらうわけなので、『どんなことやってるのかな』って、いつもリハを見てるんだけど。前よりも今のほうが、『あ、この人たち、考えが近い』ってバンドも多いんですよね」

草野「あ、若手がね」
田村「そう、若手。昔のバンドマンって、もっと自分が好きな音楽を誇ってもいいのに、オラついたとこばっかり目立っちゃってたりしたじゃん。でも今はそういうのがないから」
三輪「そうね。真面目だしね」
田村「今の子、楽しいよね。そういう子たちとやることで刺激も受けたし。そうやってイベントをやってきた成果もあるかもしれないね」
——他には何かあった？　この作品を作るうえでのテーマとか。
草野「うーん……何か大きな構想があって録ってるわけでもないので、ひとつテーマを決めて、みたいな感じはないんですけど。ひとつあるとしたら、今回、全員がボーカルとして歌った曲があるんですけど（〝オバケのロックバンド〟）、これだけ長くやってても、意外とやってないことって多いんですよ。そういうことを積極的にやりたいなっていうのはありましたね。その一環が、みんなでSMAPみたいに歌ってみようっていう」
田村「SMAPなんだ！（笑）」
草野「そう。イメージはドリフ（ザ・ドリフターズ）かSMAP（笑）。あとは、ストリングスの人たちと一緒にやったことはあるけど、ひとりのバイオリニストの人とはやったことはないなって思って、参加してもらったり。賛美歌みたいなコーラスはやってもらったことなかったよね、とか——あと、民謡もですね。〝未来未来〟。そういう、やったことないものをいろいろやってみたっていうのはあります。『あ、これ面白いかも！』っていうアイデアはいつも書き留めてるので」
――これまでやったことのないアイデアも「やってみよう」ってスッと通るような楽しさに満ちあふれたアルバムだよね。そういう自由な、素直なフィーリングみたいなものが、今このタイミングで解放されたのは、改めてどうしてだったと思う？
草野「ああ……でも、それしかないってことだと思いますよ。最近、たとえばVaundyのインタビューとか見てると、彼って、自分でMVも作るし、ライブの演出もすごくこだわりがあるし、映画とかもやってみたいそうだし、多方面でクリエイティビティを発揮してるじゃないですか。そういう人って若い人に限らずいて、ほんとにすごいなと思うんですよ。でも俺らの場合クリエイティビティが曲作りと演奏というところにしか向かないんですよね」
三輪「他のことはそれぞれのプロに任せるからね。ああいうマルチさは俺らにはできないよね」
草野「そう。曲作って演奏するっていうとこだけに楽しみを見出してるというか……子どもが新しいおもちゃで遊ぶような楽しい感じを保ちつつやれてるというか。だから、気持ちとしてはライブハウスでやってる時と変わらないんですよね。アリーナでライブやりますってなっても、だったらこういうことしたい、ああいうことしたいって、そういうアイデア全然ないんですよ（笑）。みんなわりとそうだよね？」
田村「そうだね」
﨑山「うん」

三輪「ライブハウスでライブやりたいって集まった4人がそのまんまいる、みたいな。何も変わってないよね」

——うんうん。基本的にスピッツはずっとその姿勢なんだと思うんだけど、たとえば前作や前々作に比べて、このアルバムでさらに強くそこに戻ってきた感じがしてて、それがなんでなんだろうなと思ったんだよね。

草野「それで言うと、あんまり意識はしてないですよね。結果的にそう聴いていただけたんだったらよかったな、っていうぐらいで。もし何か理由があるとしたら、時間がかかってるっていうのが大きいと思う。これまでが妥協してたってわけじゃないけど、時間をかけたことで、これまで以上に妥協点は少ないアルバムになってると思うので。本来こういうことやりたいんだよ、っていうのにより近づいてる作品かもしれない。大体いつもは、録り終わって『あそこはこうすりゃよかったな』っていう反省点みたいなのがすぐ出てくることが多いけど、今回は全体を録り終わって並べて聴いても、そういうのが全然ないので」

——じゃあ、完成度とか洗練度の問題かな?

草野「そうなのかなあ……」

三輪「やっぱりライブを間に入れたり、ライブ音源も作ったりしたのが大きかったと思うけどね。上手い具合にレコーディングのほうに成果が出たんだな。あと、コロナ禍になってライブも飛んじゃって、何やっていいかわかんねえ時は不安はあったけど……何かやんなくちゃと思って、前だけは向いてて。そういう中で、ひとまずアルバムのこと考えないで録ろうっていうところから始まって、4人で音出すのが楽しいって思えて。で、録ったそれぞれの音を何回も何回も聴いて、『あ、このドラムの音いいじゃん！』みたいな気づきもあって。そういう、積み重ねが出てるのかなあと思うけどね」

――なるほどね。

草野「あと個人的にここ3、4年で変わったことで言うと、ラジオ番組を始めたんですよ。ラジオでオンエアする曲は全部自分で決めるので、サブスクも利用するようになって、若い時に負けないぐらい、音楽は聴いてます。そういう刺激もあるかもしれないですね」

田村「それはあるよね」

草野「昔は、大人買いって言ってもそんなにたくさん買えなかったけど、今はすごいたくさんのジャンルの音楽が聴けるし。なんか、おじさんになってくると音楽聴かなくなる人多いって言うじゃないですか。俺もサブスクがなかったらそうなっていった恐れもあるなって思うけど、今、むしろ鉱脈見つけたみたいな感じでいろいろ聴いてるので。それが如実に影響された曲があるかって言われると、ちょっとわかんないですけど」

――音の聴き方とか、音に対する考え方の面では、どういう影響を受けたの？

草野「さっきも言いましたけど、世界的に生ドラムの音が主流ではなくなってるじゃないですか。その中で、『やっぱ生ドラムいいよな』って認識を改めたりもしたし。あと最近、『アナドルロック』っていうトルコのロックにちょっとハマったり。全然知らない世界ってまだいっぱいあるんだなって、音楽に対するワクワクを取り戻させてくれましたね。今回のアルバムにはトルコ風の曲はないですけど、次回は入るかもしれない（笑）。そういう音楽に対するワクワクは、ここ4、5年、また盛り上がってきてますね」
——面白い。いろんな再確認や発見が同時に起きて、それがアルバムに反映されたんだね。
草野「そうですね」
——じゃあここからは、アルバムのいくつかの曲に関して話を聞いていきたいんだけど。まず1曲目の〝i-O（修理のうた）〟、「i-O」ってなんなの？
草野「♪アーイオーって歌うから、仮タイトルでつけてたんですよ（笑）。ダジャレみたいな感じで。それがそのままタイトルに残った感じですね。で、ジャケ写にロボットが出てくるんですけど、そのロボットの名前もi-Oにしました」
——なるほど。これはすごくかわいらしい曲でもあるんだけど、せつない曲でもあって。たとえば『醒めない』みたいにバーンと扉を開けるような感じのオープニングではなく、ほっとするような、癒されるような、あったかくなるような曲から始まるんだよね。
草野「当初、ラストに入ってる〝めぐりめぐって〟って曲を1曲目のつもりで作ったんですよ」
三輪「そうそう。でも、最後のほうにできたこの曲がよかったから、こういう1曲目、新しいかもねって」
草野「ありそうでないかもねって」
——偉そうな言い方すると、これ、以前だったら1曲目にならなかったと思うんだよね。でも今は、こうやってふわっと始められる自信があるんだなっていう、堂々としたものを感じた。
田村「さっきロボットの話が出てたけど、ジャケットの世界観とすっごいリンクしてるんだよね、これ。どっちかっていうと、歌詞がジャケットに寄ったっていう」
草野「そうそうそう」
田村「それも面白いし、スピッツっぽいやり方だなあと思って」
三輪「今回、曲順大変だったよね」
草野「まあねえ。サブスクとかで聴く人からすると、曲順とかあんまり気にしてないのかもしれないけど」
――ましてやジャケに寄せるなんていう発想は、今の世代の人はないと思うよ。
草野「(笑)ね。でもまた、アナログもカセットも出ますから」
――でも、内容としてもまさに今回のアルバムの1曲目だと思うよ。コロナでも戦争でも経済でも、いろんなものが壊れているし、あらゆる人が何か壊れたものを抱えている時代に、〝修理のうた〟という曲が1曲目から流れてくることの優しさっていうか。「スピッツ、ありがとう」って思った。
草野「ははは。まあ、年齢的にも体中、修理したいとこ出てくるしね?」
――自分に対してかい!(笑)。
草野「ははははは」
三輪「でもスピッツあるあるだけど、(レコーディングの)最後にいい曲持ってきたなあって俺はすごい思った」
草野「いや、そうですねえ……最近よく言ってるんですけど、自分が歌ってほしい言葉を書いてるので、今だったらこういう曲聴きたいよねえ、っていう感じですよね。これもちょっと今の感覚からは離れてるかもしれないけど、CD屋で試聴した時に最初に聴くわけじゃないですか、1曲目って。それで、『ああ、これだよ！』っていう安心感をまずは味わってほしいって意図もありました。あとはそれこそ山崎さんがおっしゃったように、なんか修理って言葉は今の世の中的には——修理して使う、SDGs的な感じは今を表すものでもあるかなと思って。いい言葉だなと思って、温めてはいたんですよね。修理っていう言葉は」
——素晴らしいです。続く〃跳べ〃は〃修理のうた〃とは曲調も何もかも違うんだけど、越えられないと思ってるものも越えられるという、これもこの閉塞感のある時代に向けた曲だなと思って。
草野「そうですね。flyじゃなくてjumpのほうの〃跳べ〃なんで」
田村「特に〃跳べ〃は、ほんとに最初の頃に録ったもんね」
崎山「そうそう。〃紫〜〃と一緒のタイミングで録ったんだ」
田村「まだコロナ禍の制限も厳しくて閉塞感のある中で、じゃあバンド4人で録ろうよ、って言って」
草野「そうだ、これは自分たち4人だけで録ったんですよね。思いのほか、いい感じで録れたね」
田村「アルバムに入るとか、ほんとに何も考えずに録っちゃったんですよ」

三輪「そうそう。〝紫〜〟のついでに、勿体ないからもう1曲録る？って感じだったもんね（笑）」
草野「ついでで録った」
——《ここは地獄ではないんだよ／優しい人になりたいよね》って、究極のスピッツメッセージですよ。
草野「スピッツっぽいですよね。今回、さっきの話じゃないけど、『優しい』とか『かわいい』が多いんですよね。だから、ああ、そういうモードなんだなっていう。かわいいものを愛でて、優しい人になりたい（笑）」
——これはいい曲ですよ。あと、〝未来未来〟。さっき民謡の話があったけど、いつもスピッツのアルバムに何割かある実験パートみたいなものがこの曲に凝縮されている感じがする。
草野「民謡に関しては、結構前からあったアイデアで。家でプロトゥールスを使うようになってから、いろんな音源を切り貼りして遊んでた時期があって、その頃から民謡の音をロックっぽいビートにのせたら面白いかも、と思ってて。いつか使いたいなと思ってたアイデアなんですよね。イメージ的には『ブレードランナー』で、電飾の看板に『強力わかもと』の……」
三輪「芸者が出てくるやつね」
草野「そう。そういう、未来だけどちょっと和風が入っちゃってるみたいなイメージだったんですよね」
——「この曲の実験感って、すごく80年代、90年代っぽいね」って言おうとしたら、『ブレードランナー』が出てきたから（笑）。

崎山「ははは。まさに」
――わけわかんないところに首突っ込んでるスピッツもここにいるぜ、っていう曲ではあるよね。
草野「そう、賛否が分かれそうなのをあえて入れるっていう」
田村「でも、冒険まではいってない。ギリギリなとこで」
草野「うまくまとめてはいると思うんですけど。前に沖縄のテイストを入れた時も、決して島唄にはならない、カチャーシーのほうを入れようっていう。ちょっと外したいっていうのもあるし」
――そのDNAを感じさせる曲ではありますね。あと、俺の中での話題曲が3つあって。まずひとつがやっぱり〝オバケのロックバンド〟。
三輪「(笑)ボーカリストです」
田村「ボーカリストです」
――初のメンバー全員ボーカル、しかもソロで歌うという。これはどういうところから生まれたんですか?
三輪「前から言ってはいたよね、冗談っぽくでも」
草野「そう、そういうのやりたいねって。ジャニーズの子たちの曲って、基本的に男声のユニゾンじゃないですか。何十人とかじゃなく、ひと桁人数の男声のユニゾンのパワーってあるなあと思ってて。昔、〝野生のポルカ〟って曲でみんなでサビだけ歌うとかいうのはあったけど、一人ひとりが歌って、サビでユニゾンってのは、結構パワーあるかもと思ってたんです。聴いた人は『おっ!』って思うだろうなって。で、この曲のメロディ自体は、アマチュアの頃にやってた曲のアイデアを使ってるんですよ。だからメンバーみんな、馴染みがいいだろうしすぐ歌えるんじゃないかなと思って、こうなりました」
三輪「そういうこともねえ、考えてくれてるんですよ」
草野「（笑）アマチュア時代のレパートリーだった曲なので。メジャーデビューしてからは忘れられてた曲なんですけど、あのメロディだったらたぶん歌えるよね、っていうので。まったくゼロから覚えるのは大変だろうから」
――アマチュア時代の曲をアルバムに入れようなんて発想、これまであった？
草野「セカンドぐらいまではやってたんですけど、最近はなかったですね」
――やっぱり、再確認&蘇りみたいなことが起きてる感じがあるなあ。
田村「あと、アルバムのレコーディングの中で、メインイベントみたいなのがあると盛り上がる感じあるじゃない」
草野「ああ、それもあるある」
田村「それを作ってきた感がすごいあるんだよね。『これやったら盛り上がるよねえ』って」
草野「うん、お祭り感が。レコーディングの中でもお祭りを作って」
田村「それに乗せられたっていう」
草野「ははは」
――マサムネくんの歌から始まるんだけど、衝撃的な瞬間は、ドラムオバケが出てくる瞬間ですよね。

崎山「ははははは。うん、結構、楽しかったですよ（笑）。俺今日『楽しい』しか言ってないけど（笑）」
――（笑）ギターオバケはどうでした？
三輪「あのねえ――これ、話していいの？　牛丼食うやつ」
草野「あ、いいよいいよ」
三輪「マサムネ、歌入れの時にね、絶対牛丼食うのね」
――へえー、初耳。
三輪「いろいろ理由はあるんだけど」
草野「歌うのって、おなか減るんですよ。何回かテイク録っていくうちにおなかが減ると力が入んなくなってくるので、しっかり食べておきたいんですけど、俺、朝ってあんまりおなか減らないんで、普段はパンとかしか食べないんですね。でもしっかり食べないと力が出ないからどうしようって考えた結果、牛丼は甘いから食べれちゃうってことに気づいて、歌録りの日は牛丼って決めてるんです」
三輪「っていうのがあったので、それにあやかって、この歌入れの日は吉野家の牛丼を買ってきてもらって」
――「あやかって」（笑）。
三輪「3人で食べて、歌に挑んだね」
崎山「でもマサムネはいつも、何時間か前に食べてるんだよね？」
草野「2時間とか」
崎山「俺ら直前に食ったから（笑）」

三輪「はははは」
田村「意味ねえじゃん」
三輪「ま、でも、肉の脂がね、喉に」
田村「（笑）ただ、盛り上がることは盛り上がったんだけど、もっと笑えるものになるかと思いきや、意外と笑えなかったっていう。亀田さんにいたっては感動してたもんね」
崎山「そう。サビでみんなが歌ったのを合わせた時、感動してた（笑）」
田村「保護者のような感じで」
――曲自体、みんなが歌うに相応しい舞台設定がされてるしね。
三輪「そうそう。そういうふうに設定してくれたから」
田村「キーもいつもより低いしね」
草野「上下の幅をそこまで作らないように、とかは考えました」
――これはでも、そういうアイデアからやろうってことになった曲なのかもしれないけど、アルバムの内容ともめちゃくちゃフィットしてるよね。もう一度バンドマンの原点みたいなものを再確認するっていう。
草野「バンドマン自体がオバケというか、異形の存在っていうふうに見ることもできるなっていう気持ちがあるので。特にステージの上では。だから、そういうテーマにもなっていますね」
田村「歌うことに一生懸命だったから、演奏のことまで頭回んないやと思ってたんだけど、結果的にすんげえかっこよく録れたんだよね、演奏も」
崎山「そうだね」

草野「音もよく録れた。それだけ楽しく、盛り上がってやれたってことだと思うんですけどね」
﨑山「うん」
――すごい。実はいろんなことがすべて言い切れてる曲ですよ。もうひとつ話を聞きたいのが、最後の〝めぐりめぐって〟。これも僕が感じたこのアルバムのテーマ性にぴったりな曲で。
草野「これは、イメージとしてあったのがRCサクセションの〝よォーこそ〟って曲。ライブの1曲目で、『お客さん、ようこそ!』っていうような曲がスピッツにはないかもなあと思って。そういう、『めぐりめぐって、みなさんとこうやって、会えましたよ!』っていう喜びを表すような曲を作りたいなっていうところからできあがったんです」
――歌の主人公が自分たちちっていう、スピッツにしては珍しいソングライティングになってるよね。
草野「そうですね。さっきも言ってたように、1曲目の気分で作ってたんですけど、〝i-O〟が意外とよくできちゃったので、ラストになったっていう。アルバムのラストがアップテンポっていうのも好きなので」
三輪「これをラストにしたことで、またつながる感があったからよかったと思うね」
草野「前回もラストが〝ヤマブキ〟で、前々回は〝こんにちは〟だから、アップテンポのロックっぽい曲が最後に来るってのはわりと意識的にそうしてるんだよね。昔でいうと〝けもの道〟とかもラストなんだよね」

――でも〝めぐりめぐって〟については、このアルバム以外ありえない曲だという気がしますよ。自分たちが一種の歌の登場人物として登場するありのまま感というか、ダイレクト感は、『ひみつスタジオ』ならではのフィーリングだと思いますけどね。

草野「うん、そうですね。これも実はやったことない、テンポダウンという挑戦があったんですよ（笑）」

三輪「そうだ！」

草野「前回、〝まがった僕のしっぽ〟でテンポアップするというのはやったんだけど、途中でテンポダウンというのはやったことないなって」

――なるほど。そして、僕にとってはこのアルバムの最大のトピック曲が〝讃歌〟で。これは、このアルバムの方向性やテーマに合致しているっていうことをはみ出るぐらい、どっからどう見ても、今までのスケールを超える大名曲ができたなっていう感じがします。

草野「そうですか。ほおー……そうなんだ。そうだな（笑）」

――そうでもない？（笑）。

田村「でも、この曲もアルバムの核になってたよね？　草野のデモテープの段階でもう、世界観というか、明確に草野の意志が詰まってたから」

草野「〝i-O〟と世界観は似てるんだけど、修理していただいた側の立場で歌ってるというか。これもメロディのアイデアは前回の時点であったんです。だけど、なんか違うなと思って引っ込めたんですよね。でも今回は、ここ数年の気持ちとすごくマッチしたアイデアだなと思って使いました。賛美歌がもともとすごい好きで、ツアーの移動中とかもずーっと聴いてたりするんですよ。だから、そういう世界もちょっとやってみたいなあっていう気持ちはあって。確かに、こういうのは今までになかったかもしれないですね」

――歌詞の世界に関してはどう？　今までもマサムネくんは、つかんだ真実みたいなことを非常に巧みに表現してきたとは思うんだけど、ここまでストレートに歌ったのは珍しいなと。

草野「〝さらさら〟で《永遠なんてないから》とか歌ってたけど、今回このメロディで、このホーリーなコーラスにのせると、これは永遠だって言わなきゃダメだなっていうふうに、メロディとアレンジに導かれちゃったみたいな感じですね」

――《瞬く間の　悦びさえ／今は言える　永遠だと》。

草野「うん、そう。でも《永遠なんてないから》と《今は言える　永遠だと》っていうのは、ノットイコールではなく、意外とイコールだったりするんですよね。なんだろう……『きみとの愛は永遠だよ』とかっていうような永遠はたぶんないんだけど、この一瞬は永遠かもしれないって思うような永遠はあるのかな、とか。ちょっと哲学的になっちゃうけど。『昔は永遠ないって言ってたじゃん！』って言われるかもしれないけど、そういうことです（笑）」

――同じことを角度を変えて見た時の違いだと思うんだよね。それをこういう肯定性を持って描けるっていうのは、成長というかさ。

草野「ああ、成長ね！　40代から50代へ。確かに」

――素晴らしいですよ、これは。

草野「でもちゃんとバンドサウンドですしね、まんま賛美歌なわけではなく」

――いろいろ聞きたいことはあるんだけど、時間もあるので今日はここまでにさせてもらいます。でもほんとに素晴らしいアルバムで、『醒めない』『見っけ』も素晴らしいと思ったけど、それを超えてます！　ほんとに。

草野「ああ、よかった！　ありがとうございます」

三輪「ありがとうございまーす」

﨑山「ありがとうございました」

草野「これで5、6年はアルバム作らなくていいかな？」

――いやいや（笑）。

全員「はははは！」

インタビュー＝山崎洋一郎

（ロッキング・オン・ジャパン／2023年5月号）

バンドマンとして一生やれたら幸せですよね。
どんな曲が浮かんでも、
このバンドでやりたいって思うので。
そういうバンドメンバーと巡り会えたのも、
すごくラッキーでした

草野マサムネ
続・2万字インタビュー

2023

30歳になる時、いちばん抵抗ありましたもんね。ドント・トラスト・オーバー・サーティの言葉を真に受けていた世代だから(笑)、ああ、そっちに行っちゃうのか俺はって

26歳から現在まで、〃ロビンソン〃から『ひみつスタジオ』まで
――30年の月日を振り返る「マサムネ回顧録」

――マサムネくんは過去にもJAPANの名物企画2万字インタビューをやっていて、それが1994年、26歳の時で。今回はその続編なんだけど、と言いつつ若者ひとり分の人生が入るぐらいの時間があるんだよね、30年ぶりだから。

「そうですね。その時生まれた人、29歳ですもんね」

――まずトピックとしては、前回の2万字インタビューの翌年、1995年に〃ロビンソン〃が大ヒットしていて。

「あ、ということはその前に、しっかり取材していただいていたんですね」

――大プッシュしてましたから。

「そっか、そうだったのか。じゃあ、おかげさまで〃ロビンソン〃が売れたんですね(笑)。ちょっと記憶があいまいになっちゃってたな、俺」

——俺ははっきり覚えてるよ。めっちゃくちゃ嬉しかったもん！　編集部一同、泣いて喜ぶぐらいの盛り上がりだった。

「そっかあ。確かに、〝ロビンソン〟の後の表紙の号で、そういうことを書いてくださっていたのは覚えています」

——今振り返るとどうでしたか？　〝ロビンソン〟でブレイクした経験は。

「俺は正直言って、その前の『空の飛び方』（1994年）ぐらいの受け入れられ方で満足してたから、〝ロビンソン〟であゝいうふうになったのは……嬉しいは嬉しいけど、ここまで望んでなかったよね、っていうのが正直あって。周りはすごく喜んでくれてい たから、それはよかったなって思ったけど。ちょっと、自分の想像を超えてしまった感はあったんですよね。その結果、テレビ出演の時に妙に場違い感が出ちゃったりとか——まあ、いまだにテレビは慣れないですけどね。自分たちがまだその状況を受け入れられないまま、素人な感覚のまま来ちゃったっていう違和感はありました」

——でもその後〝涙がキラリ☆〟もヒットして、この年はアルバム『ハチミツ』も出て。スピッツがお茶の間に進出したイメージがあるよね。

「95年からすごく忙しくなったから、記憶があんまりないんですよね（笑）。その前から変わらず高円寺のアパートに住んでいたんですけど、そこに知らない人がいっぱい訪ねてきたりもして。オートロックじゃない普通のアパートだったので、郵便物盗られたり。そういうことはすっごい覚えている」

——それで言うと、俺、高円寺のコンビニでヨーグルトを選んでいるマサムネくんに気づいて、後ろから「マサムネくん」って肩を叩いたら、ビクッ！ってすごいびっくりしてたのを覚えてるよ。いろんな目にも遭ってたんだろうなって思った。

「（笑）当時、高円寺のジーンズメイトで下着のパンツを買ってたら、後ろにいた子どもが『あ、スピッツがパンツ買ってる！』って言ってきたり（笑）」

――そりゃパンツくらい買うよな（笑）。記憶がないくらい忙しい中でも、翌96年にはシングル『チェリー』『渚』、そしてアルバム『インディゴ地平線』を作ってるんだよね。創作としても最初のピークと言えるんじゃない？

「んー、でもね、実は『インディゴ〜』から『フェイクファー』（1998年）、『ハヤブサ』（2000年）って、今振り返ると、創作に関してはちょっとスランプだったと思っていて。その時は思っていなかったけど」

――ええ!?

「なんか思うようなものができないって、常に考えてた。できあがったものに不満があるとかではないけど、その3枚は――『空の飛び方』の時と、のちの『三日月ロック』（2002年）の時はわりといろいろ浮かんでた時期なんですよ。バイオリズムが創作に向いていたというか、『こういうのやりたい！』っていうのが、するっと出てきて、楽しく作ってたんです。だから『空の飛び方』をピークとすると、『ハチミツ』『インディゴ〜』は、苦しんで作っていた感じはあるかもしれない」

――不思議だよね。だって『ハチミツ』『インディゴ〜』『フェイクファー』って、どれも名作じゃない。

「そうですか？『ハチミツ』までは好調だったけど、『インディゴ〜』くらいから苦しんでいた記憶があるなあ」

――それってよく言う、「苦しんで作ったアルバムほど名盤」ってやつかな。

「ああ、そうなんですか？　いや、そうなの!?（笑）」

――どういう苦しみだったの？

「『空の飛び方』の頃は、全11曲を5倍ぐらいのアイデアから厳選してたんだけど、『インディゴ～』の頃は、10曲録りたいって言ったらほぼ10曲ぶんのアイデアしかない中で録ったような。『これしかなかったんで、これを録りましょう』みたいな感じだったかな。〝虹を越えて〟っていう曲があるんですけど、あれとかは『空の飛び方』の時に出てきたら、ボツになっていたと思うんですよね。でもあの時は、『これしかできなかったんで、これを録ります』っていう」

――結果としてのその3作を、今、マサムネくんはどう評価するの？

「自分のドキュメントとして聴くと、面白いなと思う。『これしかできませんでした！』っていうのが、意外とその時の自分のリアルなクリエイティビティだったりもするから。そういう意味では面白く聴けるんですけど、んー、自分の作品を好んで聴き返すこともそんなにないからなあ。でも、悩んでいた感覚は、ちょっと蘇るアルバムです。確かに、このことはあんまり言ったことないかもね。振り返って、ああそうだったっていう感じなので」

――僕らからすると、代表作っていう感じもするし……でもそう思うっていうことは、やっぱりリスナーはシングルヒットに引っ張られるところも少なからずあるんだろうなあ。

「ああー……それで言うと（『インディゴ～』収録の）〝チェリー〟は、『ハチミツ』の頃のモードの曲なんですよ。だから、アルバムの中ではちょっと浮いているんですよね」

――当時はミスチル、B'z、ドリカムもいたし、安室奈美恵もいたような、とにかくJ-POPがドッカンドッカンしていた時代だからね。そういうものに追い立てられたところもあったのかな。

「そう……ですね。『Crispy!』(1993年)と『空の飛び方』は、ある程度は売れないとっていうのがモチベーションだったんですよ。それがある程度叶うと、ライブもヒット曲があるからお客さんも楽しんでくれるし、なんとなく安心しちゃって。さらに売れようなんて気持ちはなかったから、モチベーションがあんまりなかったのかもしれないなあ。ちょっと満足しちゃってたというか。さらに人気を得たいとか、アリーナやって東京ドームやって、みたいな考えはなかったので。何曲かヒット曲が出たから、これでバンドは続けられるなあっていう安心感があったし。まあ『インディゴ~』は忙しかったのもあって、そもそもインプットがあんまりなかったのもあるかもしれないですけど。『フェイクファー』『ハヤブサ』に至る頃は、J-POPじゃない日本のロックバンドがうわーって出てきてて、それに対する卑屈な感じもあったかもしれない。ミッシェル(・ガン・エレファント)とかナンバーガールとか、くるりとか。『ああ、ほんとはこっち側にいたかったんだよね』って思ったけど、今更路線変更するような引き出しもないし。そういう迷いもあったかもしれないですね。そんな中で、『スピッツはスピッツでいいじゃない!』って気づかせてくれたのが亀田(誠治)さんだったりもするんです。なのでその3作は、迷いとモチベーションの低さから、今思えば、曲作りには苦しんでいた記憶がありますね」

――バーンと売れて、本当にやりたい道はこっちなのにっていう狭間に立たされた時に、もし「もっと売れる方向でやってくれよ!」っていう事務所だったら、悲惨なことになっていた?

「かもしれないですね。事務所にはすごい甘やかしてもらっていて。他の事務所なら、２枚目のアルバム（『名前をつけてやる』１９９１年）を出した時点で、契約を切られていてもおかしくないですからね（笑）」

――『フェイクファー』の頃に、マサムネくんは30代に突入して。人としてはどんな時期でした？

「ドント・トラスト・オーバー・サーティを真に受けていた世代なのに（笑）、ああ、そっちに行っちゃうのか俺はっていう。年齢的な節目っていろいろあるけど、30歳になる時がいちばん抵抗ありましたもんね。時計を見ながら『あと1分で30歳だ』みたいな（笑）」

――そんなグレーな時期に30代を迎えて。その後、『三日月ロック』でクリエイティブのモチベーションが上がってきたのは、何か要因があったの？

「『インディゴ～』は笹路（正徳）さん、『フェイクファー』は棚谷（祐一）さん、『ハヤブサ』は石田ショーキチくんにそれぞれプロデュースをお願いしたんですけど、特に棚谷さんやショーキチくんは生粋のバンドマンなので、バンドメンバーがひとり増えたような感じだったんですよ。一緒にやっていて楽しいんですけど、頼り切るってのとはちょっと違ってて。でも、『三日月ロック』からお願いした亀田さんは本当にプロデューサーっていう感じで、困った時には丸投げできちゃう安心感があって。最終的に亀田さんが手を加えるところは少なかったりもするんですけど、そういうプロデューサーと出会ったってのはひとつあったと思いますね。あと、ちょうど同時多発テロ事件（２００１年）があったタイミングで」

――『音楽をやるってどういうことなんだろう？』みたいなことを、すごく自分の中で考えたんですよ。そこで、音楽に対する小さな悩みは全部忘れて、とりあえずやれることを全部やらなきゃっていうふうにモードが切り替わったんですよね。あの時もツアー中で、次の日がライブだったたんですけど、歌ってても心ここに在らずみたいな。お客さんもそういう感じになっていて、『ライブを観ていていいのかな?』みたいな雰囲気で。音楽……歌う、演奏する、聴くって、それこそ生きることだよねって思えたし。そうやっていろいろ考えさせられることがあったのも、ひとつの要因ですね」

——それまではインディーかメジャーか、J-POPかJ-ROCKかとか、そういう枠組みで世界が成立していたのが、同時多発テロ事件があって……マサムネくんはかなり影響を受けたんだね。

「そういうのに弱いんですよね。震災もそうだけど、モロに受けちゃって」

——大げさに言うと世界観みたいなものが一回壊れちゃった中で、ライブをやるっていうところに立たされたんだ。

「そうですね。それもきっかけだったと思います。スピッツがロックなのかどうかで悩むとか、小さいことだよなって思えたし。せっかくこういう役割を与えられているんだから、やれることをやっていくしかねえなって」

——その後、シングル『正夢』(2004年)、アルバム『スーベニア』(2005年)の時期に入って。この頃、シングル・コレクション(2006年)も出るんだけど——。

「ということはその前に、『リサイクル』(1999年)騒動もあるのか」

——その話は聞いてもいいの? シリアスな騒動だった?

「メンバーそれぞれに思いがあると思うけど、俺個人はそんな大げさに考えていなくって。話の行き違いだったんですよね。でもバンドの中では『これ、どうなの？』『バンド名、変えよっか？』みたいな、そういう話にまでなって。『ベスト盤を出す時は解散する時だ』って言ってたから——まあ、これもイキった発言だったんですけど、それなのにベストが出るってなってしまったから、もうバンド名変えようか、って。メーカーからしたら、売れるものを出さなきゃいけないし、ベスト盤を出そうとするのもしょうがないと思うんですよ。ちゃんと事情を聞けば『だったらしょうがないですね』って俺は言ってたと思うけど、そのためのちゃんとしたミーティングが持たれなかったので、大きなことになったんです」

——スピッツはファンとの絆が強いから、ファンも含めたスピッツの何かが損なわれるような感覚もあったのかな。

「そこに関しては、ちゃんと説明すれば大丈夫だったと思いますよ。『リサイクル』は結果的に、いちばん売れたアルバムになっちゃったんですけど（笑）。そりゃそっか、って感じですけどね。これは憶測でしかないけど、『ハチミツ』『インディゴ〜』はヒット曲もあって売れ行きもよかったんだろうけど、『フェイクファー』とかはちょっとロック寄りになってたから、しっかり売れるアイテムを出したいって思惑もあったのかな。そのへんは、ちゃんと説明を聞いていれば、しょうがないですねってなってたかもしれないですけどね」

——『スーベニア』『さざなみＣＤ』（２００７年）の頃はどうだった？　世の中はBUMP OF CHICKEN、ケツメイシ、ORANGE RANGEとかの頃だけど。

「あの頃は、いちばんＪ-ＰＯＰに寄った時期ですね。ストリングスもしっかり入っていて。亀田さんがアレンジしてくれるので、そういうものをお願いしていたのもあるし。『魔法のコトバ』(2006年)もその路線ですよね」

――その頃のことで俺が覚えているのは、マサムネくんがライブのMCで、「もう年も30代も半ばになっておじさんだし」みたいなことを言い出して。

「ああー、なるほど(笑)」

――そんなこと言うんだって思ったんだよね。スピッツってどこかピュアでイノセントなイメージがあるバンドだから、そこことの距離の取り方っていうか、歳を重ねていく自分たちとスピッツのイメージの整合性の付け方とかを考え始めたのかな?って思ってたんだけど。

「それを言うってことは、まだ若かったんじゃないんですかね。今はそういうことは言わなくなって、『ロックは年齢じゃない!』とかって(笑)、抗うようになってきたくらいで。当時はまだそこまで老いを感じてはいなかったけど、世の中的にはおじさんの年齢になってきているっていうところで、とりあえずそう言ってエクスキューズしておこう、みたいな気持ちだったのかもしれないです。でも2000年代半ばは、基本楽しくやっていたのかな」

――創作意欲的には?

「絶好調!っていう感じではないけど、さっきの3作よりはアイデアもいっぱいあったし。忙しさもちょっと抑え目で、ツアーの日程とかもゆったりしてたから、いろいろインプットする時間もありつつ。大きな事件もなく、マイペースでやらせてもらってた感じですかね。だからかもしれないけど、スピッツをずーっと聴いてくれている人の中でも『スーベニア』と『さざなみ〜』はあまり聴かないっていう声も耳に入ってきたりして。ロックバンドの張り詰めた感とかは少ないかもしれないです。マイペースでやっているロックバンドの音、っていう。アレンジも、ものによっては、今の感覚からするとオーバーアレンジだったなって思う曲もあるし。すごくJ-POPな作品かな」

――ある種、何かの流れに身を委ねながら進んでいる時期というか。

「そうですね。時代の空気にもあまり反発せず、スピッツのパブリックイメージの曲をやっているっていう作品だったのかもしれない……まあ、変な曲も入っていますけど」

――そして2010年代に入ると――。

「『とげまる』(2010年)になるのか。『とげまる』ぐらいから、バンド回帰というか、オーバープロデュースにならないように気をつけて録ろうってなってきましたね。この時期、あまりにもポップなバンドものが増えていて、そこに同調はしたくないっていうので、とりあえずストリングスやめましょう、みたいなことになったんですよ。でも『とげまる』も〝つぐみ〟とか〝若葉〟は、ストリングスが入ってるのか。じゃあ、『とげまる』のあとから変わったんだね。『スーベニア』『さざなみ～』『とげまる』が、いわゆるJ-POPに寄っていた三部作なのかもしれない」

――でも『とげまる』は、曲はわりとやんちゃなものが多かったと思うよ。

「そうですね。そこから『小さな生き物』(2013年)でストリングスやめましょうってなるっていう、グラデーションなのかもしれない。でも『とげまる』は、俺の中では豊作だった時期ですよ、曲作りに関して」

――この前に40代を迎えているんですけど、それはどうでしたか?

「40代は、気がついたら『あ、40になってた』ぐらいな感覚。30になる時ほど節目っぽくはなかったかな。でも、

40になる時に、すごく普通のことをしましたよ。40になった記念に、スーツと腕時計を買おうと思って（笑）」

――大人になった、みたいな（笑）。

「そう（笑）。（時計を見せて）これ、その時計です。40になった記念に買って、それからずっと着けてる。俺、ちゃんとした腕時計持ってねえなって思ったんですよね。これでやっと元服したっ！みたいな（笑）」

――じゃあ、40歳という年齢には、ピンと来ていない？

「嫌悪感はなかった」

――でも、世間からしたら「草野マサムネが40歳!?」ってなったよ。

「そうですか？　みんな年はとりますからね。同い年でも、石野卓球が40だと『あっそう』って感じなのかな（笑）」

――２０１１年は東日本大震災があって。

「同時多発テロ事件の時と同じように、モロに影響を受けましたね。いろいろ想像しちゃうと、おかしくなっちゃって。同時多発テロ事件よりも身近だったから、取り戻すまでにも時間がかかっちゃって。ツアー（『SPITZ JAMBOREE TOUR〝とげまる2011〟』）のリハ中だったんですけど、ツアー直前ってメンタル的に張り詰めちゃうので、タイミングもよくなかった。もともとナーバスになっているところに震災が起きたから、つついたら壊れるぐらいの状況になってしまって。自分にとってはよくないタイミングで、影響を受けてしまいましたね。TOSHI-LOWくん（BRAHMAN／OAU）偉いなあ、みたいなことも思ったりしてました」

――スピッツって、それまでなんだかんだで倒れたことなかったもんね。

「そうですね……なんか、できることあるだろう、みたいに思えるようになるまでは、ひと月ぐらいかかっちゃいました。でもその時も、最終的には音楽やるしかないんだよねって思いました。それで、2013年ぐらいまではライブの本数はやった気がします」

――ひとりの人間として40代に入った中で、自分の価値観や、生きることへの向き合い方、「ここで転機を迎えたな」「ここで大きな発見があったな」みたいなタイミングってありましたか?

「んー、そうだな……具体的には言えないようなことだけど、人との出会いと別れみたいなことはあるから、そのたびに転機はあるし。……あと、歳を重ねると、周りで亡くなる人も増えてくるから、必ずそこで学びますよね。学ぶというか、いつか死ぬんだなっていうことをリアルに、40を越えたぐらいから感じるようになって。テツヤも病気したし。昔からちょっとは思っていたけど、最近は新曲ができると、『この曲を録り終えるまではとりあえず死ねないな』って考えるんですよ。で、レコーディングが終わったあとに、一瞬ほっとする。車を慎重に運転するとか――いつも慎重にしなきゃいけないですけど、より慎重にしようという思いは、歳を食ってからのほうが強いですね。それは、みんなそうなのかな」

――何か大きなことで「こう考えていたことが、こうなった」とかはあった?

「パラダイムシフト的な? そういうのあったかなあ。自分で言うのもなんですけど、意外と柔軟なので(笑)。配信とかサブスクに関しても、最初から、まあいいんじゃないって思ったし。スピッツをやるうえでアートワークにはこだわりたいんですけど、時代的にアートワークを考えずにガンガン新曲をリリースするようになったとしたら、それはそれでしょうがないねってなれると思う。とにかく音楽がやれれば。

そのへんは、時代の流れに柔軟に対応できるかなと、今のところは思ってます。無理やり価値観を変えさせられるとかではなく、その都度アップデートしたほうがいいのかな、っていう」

――スピッツっていうバンド、あるいは曲を書くこと自体に必要なものがあるし、それをずっと続けているからこそ、いろんなことに柔軟になれている？

「バンドで演奏できて、たまには人前で披露できるっていう状況が核にあるから、柔軟になれるっていうことだと思います。そこだけは失いたくないところなので。バンドマン人生を理想的に歩ませてもらってるなあと思いますよね。あと、自分の都合のいいように考えますから（笑）。俺、喉を壊したことってほとんどないんですけど、あんま練習しないからかなと思って（笑）」

――（笑）。そうなの？

「うん。ボイトレもちゃんと受けたことがなかったんですけど、ボイトレの先生をやってる人に話を聞くと、チェストボイスっていうか、しっかり音を響かせる声で歌うとポリープとかできやすいらしいんですよね。俺はわりと丸い声のまんま歌っちゃっているので、それはそれで、喉を壊さない歌い方にはなっているのかもしれない、と。オヤジだから野球に喩えるんですけど、指をしっかりボールにかけてガンガン速い球を投げているとマメができやすいけど、すっぽ抜けたボールばっか投げていると、コントロールは悪いけど故障はしにくい、みたいな（笑）」

――確かに、都合よく考えるっていいことなのかもしれない。「喉を壊さない秘訣は？」「なるべく使わないことだ」（笑）。

「（笑）。『無理しない』っていう。もともと響く声質の持ち主ではなかったので、地声を響かせて歌いなさいって言われても、なかなか難しいんですけど」

――みんな思ってるだろうからあえて聞きたいんだけど、マサムネくんって驚異的な喉のクオリティじゃないですか。

「そうなんですか？　自分では全然そうは思っていない。仕方なく歌い始めたボーカリストなので」

――タフな強さがあって、でもすごいデリケートな声で、それが安定してて壊れもしない。どうやってんのかなって思ってたけど、今のが答えなんだね。

「そうですね。頑張りすぎない、無理しない（笑）。あと、バンドの活動を新鮮にやれているってことからしても、練習しすぎないって大事だなと思うんですよ。クラシックの世界なんてね、ちょっとやらないとなまっちゃうって言いますけど、俺はギター持たない時は1週間ぐらい触らないし。だから、久しぶりに持つと、すっごい楽しい。そういうのも大事だなって」

――それがロックバンドの特権だもんね。

「そうなんですよ。自己流が許される音楽なので。だから『弟子にしてください』って言われても、何も教えることはないです（笑）。『君の好きにやんなさい』しかない」

――そして『小さな生き物』が出て、『醒めない』（2016年）に突入していくよね。ここまで来るとわりと最近だね。

「そうですね。『醒めない』から、新しいフェーズに入ったというか」

――『醒めない』はまさに新しいシーズンが始まった作品だったと思うし、バンドからもそんな意気込みを感じた。何によって、そんな時期を迎えたの？

「そうねえ……まあ、取り巻く環境が変わった時期でもあったというか。2014、2015年ぐらいかな」

――バンドを取り巻く状況？

「いや、自分の中ですね。それがちょっとは影響しているのかなあと思うけど。あとは、この頃もいろいろ曲のアイデアが浮かんでくる時期でしたね」

――『醒めない』を聴いた時に、これまでとはモードが違って、すごくポジティブなバイブスが出始めていると思ったんだよね。いろんな出来事がすべてポジティブに向いているような。『見っけ』（2019年）もそうだったから、何が起きたんだろう？って思ってた。

「普段は洋楽を聴くことが多いんですけど、洋楽って歌詞の意味がよくわかんないから、メロディと歌い方から、自分に都合のいい解釈をしてるんですよ。でも日本語の曲だと意味がわかっちゃうから、すごくいいメロディと歌声なんだけど、歌ってほしいことじゃないなって思うことが多くて。だったら自分でそれを作ろう、っていう感じになってきたのがこの頃ですね。『今、俺が歌ってほしいのは、こういうことだよね』っていうのを意識するようになった。ずっと言っているけど、バンドマンやシンガーである以前に、リスナーとしての自分が基本にあるので。ものすごいラーメンマニアがラーメン屋も始めました、みたいなのと一緒なんですよ。ロックオタクが、『自分だったらこういうの聴きたいな』っていうところから始めているようなバンドマンなので。歌詞においても、『こういうことを歌ってほしい』っていうものを自分で作って歌い始めた感じです」

――それでなのかな。自分自身ですごいエネルギーを放つ曲が多くなったのは。

「それまでは独白的というか、好きな言葉を連ねたり、遊んでみたり、言葉のコラージュという感じで。自分が歌ってほしい言葉を使おうっていう気持ちはあんまりなかったけど。2014年ぐらいに、そこを考えだしたんだと思います。ちょっと癒されたいなっていう時期だったんですよね」

――なるほどね。スピッツには、美しい歌やいい歌がいっぱいあるけど、役に立つとは限らないものもあって。それも良さだったりしたけど――。

「今もそういう曲はあるんですけど」

――最近は糧になる曲の率が高まっているのは、そういうことなんだね。

「それはバンドとしてはどうなんだろう？　よくないことかもしれない(笑)」

――いいじゃないですか。で、2018年にはラジオ『SPITZ　草野マサムネのロック大陸漫遊記』が始まる。これ、大きかったよね。

「うん。それまでもいろんな音楽を好きで聴いていたけど、さらにいろんなジャンルを聴くきっかけになりました。特集を作るために、興味がなかったジャンルとか、聴かず嫌いだったものも聴いたりして。ブライアン・フェリーのルックスが嫌いだったから聴いていなかったけど、改めてロキシー・ミュージックいいなあとか。でも『アヴァロン』だけは好きになれない(笑)」

――僕らからすると、定期的にみんなに語り掛け始めた草野マサムネっていうところが大きかったけどね。

「語り掛けてます？　ただブツブツ言っているような感じですよ(笑)」

――(笑)定期的に僕らの前に登場するマサムネくん、っていう。ライブ以外でファンとコミュニケーションを取る場所、という点ではどうですか？

「あんまりコミュニケーションを図ろうとしてはいないですけどね。リクエストやメッセージは読ませていただいていますけど、勝手にこっちから発信しているので。４人でのインタビューでも言ったけど、今、生のドラムのサウンドがどんどん主流じゃなくなって、サブスクのチャートを見たら、生のドラムでやっている曲なんてなくって。だから極力『生のドラム、かっこいいんだよ』っていうのを発信したいっていうところから始まってるから（笑）、ほんとに趣味の一環っていう感じです」

――でも、あれ聴いちゃうよ、最後まで。メタル特集、面白かった。

「今度、シャム69特集もやりますから。パンクもやりますよ」

――それと同時期ぐらいに、ついに50代を迎えて。これは、どうでした？

「50も、40になった時と同じように、そんなに深くは考えないですね。30過ぎたら一緒くた、みたいな感じで。まあ、ちょっと疲れやすくはなったなっていうぐらい。あ、でも、お酒を飲まなくなりましたね。飲まないって決めたわけではないので、たまには飲みますけど……ちょっとでやめるのが難しい性分で、そうすると、二日酔いで次の日がまるっと潰れたりするんですよ。だったらもう飲まないほうが、有意義に時間を使えると思って」

――よく飲んでた頃って、どういう感じだったの？

「友達と会って飲んだり。家でも、日本酒とかスコッチウイスキーとか、ひとつテーマを決めて飲み比べしたり。コレクター的な飲み方をしてました。でも、もう十分飲んだかなって。50歳になるちょい前ぐらいから、あんまり飲まなくなった」

――最近、それに代わる何かはあるの？

「どうかなあ？　コレクションとかもしないし……30歳ぐらいの時はね、南の島に行くのが好きだったんですよ。スキューバダイビングにハマったり」

――へえー！　初めて聞いた（笑）。

「海の生物とか昆虫とか、生き物が好きなので。30代の時は、隙あらば沖縄に行って、海に潜っていたんですけど。だんだん、北のほうに気持ちが向いてきて……コロナ禍はなかなか行けなかったんですけど、40代後半ぐらいから、東北とか北海道とか、北のほうに行くことが多くなりました」

――行ってどうすんの？

「ぶらぶらするだけですけどね。ウィンタースポーツとかやるわけでもなく、『あ、こんなに雪降るんだ』って見たりとか（笑）。あとは運転したり。北海道は広いから楽しいですし」

――さっきの、草野マサムネが言う「隙あらばスキューバ」ってすごいパワーワードだわ。じゃあわりとアクティブなんだね。

「旅は好きなので。最近は行けていないですけどね」

――いろいろありつつも、今のところ誰もが羨む理想的なバンド活動をできていると思うんだけど。スピッツの草野マサムネとして、今までを振り返って、どんなふうに思いますか？

「いやあ、ほんと幸せなバンドマン人生ですよ。時代が、俺らみたいなバンドにとってやりやすくなってきたなあって思うし。それこそ昔はレコ評とかで、ナヨナヨしているバンドとか、否定的な意見を書かれたことがあったけど、そういうのも今は普通になってきて。個性としては埋没していくのかもしれないけど、やりやすくはなりましたよね。あと、10代の時とかは特にサブカル的なものに惹かれるタイプで、そういう感覚も失わずにやっていけたらと思っていたけど、その呪縛みたいなのもあって。あんまりポップに振って、自分の好きだったサブカル的なものから離れるのってどうなんだろう?っていう。でも、それもここ10年ぐらい、サブカル的なものが必ずしもかっこよくない、みたいな風潮になってきて、ロマン優光さんの『(90年代)サブカルの呪い』とか読んで、ああそうだよねって、腑に落ちるところがあって。そこに縛られる必要はねえなって思ったんですよね。その呪縛はなくなって、むしろ意識することが逆にダサいのかなって思うようになりました。もちろん、結果サブカル的になっているっていう人はいいと思うんだけど」

――ようやく。すごい呪いでしたね(笑)。

「呪いが解けた。その呪いの部分が好きだった人もいるかもしれないけど」

――ロックの呪いは?

「ロックの呪いは、全然ありますよ(笑)。ロックが何かっていうのもあいまいになってるけど――見る人から見たら、朝ドラの曲(『なつぞら』主題歌〝優しいあの子〟、２０１９年)やってるってね、ロックからいちばんかけ離れた行為っていうか(笑)。俺が10代で〝優しいあの子〟を聴いたら、『これロックバンドじゃねえじゃん』って言うと思うんですけど、そのへんは受け入れつつ、まあ、固いこと言うなよと(笑)」

――ロックの呪いについては、マサムネくんもメンバーもエンジョイしているよね。喜んでロックの呪いにかかり続けている。今回の最新作も、「当然ですよ」っていうくらいのロックサウンド。

「ささやかな抵抗としては、スポーツ絡みのオファー、書き下ろしとかは『それはロックじゃない』っていうので、断ってますね。リリースしたものを使っていただくぶんには全然いいんですけど、スポーツ絡みの何かに曲を作ってくださいっていうのは、作れませんっていう。俺の中でのルールなんですけど。あとは、自治体とか行政絡みのものはやっちゃダメでしょって思ってます。とか言って、来年ぐらいにやってるかもしれないけど（笑）」

――めちゃくちゃロックの呪いにかかってるね（笑）。安心しました。

「やっぱり、反体制的っていうのはとっておきたい気がしていて。スポーツっていうのも、なんていうか、スポーツマンに対してのコンプレックスをバネにやってきたような音楽がロックだと思うので。スポーツ、見るのもやるのも嫌いじゃないけど、そっち側に立っちゃダメだなって思ったりはします」

――めちゃめちゃロックやん！（笑）。しかも、オールドスクールなロック。

「今の若い人にはわかんないと思うけど、ブルーハーツとかクラッシュみたいな立ち位置がロックの理想形ですね」

――じゃあ、人間・草野マサムネに関して、今、総括してみるとどうですか？

「人間としては、ものすごいラッキーだったと思います、人生。今思い返すと、大学4年生で就職が決まってたら――あの時はまだバブルだったから、たぶんどっかに就職はしてたと思うんですけど、働きながらバンド活動できる器用なタイプではないので、自然に音楽をやめていたと思うんです。学生の時、バイトと学校とバンドのバランスでも四苦八苦してたので。だから、バンドだけに専念できる環境を大学4年生の時にもらったのは、めちゃめちゃラッキーだった。いろんなタイミングがラッキーだったなって思いますね。もちろん、事務所の社長の愛があってのことなので、そこは感謝しています。デビューの頃は売れ線の曲をやってたわけでもないし、そんなに社会適応性の高い人間でもないから、もしデビューしてなかったら、仕事もやめちゃって、ヤバい人になっていたかも（笑）。いろいろ考えますね。もっと卑屈な人生を歩んでいたかもしれないし。Twitterで変な発言をして炎上させるようなおじさんになっていたかもしれない（笑）」

――これからのビジョンはありますか？

「あんまり先のことを考えないんですよね。これもコツなんですよ、長く続ける。なので、ひとまず今年のツアー（『SPITZ JAMBOREE TOUR '23-'24 "HIMITSU STUDIO"』）を成功させるってことだけかな。こないだのファンクラブイベント（『GO!GO!スカンジナビア vol.8』）で、初めてアリーナのサブステージでやってみて面白かったので、そういうステージ演出も、食わず嫌いせずに、面白いことを取り入れてやっていくのもありなのかなって。実際、変わるかどうかはわからないですけど。音楽も、ステージや演出に関しても、変わらないようでいて変化も受け入れて面白くできたらなって思っています。一生やれたら幸せですよね、隠居せず。体力的に続かなくなるまでやれたら。加山雄三さんみたいな感じで（笑）。バンドマンとして。よく『ソロアルバムは出さないんですか？』って言われるけど、スピッツのアルバムって、バンドのアルバムでもあり、ソロアルバムみたいなものでもあるから。どんな曲が浮かんでもこのバンドでやりたいって思うので、そういうバンドメンバーと巡り会えたのも、すごくラッキーでしたね。誰かのバックでギター弾きたい野望はあったけど（笑）」

――そうなの？（笑）。

「それで、ツアー回ってハモったりできたらなって（笑）」

インタビュー＝山崎洋一郎
（ロッキング・オン・ジャパン／
２０２３年５月号）

PHOTOGRAPHER

吉場正和（p118・119）

渋谷陽一（p120・121）

石田東（p122-125）

皆川聡（p126-129）

長島有里枝（p130・131、p338-341）

佐内正史（p132・133）

東野翠れん（p134-137）

大沼茂一（p138・139）

川内倫子（p140-143）

富永よしえ（p144・145）

藤代冥砂（p146-149、p322-329）

沖村アキラ（p330-333）

高柳悟（p334-337）

鳥巣佑有子（p342-349）

オノツトム（p350・351）

アミタマリ（p352・353）

神藤剛（p354-358）

編集
山崎洋一郎　井上貴子

編集補助
川辺美希　岩沢朋子

装丁・デザイン
髙橋剛（LOW LLC.）

協力
グラスホッパー　Polydor Records

スピッツ2
2023年5月10日　初版発行

発行者　渋谷陽一
発行所　株式会社ロッキング・オン
〒150-8569
東京都渋谷区渋谷2-24-12 渋谷スクランブルスクエア27階
電　話　03-5464-7330
URL　https://www.rockinon.co.jp
印刷所　大日本印刷株式会社

ISBN978-4-86052-139-4　C0073